환율의
대전환

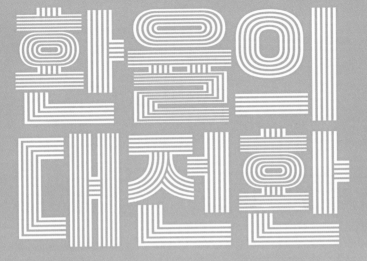

환율의 대전환

오건영 지음

경제 질서의 변곡점에서 글로벌 통화의 미래를 말하다

DOLLAR
—
YEN
—
GOLD

포레스트북스

자산의 분산에서
통화의 분산으로
투자의 대전환이 시작된다

"달러를 언제 사는 게 좋을까요? 엔화 투자 어떻게 보세요?"

"달러가 1400원 밑으로 내려가면 사려고 하는데 어떨까요?"

"금이 많이 올랐는데 지금이라도 조금 사야 할까요?"

제가 최근 세미나에서 가장 많이 받은 질문들입니다. 질문들을 들다 보면 경제에 대한 사람들의 관심에도 트렌드가 있는 것 같습니다. 불과 2~3년 전에는 금리, 부동산, 채권이나 미국 중앙은행인 연방준비제도(이하 연준)의 정책에 대한 질문이 많았습니다. 그런데 요즘은 이렇게 달러, 엔, 금 같은 외환 투자 혹은 대체 투자에 관심이 높은 편입니다.

저는 '분산 투자'가 개인의 중장기적 투자 목표 달성에 가장 효과적이라고 생각합니다. 물론 미래를 정확히 내다볼 수 있다면 분산 투자할 필요 없이 단기적인 방향에 베팅하면서, 오르는 것을 사고 떨어질 것을 미리 파는 플레이를 하면 되겠죠. 하지만 이는 어디까지나 신의 영역입니다.

그래서 저는 효과적인 분산 투자를 위해서는 네 가지 분산, 즉 4대 분산이 가장 중요하다고 봅니다. 첫 번째는 자산 분산입니다. 주식과 채권에 대한 분산을 말하죠. 두 번째는 지역 분산, 각 자산 내에서 한국뿐 아니라 다른 지역의 자산에도 관심을 기울이는 방식입니다. 세 번째는 통화 분산입니다. 원화뿐 아니라 외화 혹은 금 등을 포트폴리오에 담는 것이죠. 네 번째는 시점 분산, 앞서 설명한 세 가지 투자를 한 번에 진행하는 것이 아니라 꾸준히 시점을 나누어 하는 투자를 말합니다.

20여 년 전에는 투자 자금을 주식으로 이동하는 것조차 쉽지 않았는데요, 10여 년 전부터는 장기 저금리에 힘입어 주식 투자에 대한 관심도가 크게 높아졌습니다. 그리고 코로나19 당시, 이른바 '돈 풀기' 국면이 주식 투자 붐을 더욱 강하게 확산시켰습니다. 코로나19 이후 투자 문화는 정말 빠르게 변했죠. 최근 투자자들은 주식 투자에만 머물지 않고 다양한 투자의 대안을 찾습니다. 2~3년 전에는 앞서 말씀드린 것처럼 개인들의 채권 투자 관심도가 크게 높아졌고, 서학개미라는 단어가 생겨남과 동시에 외국 투자가 확산되기 시작했죠. 네, 주식과 채권을 말하는 자산의 분산뿐 아니라 지역의 분산까지 빠르게 나아갔던 겁니다. 그리고 최근에는 달러, 엔, 금 등에 대한 관심도가 강해지는 것을 피부로 느낍니다. 통화 분산이 우리의 투자 문화 속에 조금씩 스며들고 있는 겁니다. 다방면의 분산을 통해 내 포트폴리오의 변동성을 잡으면서 중장기적으로 투자를 이끌어갈 수 있는 좋은 문화가 형성되는 듯하여 저는 이런 점을 매우 긍정적으로 생각합니다.

그렇지만 걱정이 앞서는 부분이 있습니다. 통화 분산 차원에서 우리에게 익숙하지 않은 외국 통화에 투자하려다 보니 언제, 어느 정도로 투자해야 하는지 등에 대한 판단을 하는 데 어려움을 느끼시는 것 같습니다. 새로운 형태의 투자이니 만큼 자신만의 관점을 제대로 형성하기 쉽지 않겠죠. 언젠가 "달러를 지금이라도 사도 될까요?"라는 질문을 받았을 때 저는 이런 반문을 했습니다. "왜 달러를 사려고 하시나요?" 그분의 답은 "달러가 오를 것 같아서요"였습니다. 맞죠. 오를 것 같은 자산이라면 지금 당장 사야 합니다. 다만 꼭 드리고 싶은 말은 환율은 귀신도 모른다는 겁니다. 물론 주식, 채권도 어렵지만 환율의 변동성은 실제 전문적으로 외환 투자를 하는 트레이더조차 상당한 부담을 느낄 정도죠. 특히 100년 만의 팬데믹 위기, 40년 만의 인플레이션, 금융위기 이후 가장 높은 환율, 17년 만의 일본 금리 인상, 한국과 미국의 사상 최대 금리차, 트럼프의 미국 예외주의 등과 같은 역사 속에서 쉽게 만나기 힘든 이슈들이 일상적으로 쏟아져 나오고 있습니다. 이런 상황을 감안하면 외환 투자를 시작하려는 개인이 느끼는 부담은 한층 배가될 수밖에 없을 겁니다. 지금 같은 상황에서 말씀드렸던 '통화 분산' 차원의 외화 투자가 아니라 단기적인 환차익이나 금의 시세 차익을 노리는 개인 투자는 상당히 위험할 수 있죠.

일반적으로 경제학에서는 특정 재화의 가격이 상승하면 해당 재화에 대한 수요가 줄어든다고 배웁니다. 그런데 환율은 조금 다릅니다. 달러원 환율이 계속해서 상승(달러 강세)합니다. 그럼 달러가 더욱더 오를 것이라는 두려움, 오늘 달러가 가장 저렴할 것이라는 기대가 함께 작용하면서 이 높은 환율에서라도 달러를 사야 한다는 생각이 들죠. 아마도 우리가 가진 외환위기의 트라우마, 즉 1998년 초 달러원 환율이 2000원을 넘었던 그 아픈 기억과 두려움이 남아 있기 때문이 아닐까 생각해 봅니다. 환율이 일정 수준 이상으로 빠르게 오를 때마다 불안감을 자극하는 것이죠.

환율이 상승세를 보일 때 더 오를 것 같다는 불안감과 함께 역설적으로 달러 수요가 폭발적으로 늘어난다면 달러원 환율은 폭등을 보이겠죠. 오를 때 더 오를 것 같다는 두려움은 환율의 폭등 속에서 더욱 민감하게 반응하지 않을까요? 네, 환율은 '올라서 더 오르는' 참 독특한 자산이 되기도 합니다. 그리고 심리적인 쏠림으로 크게 올랐던 환율은 그런 심리가 빠르게 식으면 반대로 큰 폭으로 하락하는 경우도 심심치 않게 관찰되곤 합니다. 이렇게 높은 변동성을 감안한다면 개인의 외환 투자 자체가 매우 위험한 투기적 환 베팅이 될 가능성이 높습니다. 이렇게 기본적으로 변동성이 높은 외환시장인데, 2024년 11월 트럼프의 미국 대통령 당선 및 12월 있었던 비상 계엄 사태 등의 국내 정정 불안 이슈가 외환 투자의 난이도를 더욱 더 높여버렸다고 생각합니다. 그래서 저의 이번 책『환율의 대전환』은 최근의 난해한 시장 상황에서 달러, 엔, 금 같은 외화 자산에 어떻게 접근하는 것이 좋을지, 그리고 투자의 차원에서 '통화 분산'에 대한 관점을 어떻게 가져가면 좋을지에 대한 조언을 드리고자 집필하게 되었습니다.

저는 매번 책을 집필할 때마다 '모두가 읽을 수 있는 책, 편하게 읽히는 책을 쓰자'라는 대원칙을 지키고자 노력해 왔습니다. 아무리 내용이 좋고 실질적인 도움을 드릴 수 있더라도 쉽게 읽히지 않으면 독자들이 소화해 낼 수 없겠죠. 이런 관점에서 환율이라는 주제는 거시경제의 다른 어떤 주제보다 복잡했고, 집필하는 데 상당한 어려움이 있었습니다. 그런 어려움을 느낄 때마다 경제 비전공자로 환율을 처음 만나 애를 먹었던 과거의 저를 떠올리면서 제가 이해해 왔던 플로우를 따라보고자 노력했습니다.

개인의 성향에 따라 차이가 있겠지만 저는 환율을 공부할 때, 아니 경제에 관련된 대부분의 이슈들을 접근할 때 너무 교과서적인 담론보다는 지금 내가 맞닥뜨린 현실의 이야기들을 통해 이해를 하는 것이 보다 효과적이었습니다. 그런 현실의 이야기들은 당연히 신문 기사에서 찾아볼 수 있겠죠. 이번 책에서도 상당히 많은 경제 신문 기사들을 만나보실 수 있습니다. 기사들과 함께 제가 첨부한 설명을 꼼꼼히 읽어보시고 큰 틀에서 그 흐름을 소화해낸다면 향후 다른 언론의 환율 관련 기사를 읽을 때 큰 부담을 느끼지 않으실 것이라 확신합니다.

그리고 환율이라는 딱딱한 주제에 조금이라도 말랑하게(?) 다가서기 위해서 친근한 구어체로 책을 기술했습니다. 아직 경제 분야 도서에서 구어체가 익숙하지 않지만 저는 구어체가 하나의 효과적인 커뮤니케이션 수단이 될 수 있다고 생각합니다. 환율이라는 부담스러운 주제에도 불구하고, 여러분이 구어체를 통해 조금이라도 편하게, 그리고 쉽게 이해하실 수 있으면 좋겠다는 바람을 가져봅니다.

지금의 달러원 환율과 엔원 환율의 레벨이 형성된 과정에 대한 설명에 집중했습니다. 지금의 환율은 그 이전의 역사적 흐름이 쌓이고 쌓여서 만들어진 총합일 테니까요. 그래서 지금의 환율이 어떻게 형성되었는지, 향후 달러나 엔화 환율의 미래를 어떻게 바라봐야 하는지를 중점적으로 적었습니다. 물론 달러의 기원부터 시작하거나 1800년대 일본 경제의 형성부터 다루지는 않습니다. 달러원 환율의 경우 지금의 환율 레벨 변화에 결정적 영향을 주었던 이슈를 중국의 부상에서 찾았기에 2000년대 이후의 흐름을 기술해 보았고요, 일본의 경우 2011년 동일본 대지진 이후 아베노믹스로 인해 엔화가 빠른 약세를 보이던 시기부터 스토리를 전개해 봤습니다. 그리고 금에 대해서는 접근 방식을 조금 달리했습니다. '과거 → 현재 → 미래'라는 연대기적 흐름보다는 우리가 금에 대해 가지고 있는 고정관념을 적고, 이를 하나하나 깨면서 금이라는 자산의 본체를 밝혀내는 방식을 시도해 보았습니다.

아울러 환율에 대한 기초편을 권말부록으로 구성했습니다. 만약 달러원 환율, 엔원 환율 등의 움직임을 읽을 때 조금 빡빡하다는 느낌이 드신다면 우선 권말부록을 읽고 본문에 접근하는 방법이 보다 효율적일 것이라 생각합니다. 아울러 난이도가 꽤 높은 단어가 본문에 나오는 경우, 해당 단어를 권말부록에서 확인하고 내용을 소화하실 수 있도록 함께 엮었습니다. 마치 과거 영어책을 볼 때 영어 교재와 사전을 함께 보는 것과 비슷하다고 할 수 있겠죠. 그리고 권말부록의 후반부에는 제가 근래 흥미롭게 읽은 25권의 책을 소개하는 코너도 함께 마련해 두었습니다. 경제뿐 아니라 역사, 철학, 에세이 분야의 양서들을 소개해 드린 만큼 많은 참고 부탁드리겠습니다.

마지막으로 각 파트의 후반부에는 실제 개인이 외환 투자를 할 때 어떤 부분을 주의해야 하는지 그리고 통화 분산 차원에서 어떤 상품을 고려할 수 있는지도 함께 다루었습니다. 앞서 외환시장에서는 상당한 변동성과 함께 쏠림이 나타날 수 있다고 말씀드렸습니다. 그런 실제 사례들을 제시하고 어떻게 대응해야 하는지를 상세히 설명해 드릴 겁니다. 그리고 외화 예금, 골드바, 각종 ETF, 골드 펀드, 달러 보험 등 다양한 상품의 장단점과 고려 사항 등을 함께 다루었으니 참고 부탁드리겠습니다.

환율에 대한 지금의 높은 관심은 향후 더욱더 강해질 것이라 생각합니다. 1990년대 버블 붕괴 이후 일본은 구조적인 저금리 기조가 장기화되는 경험을 했죠. 당시 일본의 자산시장 이외의 대안을 찾으려는 개인 투자자들이 외국 투자에 집중했던 바 있습니다. 대만 역시 1990년대 형성됐던 저금리 장기화 기조 속에서 외국 투자라는 솔루션을 찾고자 했었죠. 본문에서 확인하실 수 있겠지만 현재 미국의 금리는 한국 대비 상당히 높은 수준을 유지하고 있습니다. 한국 금리가 상대적으로 낮다는 의미인데요, 과거와는 달리 한국 금리가 미국 금리보다 낮은 상황이 상당 기간 이어질 것이라 생각합니다. 그렇다면 보다 높은 금리를 주는 외국에서 새로운 투자의 기회를 찾을 수 있지 않을까요? 그리고 지금 나타나는 환율에 대한 관심은 그런 변화의 일부를 반영하는 것 아닐까요? 네, 한국 역시 과거 일본이나 대만이 겪었던 외국 투자 활성화의 길로 한걸음씩 다가가고 있다는 생각을 해봅니다. 이 책의 제목도 그런 변화의 흐름을 반영하여 『환율의 대전환』으로 정했죠.

다만 외환시장을 비롯한 자산시장의 변동성이 이례적으로 높은 지금의 상황을 생각하면 외국 투자 활성화 과정에서 시행착오를 겪을 가능성이 높습니다. 아무쪼록 저의 졸저가 부족하나마 이런 시행착오를 줄이는 데 자그마한 길잡이가 될 수 있기를 진심으로 바랍니다.

오건영

· 차례 ·

PART 1

달러
미국의 패권, 달러의 구조가 변하고 있다

01 · 원화는 달러에 비해 약하다는 말

02 · 약해진 달러를 만든 국내 요인들

03 · 약해진 달러를 만든 미국의 요인들

09 · 달러원 환율의 미래

엔

바닥을 찍고 부상한 엔화의 화려한 부활

10 · 지금까지와는 다른 일본 엔화 이야기

11 · 디플레이션의 나라에 찾아온 인플레이션

12 · 일본은행의 트라우마

13 • 엔화의 향방 및 투자 방향 고찰

14 • 달러와 엔 투자를 위한 조언

15 • 달러, 엔 최적의 투자 방법

금
11개의 질문으로 읽는 금 이야기

모두가 금리는
내릴 것이라 한다……?

익숙한 금리의 함정

코로나19 사태로 고통받았던 지난 2020년 이후, 5년에 가까운 시간이 흘렀습니다. '시간이 참 빠르다'라는 생각과 함께 과거와 달라진 점을 절실히 느끼곤 합니다. '10년이면 강산도 변한다'는 말이 있죠. 그런데요, 적어도 지난 5년의 변화는 그 이전의 어떤 10년보다 훨씬 컸던 것 같습니다. 적어도 금융시장에서는 정말 많은 변화를 볼 수 있었습니다.

우선 지금까지는 볼 수 없었던 전 세계적인 팬데믹 위기를 보았고, 시장의 역대급 급락장과 급등장을 보았습니다. AI 기술 혁명으로 인한 미국 주식, 그것도 빅테크 기업으로의 돈 쏠림은 미국 주식시장을 닷컴버블 이후 최고 수준으로 치솟게 했습니다. 러시아-우크라이나 전쟁 같은 이례적인 상황 때문에 지정학적 불안감도 커졌죠.

그리고 한국 경제는 40년 만에 인플레이션을 맞이하면서 과거에는 보기 힘들었던 고금리 환경에 놓였습니다. 그렇지만 이런 어려움 속에서도 금융 투자로 돈을 벌고 싶어 하는 투자자들은 크게 늘어났습니다. 개인들의 외국 주식 투자는 연일 사상 최고 수준을 경신하고 있으며 채권, 외환, 부동산 등 영역을 넘나들며 돈이 되는 곳을 빠르게 찾아다니는 흐름이 나타났죠. 불과 5년 만에 나타난 큰 변화입니다.

저 역시 이런 환경의 변화를 느끼며 수많은 투자자들을 만나고, 대화와 강연을 이어왔습니다. 그 과정에서 어떤 변화를 감지할 수 있었습니다. 5년 전만 해도 금리, 환율 등에 대한 강의에 사람들은 큰 관심을 보이지 않았습니다. 하지만 지금은 상당한 관심과 함께 수준 높은 질문으로 저를 깜짝 놀라게 하는 분들을 종종 만나곤 합니다. 그때마다 저는 수치가 아닌 피부로 변화를 체감합니다.

강연을 진행하다 보면 대체로 제가 질문을 받는 쪽이지만 가끔은 제가 질문을 드리는 경우가 있습니다. 특히 예금금리가 꽤 많이 올랐던 2022~2024년 사이의 강연에서 저는 자주 이 질문을 드렸는데요, 이렇게 입을 떼었죠.

"지금 1년 예금금리가 3.5퍼센트 정도 됩니다. 당장 내년, 내후년은 모르겠지만 앞으로 4~5년 후에 예금금리는 어떻게 될까요? 지금보다 오를까요, 아니면 내려갈까요? 오른다면 5퍼센트를 넘는 금리일 것이고, 내린다면 1퍼센트대 금리 수준일 겁니다. 어느 쪽의 가능성이 높다고 보시나요?"

이 질문을 던지고 설문조사처럼 손을 들어서 답을 부탁드렸습니다. '오른다'에 손을 든 비중이 컸을까요, '내린다'의 비중이 컸을까요? 네, 예상하신 것처럼 '내린다'의 비중이 90퍼센트 이상으로 압도적이었습니다. 그들은 되려 오른다고 하는 소수의(?) 투자자들을 약간 이상하다는 느낌으로 쳐다보더군요. 과감한 의견을 내는 사람들이라고 생각했을 겁니다.

기억나는 분이 있습니다. 어떤 강연에서 '금리가 내린다'에 손을 드셨던 분에게 제가 "왜 내린다고 생각하시나요?"라고 짧은 질문을 드렸죠. 그분은 갑작스러운 질문에 당황하신 표정으로 "지금 금리가 너무 높잖아요"라고 답을 해주셨습니다. 아마도 금리가 내려갈 것 같다고 생각하셨던 많은 분들에게 똑같이 여쭤봐도 이와 비슷한 답을 하시지 않을까 싶습니다.

여기서 조금만 더 들어가 보죠. '너무 높다'는 표현, 여기에는 무언가 비교 대상이 있어야 합니다. 이는 무언가의 금리에 비해서 지금의 3.5퍼센트라는 금리가 높다는 의미가 됩니다. 그 무언가의 금리는 두 가지 정도로 생각해 볼 수 있을 겁니다. 하나는 우리 경제가 실제로 견뎌낼 수 있는 가장 적절한 금리입니다. 예를 들어서 너무 춥지도 너무 덥지도 않은 기온, 인체에 가장 좋은 어떤 기온이 있는 것처럼 우리 경제에 너무 높아서 부담을 주지도 않고, 너무 낮아서 버블을 만들거나 인플레이션을 부르지 않는 아름다운 금리, 그런 적정 금리라고 볼 수 있겠죠.

중앙은행에서는 그런 금리를 '중립금리'라고 부릅니다. 중립금리보다 현재의 금리가 높으면 '긴축적'인 금리가 되는 것이고, 중립금리보다 현재의 금리가 낮으면 '완화적'인 금리가 되는 겁니다. 문제는 그런 중립금리, 즉 적정 금리가 얼마인지 아무도 모른다는 겁니다.

강연에서 저에게 답을 주셨던 그분이 중립금리를 기준으로 판단해 현재의 금리가 '너무 높다'라는 답을 주신 것은 아니었을 겁니다. 그럼 어떤 금리 대비 높다는 의미였을까요? 아마도 본인에게 '익숙한 금리' 대비 지금의 금리가 높다는 의미였을 겁니다. 바로 앞서 설명한 비교 대상이 되는 두 번째, '무언가의 금리'입니다. 본인에게 익숙한 금리, 즉 지난 수년 동안 경험해 온 예금금리보다 현재의 금리가 높다는 의미가 되겠죠.

네, 정확합니다. 여기서 국내 시중은행의 1년 정기예금금리 추이를 살펴보겠습니다.

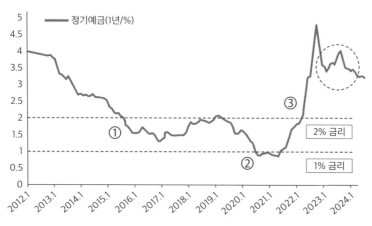

그래프 1 · 한국 1년제 정기예금금리 추이

자료 : 한국은행

위 그래프는 2012년부터 2024년까지 시중은행의 1년 정기예금금리 흐름을 보여줍니다. 2012년 이후부터 정기예금금리는 가파른 속도로 하락하기 시작합니다. 2015년에 들어서자 2퍼센트의 벽이 무너지며 1퍼센트대 금리로 진입하게 되죠(①번 국면). 그리고 2020년 초반 코로나19 사태가 터지자 미국을 비롯한 전 세계 각국이 제로금리를 선언하고 무제한으로 돈을 찍어 시장에 공급합니다. 그러자 1년 예금금리는 1.0퍼센트를 하회하면서 급기야 0점대 금리를 기록하게 됩니다(②번 국면).

그야말로 돈의 홍수였습니다. 그러다가 코로나19 위기 국면이 어느 정도 안정세를 보이던 2021년 하반기를 바닥으로 예금금리는 상승 전환합니다(③번 국면). 실제 2021년 8월 한국은행은 코로나19 사태 이후 처음으로 0.5퍼센트였던 기준금리를 0.75퍼센트로 인상하며 금리 인상 사이클 돌입을 선언합니다. 그리고 들려온 소식은 러시아와 우크라이나의 전쟁이었고, 이로 인한 급격한 국제 에너지 가격 상승과 너무 많이 풀어놓은 돈 때문에 40년 만의 인플레이션이 찾아왔죠. 미국을 비롯한 전 세계 중앙은행은 인플레이션을 제압하기 위해 과감한 금리 인상에 나섭니다. 예금금리는 그런 흐름을 그대로 보여줍니다. 이후 물가가 다소 안정세를 보이면서 고점 대비 예금금리가 내려온 것은 사실이지만 과거 0~2퍼센트대 금리를 오랜 기간 경험했던 이들에게 지금의 예금금리는 다소 높게 느껴질 겁니다.

40년 만에 찾아온 인플레이션으로 전 세계 중앙은행들은 기준금리를 크게 높였습니다. 그리고 이제 인플레이션과의 전쟁에서 간신히 승기를 잡자 기준금리를 인하하려는 모습을 보입니다. 언론에서는 중앙은행의 기준금리 인하 관련 보도가 흘러나오고, 현재 우리가 느끼는 금리는 과거에 비해 다소 높습니다. 어쩌면 최근 몇 년의 예외적인 상황을 제외하면 우리는 계속해서 금리가 하락하는 세상에 살았던 것이 아닐까요. 금리가 내려가는 데 익숙했고, 지금의 금리는 코로나19 때문에 비정상적으로 높고, 향후 중앙은행은 기준금리를 인하할 것이라고 합니다. 그럼 그 레벨이 어디인지는 모르겠지만 3~4년 후의 미래에는 현재보다 확연히 낮아진, 과거에 우리가 만났던 그 아름답던 저금리를 재차 만날 것이라는 기대를 가질 수밖에 없겠죠. 네, 우리는 이런 이유로 저금리 시대로의 회귀를 자연스럽게 기대하게 됩니다. 그런 시대로 되돌아갈 것이라 생각한다면 기존보다 높은 현재의 예금금리는 당연히 부담스러울 수밖에 없을 겁니다.

예전의 금리보다 높다는 말씀을 드렸는데, 그 예전은 구체적으로 언제를 말하는 걸까요? 앞의 그래프에서 보여드린 것처럼 지금으로부터 10년 전의 금리를 말하는 것일까요? 그 예전이 어쩌면 20년, 30년 전의 금리일 수도 있지 않을까요? 그럼 조금 다른 그림이 펼쳐집니다. 1990년대 후반 당시 은행 정기예금금리는 두 자릿수를 상회했습니다. 2000년대 들어서 우리나라 금리가 가파르게 하락했던 것이죠. 당시의 기사를 하나 읽어보고 가겠습니다.

물가 불안과 경기 상승세의 지속 등 금리 상승 요인에도 불구하고 30일 시중 실세금리가 이례적인 저금리 기조를 지속하며 7.76%를 기록, 연중 최저치에 근접했다. (중략) 저금리를 유지할 경우 국공채에 투자하는 은행들이 수신금리를 더 떨어뜨릴 수 있는 여지가 생겨 현재 7%인 1년 만기 정기예금의 금리가 더 떨어져 '은행 수신금리 6% 시대'의 도래도 배제할 수 없는 상황이다. 또 기업들이 저금리 체제 아래서 큰 금융 비용 부담 없이 구조조정을 추진할 수 있다는 이점도 있다.

《동아일보》, 00. 08. 30

기사를 보면 6퍼센트 혹은 7퍼센트의 금리가 저금리라고 언급됩니다. 저는 2003년에 은행에 입사하면서 사회생활을 시작했습니다. 당시 은행 1년 정기예금금리가 4퍼센트 후반대였죠. 당시 창구에 앉아 있던 선배들이 이구동성으로 '미친 저금리'라고 얘기했던 기억이 생생합니다. 그리고 이듬해인 2004년과 2005년을 거치면서 은행 예금금리는 3퍼센트까지 하락했죠. 그리고 금융위기와 코로나19 사태를 거치면서 앞에 보신 것처럼 저금리의 긴 터널을 지나왔던 겁니다. 그러다가 40년 만에 인플레이션을 만난 지난 2022년 하반기, 우리는 깜짝 놀랄 금리를 만나게 됩니다. 당시 기사를 인용해 보죠.

3개월만 맡겨도 연이자 5.5%… 고금리 예금 경쟁 뜨겁다

《서울경제》, 22. 11. 03

"자고 나면 없어진다"… 연 6.5% 고금리예금 창구서 하루 만에 팔았다

《매일경제》, 22. 10. 31

초고금리 예적금 홍수… 맞춤 상품 추천 플랫폼 출시된다

《매일경제》, 22. 11. 09

정기예금금리, 시중은행 6% · 저축은행 7% 가나

《뉴시스》, 22. 11. 16

잠시 앞의 2000년 8월자 인용 기사와 2022년 11월자 기사 타이틀들을 비교해 보시죠. 2000년에는 5~6퍼센트의 금리를 '저금리'라고 했고, 2022년에는 이 금리를 '초고금리'라고 표현하고 있습니다. 20여 년의 시간을 거치면서 5~6퍼센트라는 금리가 어느새 저금리에서 고금리로 변했음이 생생히 느껴지지 않나요? 2000년대 들어 장기간 금리의 하락세가 이어지고, **저금리 기조가 당연시되는 이런 현상을 사람들은 '뉴노멀(New Normal)'이라고 합니다. 새로운 정상이 생겨났다는 얘기입니다.**

2000년대 초까지는 워낙 높은 금리에 익숙했기에 5~6퍼센트의 금리 자체가 정말 생소한 저금리였지만, 이후 금리가 크게 하락하면서 이제 우리는 1~2퍼센트 금리가 익숙해졌습니다. 5~6퍼센트라는 금리는 적응조차 안 되는 초고금리가 된 것이죠. 네, 5퍼센트라는 금리의 의미가 바뀐 게 아닙니다. 바뀐 건 그런 금리를 대하는 우리들의 마음입니다.

지난 10여 년을 거치면서 우리는 3.5퍼센트라는 금리도 높게 느껴지는 세상에 익숙해졌습니다. 그렇기에 우리는 정상으로 여겨지는 '저금리'로 내려가는 것이 편안하다고 느끼는 겁니다. 그러나 그 시계를 2000년대 초까지 늘리면 이는 말도 안 되게 낮은 금리가 됩니다. 제가 이런 말씀을 드리는 이유는요, 우리는 지난 10여 년의 금융시장과 경제를 체험하면서 너무 낮은 금리에 매우 익숙해졌다는 것을 설명드리고 싶어서입니다. **2000년대에는**

5퍼센트가 저금리였고, 지금의 5퍼센트는 고금리입니다. 그럼 향후 3~4년 후, 혹은 지금으로부터 10년 후에 5퍼센트가 지금처럼 고금리로 남아 있을까요, 아니면 다시 저금리로 여겨질까요? 앞서 말씀드렸던 중립금리, 즉 적정 금리는 경제 체제가 달라짐에 따라 수시로 변합니다. 그래서 판단하기가 참 어렵죠.

과거를 통해 알 수 있듯 우리에게 익숙한 금리도 계속해서 변해갈 여지가 있습니다. 물론 예단하기 어렵겠지만 저는 우리에게 너무나 익숙했던 초저금리로 돌아가는 것이 쉽지는 않을 것이라 생각합니다. 그 이유를 간단히 말씀드려 보죠.

그때의 금리로 돌아갈 수 없는 3가지 이유

■ 첫째, 우리도 모르게 익숙해진 과도한 부채

우선 코로나19 사태를 거치면서 수렁에 빠진 경제를 끌어올리기 위해 너무 많은 돈 풀기가 이루어졌습니다. 경제가 어려워지면 정부는 무언가 부양책을 쏟아내야 합니다. 그런데 국가에 돈이 없다면 부양책을 쓸 수 없겠죠. 이때 가장 좋은 방법이 미래의 소득을 현재로 당겨와서 쓰는 방법입니다. 국채를 발행해서 지금 돈을 빌린 다음, 먼 미래에 이 돈에 이자까지 쳐서 갚는 방법을 쓸 수밖에 없죠. 당장 시급한 불황에서 탈출해야 한다는 절박함 때문에 각국의 부채가 천문학적인 수준으로 증가했습니다. 그래서 다음과 같은 기사들이 줄지어 나왔죠.

美 국가 부채 34조 弗… 의회 분열에 사상 최고치 기록

《연합인포맥스》, 24. 01. 03

전 세계 빚 사상 최대 315조 달러… 신흥시장도, 美日도 계속 증가

《연합뉴스》, 24. 05. 30

"20년 새 3배 늘었다" 전 세계 정부 부채 12경… 사상 최대

《아시아경제》, 24. 08. 13

네, 미국뿐 아니라 신흥국, 일본 등도 부채를 계속해서 늘리고 있죠. 지난 20년 새 부채가 3배 늘었다고 합니다. 앞서 말씀드린 20년 전에 비해 각국의 빚이 크게 늘어난 겁니다. 그럼 당연히 늘어난 빚만큼 이자 부담도 증가할 수밖에 없을 겁니다. 그래서 이런 기사도 나오게 됩니다.

美 국채 이자 비용 1조 달러 돌파… 26년 만에 최대, GDP의 3.9%

《한국경제》, 24. 10. 20

기존의 빚도 많은데, 그 빚을 유지하기 위해 엄청난 이자까지 지급해야 합니다. 미국처럼 성장이 탄탄해서 소득이 늘어나는 국가라면 모르겠지만 그렇지 않은 저성장 국가들은 이자를 감당하기에도 벅차겠죠. 그럼 그 이자를 메우기 위해 더욱더 많은 빚을 내야 할 것이 분명합니다. 코로나19를 거치며 워낙 많은 부채를 끌어다 써서 그런지, 각국은 부채로 돈을 쓰는 데 큰 부담을 느끼지 못하는 듯합니다. 그래서 아래와 같은 기사도 만나게 됩니다.

"돈 없으면 무조건 빚내는 게 새로운 일상"… 급격하게 늘더니, 전 세계 43경 원 빚더미

《매일경제》, 24. 05. 30

빚이 많아진 만큼 각국이 돈을 빌리기 위해 쏟아내는 국채의 발행이 과거 대비 크게 증가할 수 있습니다. 그럼 국가가 보다 많은 돈을 시중에서 빌려가게 되겠죠. 기존에 100이라는 자금이 있다고 해보죠. 이 자금을 민간 기업이나 가계가 나누어 쓰고 있었는데, 이제 국가가 나서서 이 자금의 상당 수준을 흡수해 갑니다. 그럼 시중에 돈이 모자라게 되는 만큼 돈의 가격인 금리는 상승하게 되겠죠. **과거보다 크게 증가한 국가 부채, 과거 대비 높은 금리가 이어질 수 있다는 점을 시사한다고 생각합니다.**

■ 둘째, 영악하고 민감해진 자산시장

다음으론 금리와 자산시장의 관계를 생각해 볼 수 있습니다. 글로벌 금융위기 이후, 국가가 경기 부양을 위해 돈을 풀면 이 자금이 시중으로 흘러나와서 각종 자산 가격을 크게 끌어올리는 역할을 했습니다. 주식뿐 아니라 부동산 가격의 급등을 동반했죠. 부채의 증가뿐 아니라 자산 가격의 상승 역시 함께 나타났던 겁니다.

흥미로운 것은 시장이 학습을 한다는 겁니다. 과거에는 불황이 찾아오면 경제 위기가 찾아오고, 이에 자산시장이 크게 위축되곤 했습니다. 그렇지만 글로벌 금융위기와 코로나19 사태 등을 거치면서 이런 극단의 위기 국면에는 거대한 돈 풀기가 필연적으로 따라온다는 점을 시장이 학습하게 된 겁니다. 그럼 극단의 위기일수록 각종 투자 자산을 사들일 기회가 되는 것 아닐까요? 그걸 계속해서 학습했다면 경제 위기가 찾아와 이를 제어하기 위해 각국 중앙은행이 기준금리를 낮추면서 돈을 풀어줄 때 투자자들은 무조건 자산을 사들이려 할 겁니다. 네, 금리 인하에 대한 자산시장의 민감도가 높아진 것이죠. 과거와 비교해 봤을 때 금리 인하를 단행하면 부동산 가격이 훨씬 더 빠르고 민감하게 반응하거나, 혹은 미국의 빅테크 주식이 순식간에 올라버리는 상황이 펼쳐지게 됩니다.

현재 상황에서 금리를 낮추려고 할수록 부동산 가격이 크게 뛰어오릅니다. 그것도 부동산 매입을 위한 가계 빚의 급증을 동반하면서요. 그럼 자산 가격 버블 우려뿐 아니라 주거비 부담이 높아지는 문제가 생깁니다. 중앙은행은 기준금리를 인하해서 이자 부담을 줄여 소비를 자극하고자 하는데, 주택 가격 급등으로 주거비 부담이 증가한다면 이자 부담을 줄여준 효과가 희석되는 문제가 생기겠죠. 네, 그래서 한국은행 총재는 이런 얘기를 합니다. 잠시 읽어보시죠.

이창용 "섣부른 금리 인하, 부동산 가격 상승 기대 자극"

《이데일리》, 24. 01. 11

이 총재(이창용 총재)는 이날 오후 한은에서 한국금융학회와 공동 주최한 정책 심포지엄 축사에서 "통화 정책을 결정할 때 성장과 금융 안정 간 상충 우려에 대한 고려가 과거보다 훨씬 더 중요해졌다"며 이같이 말했다. 그는 민간 신용이 일정 수준을 넘어서면 오히려 생산성이 저하되고 소비를 제약하는 등 경제 성장에 부정적인 영향을 미친다는 내용의 국제결제은행(BIS) 보고서를 인용했다. (중략) 이 총재는 "지난 20년간 경기가 나빠질 때마다 장기적 문제를 등한시하고 단기적 경기 부양에만 집중한 데 따른 부정적 효과가 있었음을 다시 한번 생각해 봐야 한다"고 지적했다.

《연합뉴스》, 24 .11. 05

첫 기사는 제목 그대로 경기가 안 좋다고 금리를 인하하면 부동산 가격을 자극하는 문제에 봉착할 수 있음을 경고하는 내용을 담고 있습니다. 두 번째 기사에는 과거 대비 성장과 금융 안정 간 상충 우려가 커졌다는 다소 어려운(?) 표현이 나오죠. 그냥 주택 가격 급증으로 인한 버블 위험 증가, 가계 부채의 급증 정도로 해석하시면 편합니다. 그럼 단기적으로 경기 둔화, 즉 성장이 흔들리는 것을 막고자 금리를 인하했을 때 주택 가격이 크게 오르고 버블 위험이 증가하는 부작용이 과거보다 훨씬 더 심해질 수 있음을 말하는 것으로 해석할 수 있죠.

개인적으로 마지막 문장이 핵심이라고 생각합니다. 지난 20년간 경기가 나빠질 때마다 금리를 인하하는 방식으로 단기 부양만 하면서 자산시장, 특히 부동산 가격을 끌어올렸다는 점을 지적하고 있습니다.

금리 인하를 단행할 경우 과거보다 가뜩이나 높아진 자산 가격이 버블 경제로 향할 위험이 커지고, 워낙 늘어난 부채가 더욱 빠른 속도로 늘어날 수 있습니다. 물론 경기 둔화를 막기 위해 금리를 인하하는 등의 부양책은 당연히 필요하겠지만 부작용이 워낙 강해진 만큼 과거보다는 한 번 한 번의 금리 인하가 상당히 불편하겠죠. 금리 인하가 과거보다 많이 불편해졌다면 과거만큼 바닥까지 빠른 속도로 낮추기가 어려워질 겁니다. 네, 저는 과거의 초저금리로 돌아가기 쉽지 않은 두 번째 이유로 금리 인하에 대해 과거보다 매우 민감하게 반응하는 자산시장을 언급해 봅니다.

■ 셋째, 40년 만의 인플레이션과 트라우마

마지막 세 번째 이유는 40년 만에 찾아온 인플레이션입니다. 높아진 물가를 잡기 위해서는 높은 금리가 필요합니다. 그래서 40년 만의 거대한 인플레이션으로 인해 전 세계 중앙은행들은 과거 저금리 시대에는 상상조차 하기 힘들었던 고금리를 만들어 냈던 겁니다. 다만 이제 인플레이션이 끝나가는 만큼 과거로 돌아갈 수도 있지 않을까요? 네, 과거의 저금리로 복귀할 수 있다고 생각하는 사람들은 이런 생각을 가장 많이 하시는 듯합니다.

잠시 이해를 돕기 위해 당뇨병 환자 홍길동의 사례를 말씀드려 보죠. 홍길동은 40세까지 당뇨라는 것을 겪어본 적이 없는 사람입니다. 그냥 마음껏 먹고 싶은 식단을 즐겨왔죠. 그런데 너무 단 음식들을 많이 먹은 나머지 40세가 되어서 심각한 당뇨로 고생하게 됩니다. 병원에서 3~4년 정도 고생하면서 당뇨 수치가 거의 정상에 가까워지자 퇴원을 할 수 있게 되었습니다. 퇴원 전 주치의에게 인사차 찾아갔는데요, 주치의는 "홍길동 씨, 퇴원하시더라도 옛날처럼 단 것 마음껏 드시면 절대 안 됩니다. 금방 다시 병원으로 돌아오실 수도 있어요"라고 말합니다. 그런 경고를 듣고 퇴원한 홍길동은 예전처럼 단 것을 마음껏 먹을 수 있을까요? 조금씩은 먹어도 예전처럼 마구잡이로 편하게 식사를 하지는 못하겠죠.

미국을 비롯한 전 세계는 2008년 글로벌 금융위기 이후 인플레이션보다는 일본식 디플레이션의 공포에서 헤어나지 못하고 있었습니다. 물가 상승은 상상 속에서나 나오는 얘기였죠. 그래서 40년간 인플레이션을 만날 수 없었던 겁니다. 물가가 오르지 않는다면 금리를 아무리 많이 내려도, 그리고 돈을 아무리 많이 풀어도 부담이 없습니다. 돈을 많이 풀었을 때의 부작용이 바로 물가의 폭등입니다. 그동안은 물가가 안정되어 있으니 제로까지 혹은 마이너스 레벨까지 금리를 낮추고 무제한 양적완화 등의 돈 풀기를 단행해도 큰 부담이 없었던 것이죠.

그런데요, 코로나19까지 겪으면서 너무 방만하게 돈을 풀다 보니 40년 만에 인플레이션을 만나게 된 겁니다. 그리고 그 인플레이션을 잡기 위해 상당한 홍역을 치루었고요. 미국은 상당 수준 개선되었지만 중앙은행이 목표로 하는 물가 목표 2퍼센트로 돌아가는 데까지는 여전히 시간이 필요하다고 합니다.

인플레이션이 사라졌다고 믿었던 시대라면 돈을 마구잡이로 풀 수 있었을 겁니다. 그런데 지금은 40년 만의 거대한 인플레이션으로 충격을 받고, 이걸 간신히 해결하는 단계에 와 있습니다. 향후 인플레이션이 정상 수치로 돌아가면 과거처럼 편하게 마구잡이로 돈을 풀 수 있을까요? '옛날처럼 마음껏 단 음식을 먹을 수 있을까?'라는 질문과 맥을 같이하죠.

금리는 돈의 가격입니다. 가격은 수요와 공급으로 결정되죠. 당뇨병, 아니 인플레이션이 부담되지 않던 시기에는 마구잡이로 돈을 풀어낼 수 있었습니다. 그럼 돈의 공급이 무제한으로 늘어날 수 있는 만큼 돈의 가격인 금리는 바닥으로 향할 수 있겠죠. 그러나 이제는 과거처럼 돈을 풀기 어려워졌습니다. 풀 수 없다기보다는 과거처럼 무제한으로 풀기가 어려워졌다는 의미입니다. 그럼 금리가 내려갈 수는 있더라도 과거처럼 바닥까지 내려갈 수 있을까요? 네, 과거와 같은 초저금리를 기대하기 어려운 이유라고 생각합니다. 홍길동이 옛날처럼 단 음식을 먹지 못하는 것처럼요.

지금까지 과거의 초저금리로 돌아가기 어려운 이유 세 가지를 말씀드렸습니다. 과거에 비해 과도하게 늘어난 부채, 과거보다 훨씬 민감해진 자산시장(금리 인하 시 버블 우려), 마지막으로 40년 만의 인플레이션이 만들어 낸 물가 상승에 대한 부담까지. 이상의 세 가지 이유로 우리가 기대하는 기존의 저금리보다는 일정 수준 높은 금리가 꽤 오랜 기간 이어질 것 같습니다. 세계적인 석학들이나 중앙은행 총재 등도 이런 얘기에 동참하고 있죠. 몇 분의 얘기를 간단히 보면서 갈까요? 우선 세계 경제에서 가장 큰 부분을 차지하는 미국과 유럽 중앙은행 총재 코멘트를 들어보시죠.

'저금리 종말' 외친 파월 · 라가르드… '뉴 인플레 시대 열렸다'

《서울경제》, 22. 06. 30

파월 · 라가르드 "저물가 시대 끝났다… 통화 정책 달라져야"

《연합뉴스》, 22. 06. 30

인플레이션이 한창이던 지난 2022년 6월 말, 파월 의장과 라가르드 총재는 일찌감치 과거와 같은 저물가·저금리 시대로 되돌아가는 것은 어렵다는 암시를 주었죠.

美 연준 파월 의장, 정책금리 동결 고금리 장기화 시사

《글로벌이코노믹》, 24. 05. 02

제롬 파월(Jerome Powell) 연준 의장은 2024년 5월에도 고금리 장기화 가능성이 상당히 높다는 점을 강조했죠. 금리가 내려가지 않는다는 의미가 아니라 과거와 같은 저금리로의 복귀 가능성은 매우 낮으며 과거보다 높은 고금리가 상당 기간 이어질 것을 시사한 겁니다. 비슷한 시기 미국 재무장관인 재닛 옐런(Janet Yellen)과 월가의 황제라는 별명을 가진 JP모건의 CEO 제이미 다이먼(Jamie Dimon) 역시 비슷한 얘기를 했습니다. 기사 타이틀만 잠시 보시죠.

옐런 美 재무장관, "저금리 시대로는 돌아갈 수 없을 듯"

《이데일리》, 24. 03. 14

'월가 황제' 다이먼 "고물가·고금리 지속될 수 있다" 경고

《블로터》, 24. 07. 13

물론 이런 석학들, 혹은 중앙은행 총재들의 주장 역시 틀릴 수 있습니다. 만약 2008년도 글로벌 금융위기 같은 예상치 못한 충격이 찾아온다면 다시금 제로금리의 늪에 빠져버릴 수도 있겠죠.

40년 만의 인플레이션이라는 새로운 환경에서 곤혹스러운 시기를 보내면서 경제의 체질이 다소 바뀌었고, 이로 인해 우리에게 익숙했던 저금리로 되돌아가기는 쉽지 않을 것 같습니다. 당장 한 해 한 해의 금리가 오르고 내리는 것보다는 **고금리 시대에서 저금리 시대로, 그리고 저금리 시대에서 한 레벨 벗어나는 금리 시대로의 변화, 즉 큰 틀에서의 금리 환경 변화에 주목하는 것이 향후 긴 관점에서 투자를 하실 때 도움이 되시리라 생각합니다.**

금리는 돈의 값이라고 했죠. 돈의 가격이 바뀌면 돈을 가지고 할 수 있는 투자 혹은 소비 등에 상당히 큰 영향을 주게 됩니다. 그렇다면 금리 환경 자체가 바뀐 상황에서 환율은 어떻게 될까요? 달러와 엔 같은 주요 국제통화는 어떤 흐름을 이어가게 될까요? 지난 10년 이상 이어왔던 패턴을 그대로 유지할지 아니면 변화가 생길지 궁금해집니다. 또 다른 형태의 실물 화폐인 금 가격 역시 금리의 구조적 변화 속에서 새로운 모습을 보일 것 같습니다.

금리라는 환경의 체질이 바뀌고 있습니다. 이 책에서 다루게 될 세 가지 돈 '달러, 엔, 금'의 중장기적 변화는 어떻게 진행될 것인지, 그리고 이런 통화에 어떻게 투자하는 것이 현명할지 이제부터 시작해 보겠습니다.

DOLLAR

YEN

GOLD

달러

미국의 패권,
달러의 구조가 변하고 있다

01

원화는 달러에 비해 약하다는 말

달러원 그래프를 보면
한국 경제의 역사가 보인다

2024년 11월, 도널드 트럼프(Donald Trump)의 미국 대통령 당선 전후로 달러원 환율에 대한 불안감이 확연히 높아졌습니다. 가까스로 지켜지던 달러원 1400원 레벨이 수시로 뚫리면서 환율 불안감이 더해지고 있죠. 마딧수가 깨질 때마다, 즉 1100원, 1200원, 1300원 등 중요한 숫자 레벨이 깨질 때마다 상징적, 심리적 부담을 크게 느끼게 됩니다. 불과 수년 전만 해도 환율이 달러당 1200원으로만 상승해도 국가적인 불안감이 높아진다는 얘기가 있었습니다. 이후 1300원, 1400원까지 차례로 흔들렸으니 환율 불안이 커질 수밖에 없겠죠.

달러원 환율의 상승은 기본적으로 미국 달러를 살 때 필요한 원화가 더욱 많아지는 것, 즉 달러 가치 상승 및 원화 가치 하락을 의미합니다(권말1 참고). 중요한 마딧수를 넘어서서 계속해서 상승하는 환율을 보면서 1997년에 겪었던 외환위기의 트라우마를 회상하는 사람들도 많았습니다. 이렇게 환율 상승에 대해 불안해하는 이유를 잠시 그래프를 보면서 체크해 보시죠.

다음 그래프는 2000년 이후의 달러 대비 원화 환율의 흐름을 보여줍니다. 외환위기에서 벗어난 직후인 2000년대 초반에는 환율이 높은 수준을 유지하면서 달러당 1200~1300원 선에 머물렀지만(①번 국면) 이후 꾸준히 하락하면서 글로벌 금융위기 직전

그래프 2 · 달러원 환율 추이(2001~2023년)

자료: 블룸버그

인 2007년에는 달러당 900원까지 밀려 내려갑니다(②번 국면). 이후 2008년 글로벌 금융위기라는 100년 만의 충격이 닥쳐오자 안전자산인 달러로 자산이 쏠리며 환율이 달러당 1600원 수준까지 폭발적으로 상승했습니다(③번 국면). 달러당 2000원을 넘었던 1997년 외환위기 이후 가장 높은 수준을 보인 것이죠. 이후 금융위기의 파고가 사그라들면서 환율은 빠르게 안정되고, 2010년대에는 내내 달러당 1000~1200원 사이의 좁은 밴드를 오르내리는 흐름을 이어갔습니다(박스 국면). 환율이 워낙 안정적이었기 때문에 당시에는 각종 대외 충격으로 인해 환율이 1200원만 넘어도 불안하다는 얘기가 흘러나왔죠.

[환율 1200원 시대, 명암] 위기 때마다 급등한 환율⋯ 외환위기 따라가나

《아시아경제》, 16. 01. 12

원달러 환율 1200원대 육박⋯ 외환 유동성 위기 오나

《아시아타임즈》, 19. 08. 23

중국 위안화 위기가 있었던 2016년, 달러원 환율이 일시적으로 1200원을 넘었을 때 공포감으로 외환위기라는 단어까지 회자되었습니다(⑤번 국면). 미·중 무역전쟁이 심화되면서 중국이 위안화

가치를 큰 폭으로 떨어뜨리며 대응했던 2019년 8월에도 환율이 1200원을 상회하면서 불안감을 키웠죠. 그리고 코로나19 사태 당시 극단의 안전자산 선호 현상이 생겨나면서 달러원 환율이 순간적으로 달러당 1299원까지 치솟았습니다(⑥번 국면). 1300원의 환율을 넘기지는 않았지만 거의 육박했다는 것만으로도 거대한 불안감을 가져다주었죠. 불과 수년 전 1200원을 넘는 것을 위험 신호로 봤던 때에는 1300원이라는 환율은 실질적인 위기의 시그널로 해석되었을 겁니다. 그리고 그런 1300원의 환율을 2022년에 넘어서게 됩니다.

"환율이 미쳤어요" 13년 만에 1300원 돌파… 금융위기 수준

《뉴스1》, 22. 06. 23

[환율 1300원 공포] 위기마다 방패막 '한ㆍ미 스와프' 필요성 커진다

《아주경제》, 22. 07. 16

2022년 미국은 40년 만의 인플레이션을 맞아 1994년 이후 가장 빠른 속도로 금리 인상을 단행했죠. 과감한 금리 인상은 달러에 대한 매력을 높이면서 달러 가치를 확연하게 끌어올리기 시작했습니다. 그리고 미국의 금리 인상 속도를 따라가지 못한 다른 국가들의 통화는 상대적으로 매력이 떨어지게 되었고, 그로 인해 달러 대비 통화 가치가 큰 폭으로 하락했죠. 한국 원화 역시 예외는 아니었습니다. 이에 2022년 6월 달러당 1300원 선을 내주게 되었고, 그해 9~10월을 거치면서 달러원 환율이 1400원을 넘어서게 됩니다(⑦번 국면). 제가 생생하게 기억하는 것이 있는데요, 당시에는 세미나를 갈 때마다 한국 경제 무너지는 것 아니냐는 질문을 정말 많이 받았습니다. 환율이 이렇게 오르는 건 정말 심각한 망조라는 말도 함께 들을 수 있었죠. 이후 1300원 수준에서 안정되었던 달러원 환율은 2024년 하반기 미국 트럼프 대통령 후보의 당선 및 12월 국내 비상 계엄 등의 정치 불안을 거쳐 큰 폭 상승하며 1450원 선을 훌쩍 넘어서게 되죠. 달러당 1500원 선을 위협받고 있으니 환율 상승발 경제 위기의 공포감, 과거 외환위기의 트라우마가 떠오르게 되는 겁니다.

관점에 따라
원화 가치는 달라진다

환율이 뛰어오를 때마다 항상 만나게 되는 기사들이 있습니다. 달러 대비 한국 원화의 구조적인 취약성을 보여주는 기사입니다. 대체로 원화 가치 하락이 다른 어떤 통화보다도 가파르다는 얘기를 담고 있습니다.

한국 경제는 기본적으로 내수 비중보다는 수출 성장에 대한 의존도가 높습니다. 수출은 다른 나라가 한국의 물건을 산다는 의미입니다. 결국 국내 경기보다는 글로벌 경기 움직임에 우리나라 수출이 연동되는 면이 강하죠. 그래서 글로벌 경기 둔화 우려 같은 대외 경제 불안 요인이 커질 때마다 수출 의존도가 높은 한국 경제는 다른 나라보다 큰 타격을 받곤 합니다. 달러원 환율이 일시적으로 크게 흔들리는 이유도 여기서 찾을 수 있습니다. 원화 환율 불안에 대한 내용을 담은 기사들을 잠시 체크해 보고 가시죠.

원화값에 무슨 일이?… 43개국 중 40개국 통화 대비 내렸다

《중앙일보》, 22. 09. 05

유독 가파른 원화값 하락세… 기준금리 인하 빨라지나

《헤럴드경제》, 19. 06. 13

올들어 원화값 추락 '세계 최대'

《이데일리》, 08. 10. 09

2008년 글로벌 금융위기 때부터 시작해서 2019년 미중 무역 분쟁 당시, 그리고 2022년 미국 금리 인상으로 인한 불안 확산 당시에도 달러 대비 원화 가치는 다른 어떤 국가보다도 크게 흔들렸다는 내용이 담겨 있습니다. 원화는 왜 이렇게 약한 것일까요? 분단 국가의 불안을 반영한 코리아 디스카운트 때문일까요? 그런데요, 저는 조금 다른 생각을 가지고 있습니다. 달러 대비 원화의 환율을 어느 시점에 어떻게 평가하느냐에 따라서 다른 국가 통화보다 원화가 더 불안한지 아닌지 크게 달라질 수 있죠. **다만 긴 관점에서 평가를 하게 되면 원화는 전 세계 통화 중에서 그 가치를 가장 안정적으로 유지하고 있는 몇 안 되는 통화입니다.**

긴 관점이라는 얘기가 다소 생소하게 들리실 수 있습니다. 글로벌 금융위기 직후였던 2010년 1월 1일의 사례로 설명드리겠습니다. 당시 달러 대비 브라질 헤알화 환율은 달러당 1.5헤알 수준이었고, 달러 대비 튀르키예 리라화 환율은 달러당 2리라 수준에 머물러 있었습니다. 그리고 달러원 환율은 1150원 정도였죠. 그로부터 14년이 지난 2024년 12월 1일을 기준으로 보면 헤알화는 달러당 6헤알에 육박합니다. 거의 4배 가까이 환율이 뛰어오른 겁니다. 만약 이 수준으로 원화 환율이 뛰었다면 달러원 환율은 4600원 수준을 기록했어야 하겠죠.

튀르키예 리라화는 더욱 심각합니다. 달러당 34리라를 넘는 수준까지 뛰어올랐죠. 2리라를 기준으로 거의 17배의 상승세를 보여준 겁니다. 이를 달러원으로 환산한다면 거의 달러당 1만 9500원이 되어야 하는 것 아닐까요? 달러당 1400원 수준으로 올라온 달러원 환율이 다소 귀엽게(?) 보이지 않으시나요? 실제 2010년 1월 1일을 100으로 지정하고 달러원, 달러헤알, 달러리라

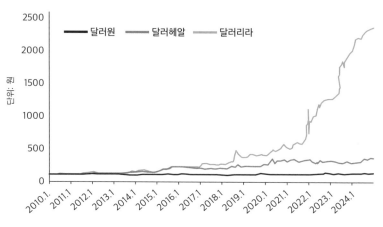

그래프 3 • 달러원, 달러헤알, 달러리라 환율 비교(2010년 1월 1일=100)

자료: 블룸버그

환율을 비교해 보면 위와 같이 그려집니다.

2010년 대비 워낙 높게 뛰어오른 리라화가 있기 때문에 당시보다 4배 뛰어오른 헤알화 환율이 매우 안정적으로(?) 보일 정도입니다. 그리고 달러원 환율은 마치 수평선처럼 보입니다. 다른 국가 대비 환율이 매우 안정적이었고, 상승폭(달러 대비 원화 약세의 폭)도 크지 않았다는 의미죠. 여기서 반론을 제기하고 싶은 분들이 계실 겁니다. 브라질이나 튀르키예는 국가 신용등급이 높지 않은 신흥국이자 외환시장 불안 이슈를 지속적으로 겪고 있는 국가들인데, 이를 한국과 비교하는 것은 너무 과도한 것 아니냐는 반론이겠죠.

네, 저 역시 공감합니다. 그럼 엔화로 보면 어떨까요? 2010년 1월 1일 달러엔 환율, 즉 1달러당 엔화는 90엔 수준이었습니다.

2024년 7월 한때 달러엔 환율이 162엔까지 상승했죠. 물론 브라질이나 튀르키예 수준은 아니지만 당시 1150원 수준을 유지하고 있던 달러원 환율로 환산한다면 거의 2000원 정도 수준까지 오른 것이라고 봐도 됩니다. 그럼 현재까지 언급한 통화들과 원화의 직접적인 비교도 필요하겠죠. 헤알 대비 원화 환율, 리라 대비 원화 환율, 엔 대비 원화 환율 그래프를 하나씩 살펴보겠습니다.

엔화 대비 원화 환율 추이를 먼저 살펴보도록 하겠습니다. 2011~2012년에는 1엔당 15.5원 수준까지 치솟았다가 이후 빠르게 하락했고 2024년 하반기에는 1엔당 9~9.5원 수준입니다. 15.5원을 줘야 살 수 있던 엔화를 이제는 9원이면 살 수 있으니 엔화 대비 원화가 꽤 강한 모습을 보였다고 할 수 있죠.

그래프 4 · 엔원 환율 추이(2010~2024년)

자료: 블룸버그

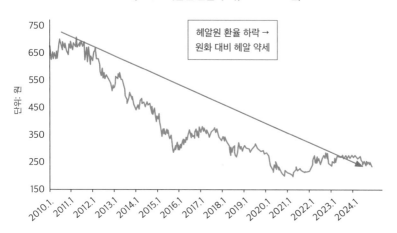

그래프 5 · 헤알원 환율 추이(2010~2024년)

헤알원 환율 하락 →
원화 대비 헤알 약세

단위: 원

그래프 6 · 리라원 환율 추이(2010~2024년)

리라원 환율 하락 →
원화 대비 리라 약세

단위: 원

자료: 블룸버그

다음은 헤알화입니다. 헤알화는 2010~2011년 초 브라질 경제
특수를 맞아 전 세계 자본이 몰리면서 초강세를 나타냈던 바 있

죠. 그러나 이후 브라질 경제가 악화되면서 자본 유출이 현실화되고 달러 대비 헤알화 가치는 꾸준히 하락해 왔습니다. 2010년 초 1헤알당 700원 가까운 수준이던 헤알원 환율은 2024년 하반기 1헤알당 250원을 하회합니다. 헤알화 대비로도 원화가 매우 강했던 겁니다.

튀르키예 리라화는 보다 극적으로 보입니다. 2010년 초 1리라당 800원 수준을 기록하던 리라원 환율인데요, 이후 가파른 속도로 리라화 약세가 전개되면서 2024년 하반기에는 1리라당 100원을 크게 하회합니다. 레젭 타입 에르도안(Recep Tayyip Erdogan) 대통령 통치하에서 너무 많은 경제 관련 잡음을 겪었던 튀르키예이기에 자국 통화인 리라화 가치 폭락은 현재 진행형입니다. 리라화 대비로도 매우 강한 원화의 흐름까지 엿볼 수 있죠.

이러한 추이로 봤을 때 원화는 상당한 강세를 보여왔음을 알 수 있습니다. 물론 선진국 중 아베노믹스라는 특수로 인해 과도한 약세를 보였던 엔화를 비교 대상으로 한 것이 여전히 불만인 분들이 있을 수 있습니다. 그래서 이번에는 선진국 통화 중심으로 원화 환율의 2010년 이후 흐름을 비교해 보겠습니다. 다음 페이지의 그래프를 보시죠.

2010년 1월 1일의 각국 통화 환율을 100으로 환산한 후 2024년 11월 말까지의 흐름을 그린 그래프입니다. 우상향의 폭이 클수록 달러 대비 해당국 통화의 가치 하락폭이 큰 것입니다. 우리가 불

그래프 7 · 주요국 환율 추이 비교(2010년 1월 1일 = 100)

자료: 블룸버그

안하다고 걱정하는 달러원 환율(빨간 점선)이 그래프 하단에 깔려

있는 것을 확인할 수 있죠. 원화보다 변동폭이 적었던 통화는 위

안화 정도네요.

　참고로 달러 대비 위안화 환율에는 관리변동환율제가 적용됩

니다(권말4 참고). 중국 외환 당국이 어느 정도 환율의 움직임을 통

제하는 것이죠. 마치 고정환율제처럼 환율의 움직임이 통제되는

국가의 통화와 달러원 환율을 단순 비교하기는 어려울 겁니다. 물

론 한국 경제가 가진 아킬레스건이라고 할 수 있는 대북 리스크와

높은 중국 경제 의존도로 인해 중국발 불안이나 북한 도발 이슈

등이 불거졌을 때에는 다른 어떤 국가들보다 민감한 단기 변동성

을 보였습니다. 하지만 **2010년 이후의 장기적 흐름에서 달러원 환**

율을 본다면 상대적으로 매우 안정적인 흐름을 이어왔다고 할 수 있을 겁니다.

그럼 질문 자체가 크게 반전되는 것 아닐까요? 달러 대비 원화는 '왜 이렇게 불안정한가'에서 '어떻게 상대적인 안정세를 유지할 수 있었는가'라는 질문으로요. 달러 대비 탄탄한 안정세를 유지하고 있다는 반전, 그 중심에 있는 달러원 환율에 대한 이야기를 이어가 보겠습니다.

02

약해진 달러를 만든 국내 요인들

달러원 환율이 상대적으로 안정적인 흐름을 보였던 이유, 이 주제에 접근하려면 두 가지를 봐야 합니다. 환율은 상대 가치입니다. 한국 원화와 미국 달러화를 비교해서 만들어지는 가격이죠. 그럼 당연히 한국의 특성, 그리고 미국의 특성을 함께 살펴봐야 할 겁니다.

먼저 달러원 환율의 안정에 기여했던 한국 경제의 특성부터 시작해 보겠습니다.

구조적 무역 흑자국

특정 국가의 통화 가치를 분석할 때 가장 먼저 보는 지표가 바로 '무역수지'입니다. 대외 교역에서 수출을 많이 해서 달러를 많이 벌어들인다면 달러의 공급이 늘어나는 만큼 달러화가 약세를 보이고, 해당 국가 통화가 강세(달러 대비 환율 하락)를 나타낼 겁니다. 반대로 무역 적자를 기록한다면 달러화가 부족해지는 문제가 생기면서 해당 국가 통화는 달러 대비 약세(달러 대비 환율 상승)를 보이게 되겠죠. 한국은 전 세계에서도 손꼽히는 수출 대국입니다. 그리고 2000년대 이후부터 장기간 대규모 무역 흑자를 기록해 왔죠. 그래서 어지간하면 흑자를 기록하는 국가라는 의미에서 '구조적 무역 흑자국'이라고 불리기도 합니다.

이런 구조적 무역 흑자의 시작은 2001년 12월 중국이 WTO에 가입하면서 시작되었습니다. 중국이라는 세계의 공장이 전 세계 수요 시장에 오픈되는 순간이었죠. 중국은 저렴한 노동력, 거대한 토지, 일정 수준의 자본을 갖췄지만 기술력이 부족하기 때문에 완제품을 만들기 위해 기술력이 좋은 국가에서 중간재(제품을 만드는 중간 과정에서 필요한 재료나 부품, 혹은 가공을 일부 거친 제품)를 수입하는 것이 필수였습니다. 그리고 그런 중간재 수입의 니즈를 정확히 맞춰준 곳이 바로 우리나라였죠. 대중 수출을 중심으로 한국의 무역수지 흑자 행진이 지속될 수 있었습니다. 이와 맞물려 시작된 국제 무역의 확대에 힘입어 수출 중심의 한국 경제는 더욱 강한 성장세를 보였죠. 그 중심에는 2000년대 중반 철강, 조선 등이 있었습니다.

2008년 글로벌 금융위기 이후 중국 경제의 성장세도 어느 정도 기세가 꺾였습니다. 어려운 상황 속에서 한국은 자동차, 핸드셋(스마트폰), 반도체 산업을 중심으로 재차 수출을 크게 늘리기 시작했죠. 이후 코로나19 팬데믹과 미중 무역 및 기술 전쟁으로 인해 대중 수출이 줄어드는 상황에 봉착하자 최근에는 대미 수출을 크게 늘렸습니다. 그러면서 2023년에는 사상 최대의 대미 무역 흑자를 기록하는 등 20년 이상 수출 강국의 위상을 이어올 수 있었죠. 길게 말씀드렸는데요, 한국의 무역수지 흐름을 다음 페이지의 그래프 8을 통해서 확인해 보겠습니다.

2000년 이후부터 최근까지 한국의 무역수지 추이를 그린 그래프입니다. 어렵게 생각하지 마시고요. 가로선을 기준으로 상단에 있으면 무역 흑자, 하단에 있으면 무역 적자라고 보시면 쉽게 이해되실 겁니다. 일단 2020년 말까지만 끊어서 보시죠. 그렇게 보면 대부분의 기간에서 그래프가 가로선 위에 위치하고 있음을, 즉 무역 흑자를 기록했음을 알 수 있습니다. 무역 적자가 나타난 기간을 찾기가 매우 어려울 정도입니다.

그래프 9는 전 세계 주요 국가 대비 한국의 무역 순위를 보여줍니다. 우리나라는 2003년 12위에서 꾸준히 상승했고요, 2021년에

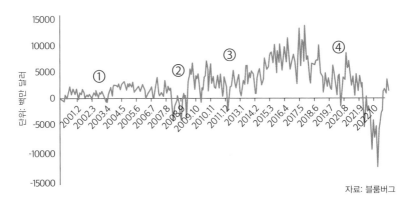

그래프 8 · 한국 무역수지 추이(2000~2023년)

자료: 블룸버그

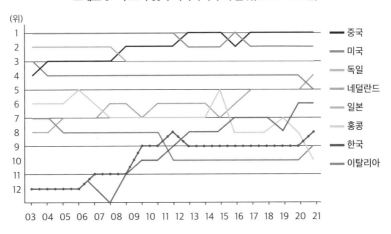

그래프 9 · 주요국 및 우리나라의 무역 순위(2003~2021년)

자료: 산업통상자원부(2021)

는 이탈리아를 제치고 8위로 올라섰죠. 수출만을 보면 우리나라는
세계 7위의 무역 국가입니다.

반면 20년의 기간 중 네 차례의 무역 적자를 확인할 수 있습니

다. 그런 예외적인 케이스를 그래프 8에 ①부터 ④까지의 번호로 표시했습니다. 당시 무슨 이슈가 있었기에 무역 적자가 발생한 것일까요?(2022년 이후 발생한 무역 적자는 05장에서 설명하겠습니다)

우선 ①번 국면을 살펴보겠습니다. 당시 2003년 초 사스(SARS, 중증급성호흡기증후군)로 전 세계, 특히 중국이 떠들썩했습니다. 최근의 코로나19와 비견될 만한 이슈였죠. 당시 홍콩 및 중국에서는 사회적 격리가 강하게 진행되었기 때문에 중화권 국가와의 교역에 상당한 타격이 있었습니다. 당시 무역수지 상황을 담은 기사를 잠시 읽어보고 가시죠.

국제유가가 안정세를 보이며 무역수지가 4개월 만에 흑자로 전환했다. 대내외적인 여건의 악화 속에서도 수출은 사상 최대의 실적을 기록, 한국 경제를 견인하고 있음이 증명됐다. 그러나 사스(SARS)의 파장이 점차 확산되고 있어 앞으로 무역수지에도 적잖은 영향을 미칠 것으로 보인다.

1일 산업자원부에 따르면 4월 중 수출은 전년 동월비 20.3% 증가한 158.6억 달러, 수입은 18.2% 증가한 148.5억 달러를 기록해 무역수지는 10.1억 달러 흑자를 기록했다. 이로써 무역수지는 4개월 만에 흑자로 돌아섰다. 1~4월까지 무역수지 누계 적자도 거의 해소돼 적자 규모가 0.8억 달러로 축소됐다.

《이데일리》, 03. 05. 01

2003년 초에는 이슈가 참 많았습니다. 당시 중국에서는 사스도 문제였지만 중동에서는 미국과 이라크의 제2차 이라크 전쟁이 발발했죠. 단기적으로 국제유가가 급등했습니다. 원유를 전량 수입해야 하는 우리나라는 수입에 보다 많은 비용이 들었고, 사스 때문에 수출이 제한되니 무역 적자로 돌아설 수밖에 없었죠. 이후 빠른 종전과 함께 유가가 안정세를 보이고 사스의 충격도 어느 정도 가시면서 4개월 만에 무역 흑자로 돌아섰다는 내용을 기사가 담아내고 있습니다. 물론 당시에는 암울했겠지만 일시적인 적자에 그쳤던 점은 다행스러운 일이죠.

②번 국면은 바로 2008년 글로벌 금융위기 시기입니다. 글로벌 금융위기는 미국에서 발발했지만 미국의 금융 기관들이 파산을 면하기 위해 너도나도 현금 확보에 몰입하면서 중국을 비롯한 신흥국에서 대규모 자본 유출이 일어나게 되었죠. 각국의 성장이 빠르게 위축된 만큼 대외 경제 성장과 그에 따른 수출에 의존하는 한국 경제에는 치명적이었습니다. 수출이 큰 폭으로 위축되면서 무역 적자를 기록하게 되었고, 2000년대 들어서 가장 긴 무역 적자 기간으로 남았죠. 물론 금융위기 당시 그 파고를 넘기 위한 강력한 경기 부양이 진행되면서 한국의 수출은 2009년 초에 신흥국 중 가장 빠른 속도로 개선되는 모습을 보였습니다.

③번 국면은 2012년 초입니다. 기억하실지 모르겠지만 당시 유럽재정위기라는 것이 있었습니다. 2010년 5월 그리스에서부터 시

작된 유럽 국가들의 재정 대란이 바로 유럽재정위기였습니다. 그리고 그 파고는 생각보다 컸습니다. 그리스에서 그친 것이 아니라 스페인, 이탈리아, 아일랜드, 포르투갈까지 전염되면서 각 국가들의 파산 위험이 크게 높아졌었죠. 유로존 국가들의 국가 부채 문제가 점입가경으로 치달았습니다. 해법을 찾지 못한다면 유로존이라는 인류 최대의 실험이 실패로 돌아갈 수 있다는 얘기까지 나오던 시기였습니다. 당연히 글로벌 경제 불안이 심화될 수밖에 없었고, 한국의 수출 역시 쉽지 않은 상황에 봉착했죠. 그래서 당시 이런 기사가 나왔습니다.

수출 발목 잡은 유럽… 무역수지 2년 만에 적자 빨간불

《SBS CNBC》, 12. 02. 01

네, 금융위기 이후 2년간 이어져왔던 무역 흑자 행진이 유럽재정위기 때문에 막혀버리게 됩니다. 사스 및 이라크 전쟁, 글로벌 금융위기 그리고 유럽재정위기까지 굵직한 악재 상황하에서 한국의 무역수지는 적자를 기록합니다.

마지막 ④번 국면은 코로나19입니다. 코로나19로 인해 전 세계 경제가 크게 휘청거렸고, 그 여파로 수출이 막히면서 무역 적자를 기록했죠.

'코로나19 충격' 4월 수출 24.3% 급감… 무역수지 99개월 만에 적자
전환

《업다운뉴스》, 20. 05. 01

저는 개인적으로 위 기사에서는 무역 적자보다 99개월 흑자 행
진이 마감되었다는 데 포인트를 두어야 한다고 생각합니다. 한국
의 무역 흑자 기조가 구조적이라는 점을 보여주는 대표적인 사례
죠. 코로나19 사태는 여러분이 잘 아시는 것처럼 이후에 빠르게
해소되었고, 한국의 무역수지는 금새 흑자 기조로 전환되었습니
다.

한국은 2000년대에 앞에서 언급한 네 차례의 케이스를 제외하
면 전 구간에서 무역 흑자를 유지해 왔습니다. 그 네 차례의 케이
스는 전쟁, 팬데믹, 100년 만의 금융위기와 유럽재정위기 등 이례
적인 상황이었죠. 그만큼 무역 흑자를 기록할 수 있는 여력이 충
분한 겁니다.

꾸준한 무역 흑자가 이어져 왔고, 향후에도 그럴 가능성이 높다
면, 그렇게 해서 외부에서 국내로 달러의 유입이 꾸준히 이어진다
면 달러 대비 원화 가치는 안정적인 흐름을 이어갈 수 있겠죠. 다
음 페이지의 2000년 이후 달러원 환율 그래프를 보면 꾸준히 유
입되는 달러 덕분에 낮은 변동성을 보임을 알 수 있습니다. 구조

그래프 10 · 달러원 환율 추이(2001~2023년)

글로벌 금융위기
(2008. 9)

유럽발 금융위기
(2010. 5)

러-우 전쟁
(2022. 4)

팬데믹 선언
(2020. 3)

자료: 블룸버그

적 무역 흑자, 바로 이것이 달러원 환율의 상대적 안정을 낳은 핵심 요인이라고 할 수 있습니다.

귀하신 몸 한국 국채

다소 의외라는 생각을 하실 수 있지만 글로벌 투자자들 사이에서 우리나라 국채에 대한 인기는 높은 편입니다. 글로벌 투자자들은 안정적인 포트폴리오 구성을 위해 국채를 자산에 포함시키고 싶어 합니다. 하지만 국채라고 같은 국채가 아닙니다. 신용등급이 양호하면서 부도 위험이 낮고, 가격 불안정성이 크지 않은 국채야말로 진정한 안전자산이라고 할 수 있겠죠. 그럼 한국 국채의 어떤 면이 글로벌 투자자들의 투자 심리를 자극한 것일까요?

첫 번째는 대규모 무역수지 흑자입니다. 그리고 그런 흑자가 지난 20여 년간 꾸준히 유지되었고, 앞으로도 상당 기간 이어질 것이라는 믿음을 만들어 내기 때문이죠.

두 번째는 높은 수준의 외환보유고입니다. 무역 흑자로 벌어들인 달러 중 일정 부분은 국가의 외환보유고에 쌓이게 됩니다. 외환보유고는 해당 국가의 긴급 외화 통장이라고 할 수 있죠. 자본 유출 등으로 달러가 부족한 상황이 오면 외환보유고의 달러를 활용해서 어려움을 최소화할 수 있습니다. 아래 그래프에서 한국의 외환보유고가 어떻게 증가해 왔는지 보고 가시죠.

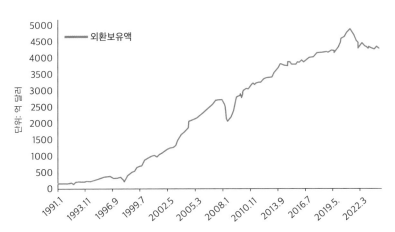

그래프 11 · 외환보유고 추이(1991~2023년)

앞의 그래프에서는 두 가지에 주목해야 합니다. 하나는 외환보유고가 꾸준히 우상향해 왔고, 우상향 그래프의 기울기가 높아진 것이 2000년대 초부터라는 것입니다. 다른 하나는 외환위기가 몰아친 지난 1997~1998년 사이의 외환보유고에 비하면 지금 보유액이 상당히 커졌다는 것입니다. 당시에는 300억 달러 내외에 불과했는데 2024년 11월 기준 우리나라의 외환보유고는 4100억 달러 수준입니다. 세계 9위 수준의 외환보유고로 이는 경제 위기에 상당히 강한 방어막이 될 수 있습니다.

마지막으로 최근 빠르게 증가하면서 우려를 낳고 있지만 2024년 말 기준 한국의 국가 부채는 다른 선진국 대비 양호한 편입니다. 각국의 부채를 비교할 때는 일반적으로 각국의 GDP 대비 부채 비율을 보곤 합니다. 국가별로 경제 규모가 다르기 때문에 부채의 총액만 가지고 비교를 하면 경제 규모가 큰 국가들은 필연적으로 큰 금액의 부채를 사용하는 만큼 상당한 오해가 생길 수 있죠. 그래서 각 국가의 소득, 즉 해당 국가의 성장과 비교했을 때의 부채 비율에 주목합니다. 부채가 많더라도 그 부채를 무시할 수 있을 정도로 성장세가 강하다면 양호한 국가 경제 상황이라는 판단을 할 수 있겠죠. 다음 그래프는 국제통화기금(IMF)에서 파악한 주요국의 GDP 대비 부채 비율입니다. 보고 가시죠.

그래프를 보면 한국의 GDP 대비 국가 부채 비율은 50퍼센트를 살짝 넘는 수준입니다. 일본, 미국을 비롯한 주요 유럽 선진국

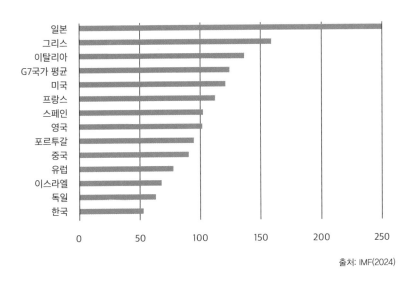

그래프 12 · 주요국 GDP 대비 부채 비율(%)

출처: IMF(2024)

대비 낮은 수준을 보이죠. 앞서 말씀드린 것처럼 최근 빠르게 증가하는 국가 부채 비율이 우려 요인으로 작용하는 것은 사실입니다. 하지만 적어도 지난 10년 이상의 기간 동안 글로벌 금융위기로 인해 부채를 크게 늘린 미국, 잃어버린 30년에서 벗어나기 위해 재정 지출을 늘리면서 발버둥을 친 일본, 그리고 유럽재정위기의 직격탄을 맞으면서 빚더미 위에 앉았던 유럽 국가들 대비 한국의 GDP 대비 부채 비율은 안정적인 모습입니다.

여기까지 정리해 볼까요. 한국은 구조적인 무역 흑자국이죠. 웬만하면 달러를 벌어들이는 국가입니다. 달러로 꾸준히, 예측 가능한 미래의 소득이 발생한다는 의미죠. 그리고 GDP 대비 국가 부채 비율이 상대적으로 낮은 편입니다. 다른 선진국에 비해 빚 문제가 덜 심각함을 의미하죠. 또 세계 9위 수준의 외환보유고를 가지고 있습니다. 위급 시에 쓸 수 있는 달러가 상당한 수준이죠. 글로벌 국채 투자자들은 특정 국가가 얼마나 성장하는지에 대해선 큰 관심이 없습니다. 성장의 과실을 나누어 먹으려면 국채가 아닌 주식에 투자해야 할 겁니다. 다른 것은 고려하지 않고 내가 빌려준 원금과 거기에 해당되는 적정 이자를 안정적으로 받을 수 있다면 베스트입니다. 국채 투자자와 주식 투자자의 관점 자체가 다른 것이겠죠. 이런 관점에서 볼 때 상당한 긴급 외화 자금 보유, 성장 대비 낮은 부채 비율, 꾸준한 달러 벌이 구조는 글로벌 채권 투자자들에게 한국 국채의 매력을 높이는 요인이 될 수 있습니다.

마지막으로 다른 국가와의 비교 관점에서 바라볼 필요가 있습니다. 글로벌 국채 투자자들에게는 정말 다양한 선택지가 있고 한국의 국채는 그중 하나일 겁니다. 그런데요, 만약 글로벌 금융위기, 혹은 유럽재정위기 등으로 선진국들이 순식간에 빚더미에 앉게 된다면 어떤 일이 벌어질까요? 2010~2012년 유럽재정위기를 거치면서 이탈리아, 스페인, 포르투갈, 그리스 등의 유럽 선진국들은 국채 투자자에게 상당히 부담스러워졌습니다. 그럼 상대적으로 안정성이 높은 한국 국채에 대한 관심도가 높아지게 될 겁니다. 이런 관점에서 다음 기사를 꼼꼼히 읽어보시면 느껴지는 바가 있을 겁니다.

글로벌 금융위기가 원화 국채시장 성장의 시발점이 됐다는 분석이 나왔다.
자본시장연구원은 11일 '글로벌 금융위기 이후 국채시장의 변화와 향후 과
제'라는 제목의 보고서를 통해, 세계 경제의 저성장과 선진국의 신용등급
하락 속에 상대적으로 원화 국채가 안전자산으로 주목받고 있다고 밝혔다.
보고서에 따르면 국채발행시장은 금융위기 이후에도 꾸준히 성장해 올해
10월까지 국고채 발행 잔액은 364억 원으로 1999년 국고채 발행 이후
10배가 넘는 양적 성장을 이뤘다. (중략) 그는 "특히 금융위기 이후 우리나
라의 재정건전성과 신용등급 상승을 바탕으로 국제 금융시장에서 원화 국
채는 안전자산의 지위를 얻게 됐다"면서 "2006년 말 4조 원에 머물던 외
국인 투자자의 국채 보유 금액이 올해 10월에는 62조 원으로 증가했다"고
말했다.

《헤럴드경제》, 12. 12. 11

　외국 투자자들이 한국 국채를 안전자산으로 인식하면 글로벌
경기 둔화 국면 등의 어려운 상황에서 상당한 도움을 받게 됩니
다. 경제 혹은 금융시장의 불확실성이 커질 때 안전자산으로의 쏠
림이 강해지죠. 앞서 말씀드린 것처럼 한국은 수출 성장에 큰 비
중을 두고 있습니다. 대외 경기가 좋지 않으면 수출이 꺾이면서
경기 둔화 우려가 커질 수 있고요. 이런 불안감이 커지면 외국인
자본 이탈 등의 불안 요인을 자극할 수 있게 됩니다. 이 경우 그들
은 국내 자산인 국채 등을 매각하고, 그렇게 받은 원화를 팔고 달

러를 사서 나갈 수 있습니다. 그럼 국채 가격이 하락하면서 국채 금리가 상승 압력을 받고, 원화 매도세가 강해지는 만큼 달러원 환율이 뛰어오를 수 있죠. 수출 성장이 제한되어서 가뜩이나 어려운 상황에서 금리와 환율까지 뛰어오르게 되면 실물 경제가 받는 부담은 배가될 수 있습니다.

그러나 한국 국채가 안전자산 취급을 받게 되면 어려운 상황에서 오히려 외국 자금이 유입됩니다. 금리나 환율의 급등을 상당 수준 제어해 주는 효과를 볼 수 있죠. 앞서 말씀드린 것처럼 한국 국채는 글로벌 투자자들에게 귀하신 몸으로 대접받고 있습니다. 어려운 상황에서 한국 국채를, 그리고 원화를 사려는 수요가 존재하는 만큼 과거 대비 원화의 안정성이 높아졌다고 볼 수 있겠죠.

인용한 기사는 글로벌 위기 국면을 넘어서면서 한국 국채가 안전자산 대접을 받고 있고, 그만큼 외국인 투자자들이 상당한 선호를 나타낸다는 내용입니다. 기사의 일자가 2012년 12월인데요, 2008년 금융위기와 2011년 유럽재정위기를 거친 이후부터 조금씩 바뀌는 한국 국채의 위상을 적은 기사라고 할 수 있죠.

한국 국채에 대한 인기가 높아지고, 안전자산 대접까지 받게 되면 경기 침체 등의 상황이 발생했을 때 한국 국채에서 달러가 유출되는 것이 아니라 되려 달러 자금이 유입되는 상황이 나타나게 됩니다. 원화 환율 안정에 상당한 기여를 하는 주요 요인입니다.

2000년대
중국의 고성장과 위안화 절상

원화가 안정세를 보이는 요인, 세 번째는 중국의 성장을 말씀드릴 수 있겠습니다. 2001년 중국이 WTO에 가입하면서 중국이라는 세계의 공장은 전 세계를 대상으로 생산 및 판매를 할 수 있게 됩니다. 중국의 제조업 생산 및 수출 증가는 중국의 성장률을 크게 끌어올리는 데 많은 기여를 하게 되죠.

WTO 가입 이후 중국은 커지는 수출 시장을 위해 생산을 더욱 크게 늘려서 제품의 생산량을 높이고, 그 제품들을 낮은 가격에 외국에 쏟아내기 시작했죠. '메이드 인 차이나(Made in China)'의 신화가 시작된 겁니다. 중국 내에 공장을 짓기 위해 외국에서 자금이 유입되었고, 이로 인해 중국은 투자 및 수출 분야에서 눈부신 성장을 기록했습니다. 반면 미국 경제는 잘나가던 1990년대를 마무리하고 2000년대 들어 닷컴버블의 붕괴 및 글로벌 금융위기 등으로 헤매는 모습을 보였죠. 2000년대 초반 이후는 미국 대비 중국의 압도적 성장으로 읽어낼 수 있습니다. 잠시 다음 페이지의 그래프 13에서 미국과 중국의 GDP 성장률 차이를 보고 가시죠.

2000년 3월부터 그려진 황색 선과 파란색 선은 각각 중국과 미국의 GDP 성장률을 나타냅니다. 두 개의 그래프 추이를 보면 중국의 성장률은 2008년 초까지 우상향하는 반면, 미국의 성

그래프 13 · 중국과 미국의 GDP 성장률 비교(2000~2013년)

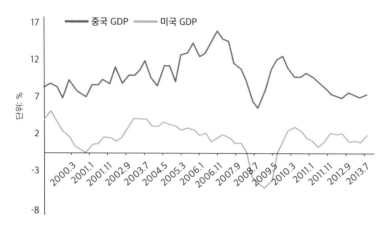

장률은 지지부진함을 확인할 수 있습니다. 금융위기가 있었던 2008~2009년에는 둘 다 크게 주저앉았지만 그 이후인 2013년에도 양국 간의 성장률 격차는 어느 정도 유지가 되었습니다. 네, 2000년대는 중국의 성장세가 미국을 압도했던 시기라고 할 수 있겠습니다. 글로벌 투자자들 역시 당시에는 미국보다 중국 투자를 선호했습니다. 국내에서도 중국 펀드 투자 붐이 크게 불었죠.

중국의 성장이 미국보다 강하기에 전 세계 자본이 중국으로 흘러 들어갑니다. 중국으로 유입되는 달러가 크게 늘어나면 중국 내 '달러 약세 및 위안화 강세'가 만들어졌죠. 아울러 중국은 투자 및 수출 중심으로 고성장을 견인했습니다. 수출 성장이 강해지는 만큼 무역을 통해 벌어들이는 달러가 천문학적으로 늘어났겠죠. 참고로 중국의 외환보유고는 2014년 한때 4조 달러 수준까지 크게 증가했던 바 있습니다. 4000억 달러로 세계 9위를 기록한 한국의 외환보유고가 과거 대비 크게 늘었다고는 하지만 중국과 비교하기는 어렵죠. 이렇듯 중국으로 투자를 통한 달러 자금, 그리고 무역 흑자를 통해 벌어들인 달러 자금 등이 밀려들어가게 됩니다. 그런 과정을 통해 앞서 말씀드린 '달러 약세 및 위안화 강세' 기조가 더욱 강화됩니다.

중국은 2000년대 초까지 이른바 '달러 페그제(달러를 기준으로 다른 통화의 교환 비율을 산정하는 고정환율 제도를 일컬음)'를 통해 위안화 환율을 달러에 고정시켰습니다. 일반적으로 수출 중심의 성장을 이끌어가는 신흥국 입장에서는 자국 통화 약세를 통해 자국 수출품의 가격을 꽤 낮게 유지하고, 그렇게 약해진 상태의 환율을 안정적으로 유지하는 것이 가장 유리합니다. 변동환율제 때문에 환율이 요동친다면 수출 경쟁력이 수시로 바뀌게 되니 체계적인 경영 및 생산 운영 전략을 갖추지 못한 신흥국에게 치명타가 될 수 있기 때문이죠. 다음 페이지의 그래프 14는 1990년대 이후 달러 대비 위안화 환율의 흐름을 나타낸 그래프입니다. 함께 체크하고 가시죠.

1990년대 초반 달러당 5위안 수준에 머물던 달러위안 환율은 1994년 들어 중국 외환 당국의 통화 가치 절하 의지를 반영하며 큰 폭으로 상승(위안화 가치 큰 폭 절하)했고, 달러당 8위안을 넘는 수준까지 뛰어올랐습니다(①번 국면). 기존에 1달러를 사는 데 5위안

그래프 14 · 달러 대비 위안화 환율 추이(1990~2014년)

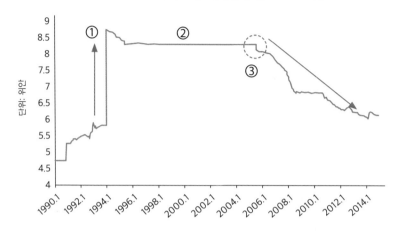

이 필요했다면 이제 8위안 이상의 위안화가 필요해진 겁니다. 네, 위안화가 극단적으로 절하된 것이죠. 그리고 그렇게 높은 달러위안 환율(위안화 약세)은 상당 기간 이어졌습니다(②번 국면). 이렇게 약하면서도 안정적인 위안화 환율은 2000년대 중국의 수출 성장에 큰 기여를 합니다.

　중국은 대규모 무역 흑자를 기록한 반면 반대편에 있는 미국은 엄청난 무역 적자를 겪게 됩니다. 이에 미국은 2003년 이후부터 중국의 위안화가 과도하게 약한 수준을 유지하기 때문에 무역 적자가 심각해지고 있다는 점을 지적하며 중국의 위안화 가치 절상(달러위안화 환율 하향 조정)을 압박했습니다. 그럼에도 대규모 무역 흑자로 중국 내 달러 유입이 크게 증가하면서 앞서 말씀드린 '위안화 강세 및 달러 약세' 구도가 계속해서 강화되었죠.

이런 상황에서 위안화 환율을 달러당 8위안 수준에 고정시키기는 매우 어렵습니다. 이에 중국은 2005년 7월 22일부터 기존의 고정환율제를 폐지하고 점진적인 위안화 절상을 위해 관리변동환율제로 변경하게 됩니다(③번 국면). 수년간 바뀌지 않았던 달러 대비 위안화 환율이 변하기 시작합니다. 2005년 7월부터 위안화 가치는 달러 대비 조금씩 강해졌죠. 이런 '위안화 절상' 기조는 2014년까지 꽤 길게 이어졌습니다.

다른 국가 대비 중국의 성장세가 강합니다. 중국 위안화 역시 강세를 보이기 시작했죠. 당시 중국은 기술력이 부족한 만큼 완성품을 만들기 위한 중간재의 수입이 필요했는데요, 한국은 가장 이상적인 무역 파트너였습니다. 한국의 대중 수출이 기록적으로 증가하기 시작합니다. 그럼 한국의 무역 흑자 역시 점점 더 커졌을 것이고요, 달러 유입이 늘어난 만큼 달러원 환율은 하락(달러 약세 및 원화 강세)하는 흐름을 보이게 됩니다.

달러원 환율이 하락하면서 원화가 강세를 나타내면 한국의 수출에는 타격을 줄 수 있습니다. 그러나 걱정하지 않아도 됩니다. 우리의 최대 수출 대상국인 중국의 위안화 역시 강세를 보였기 때문이죠. 원화 혼자 강세라면 대중 수출에 문제가 될 수 있지만 원화와 위안화가 함께 달러 대비 강세라면 상대적으로 타격이 줄어들 수 있습니다. 네, 2000년대 중국 성장 특수와 위안화 절상 기조는 달러원 환율의 안정에도 상당한 도움을 주었던 겁니다.

03

약해진 달러를 만든
미국의 요인들

잠시 우리가 어떤 얘기를 하고 있는지 체크하고 가시죠. 2000년
대 혹은 2010년대 같은 과거부터의 장기 흐름을 보면서 달러원
환율이 다른 국가 통화 대비 안정적인 모습을 보였다는 점을 확인
할 수 있었습니다. 중요한 건 그 원인이죠. 가장 큰 이유로 한국이
구조적인 무역 흑자국이었다는 점, 한국 국채가 귀하신 몸 대접을
받는다는 점, 그리고 2000년대 들어 미국 대비 매우 강한 성장세
를 보인 중국과 그런 중국 수출에 강점을 가졌던 한국의 성장 수
혜를 짚어드렸습니다.

지금까지는 한국의 상황에 포커스를 맞춰 설명했습니다. 하지
만 환율은 양국 간 통화의 상대 가치를 보여주는 지표죠. 그러니

한국뿐 아니라 미국의 상황에도 주목할 필요가 있습니다.

미국의 성장 모멘텀 둔화

2000년대 들어 미국은 닷컴버블의 붕괴 및 2001년 9.11테러, 그리고 2003년 제2차 걸프전, 마지막으로 2008년 글로벌 금융위기를 거치면서 1990년대에 보였던 압도적인 성장세에서 크게 벗어나는 모습을 보여주었습니다. 2000년대 이후 미국과 신흥국들의 성장률을 비교한 아래 그래프를 보시죠.

황색 선과 파란색 선은 각각 이머징 국가들과 미국의 GDP 성장률을 나타냅니다. 이 그래프는 2000년 이후의 흐름을 보여주는

그래프 15 · 이머징 국가와 미국의 GDP 성장률 비교(2000~2013년)

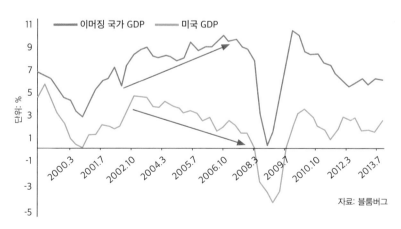

데요, 앞서 중국과 미국의 성장률 차이를 보여드렸던 그래프 13과 상당히 비슷한 모습이죠. 특히 2004년을 거치면서 미국의 성장세는 크게 꺾인 반면 신흥국의 성장세는 2008년 초반까지 강하게 나타나는 것을 확인할 수 있습니다. 그렇다면 당연히 미국보다는 신흥국으로 투자 자금이 많이 쏠리지 않았을까요? 미국이 아닌 특정 국가로 달러 자금이 유입되면 달러 공급의 증가로 인해 달러가 약세를 보이고, 해당 국가 통화는 강세를 나타내게 됩니다.

아래 그래프는 주요 선진 6개국 통화 대비 달러 가치를 나타내는 달러 인덱스의 흐름을 그린 것입니다. 달러 인덱스가 상승하면 달러가 다른 국가 통화 대비 강세, 하락하면 약세를 나타내죠.

그래프 16 · 달러 인덱스 장기 추이(2000~2011년)

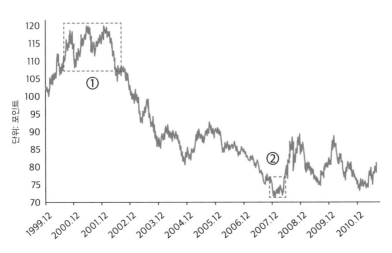

자료: 블룸버그

앞서 말씀드린 것처럼 2000년대 미국의 성장률은 상당히 실망스러운 수준이었죠. 반면 중국을 위시한 신흥국들은 수출 성장에 열을 올리기 시작했습니다. 과거 대비 소비력이 약해진 미국은 빚을 내서 신흥국의 제품을 사게 됩니다. 이 과정에서 미국의 부채는 크게 늘어났고, 다른 나라 제품을 사들이면서 무역 적자 역시 크게 증가했습니다. 수출을 통해 벌어들이는 달러보다 수입으로 나가는 달러의 비중이 커진 것이죠. 또한 미국의 성장이 부진한 만큼 이를 끌어올리기 위해 미국 연방준비제도(이하 연준)는 기준 금리를 당시로써는 사상 최저 수준인 1퍼센트까지 인하했고, 당시 조지 부시(George Bush) 행정부는 대규모 감세안을 시행하면서 재정 적자를 늘려나가기 시작했습니다.

네, 2000년대 들어 미국의 무역 및 재정 적자가 크게 늘어나게 됩니다. 빚이 많은 국가, 달러 지출이 많은 국가, 성장이 약해지고 달러를 보유했을 때 주는 이자(금리)도 실망스러운 국가, 그런 나라의 통화 가치는 어떻게 되었을까요? 앞서 그래프에서 보신 것처럼 2000년대 초반 120포인트 수준으로 고점을 기록(①번 국면)했던 달러 인덱스는 10년 동안 약한 흐름을 보이다가 한때 70포인트 수준까지 크게 하락했습니다(②번 국면). 70포인트를 기록했던 때가 2007년 하반기였는데요, 저는 당시 나오던 달러에 대한 기사들을 보며 머지않아 달러가 망할 것 같은 느낌을 받곤 했습니다. 잠시 기사 타이틀 몇 개 인용하고 가죠.

미국, 로마제국처럼 몰락할 것인가

《한국경제》, 07. 08. 24

'팍스 달러리움'의 균열… 美 패권도 무너지나

《이데일리》, 07. 11. 15

달러 인덱스가 저점을 기록하던 2007년 이후 찾아온 대형 충격이 바로 글로벌 금융위기였습니다. 위기를 돌파하기 위해 미국은 과감한 경기 부양에 나섰죠. 7000억 달러를 훌쩍 뛰어넘는 재정지출을 의회가 승인했고, 연준은 기준금리를 제로로 낮추고 세 차례에 걸쳐 달러를 대량으로 공급하는 양적완화에 돌입합니다. 재

그래프 17 · 미국 재정수지 추이(1992~2012년)

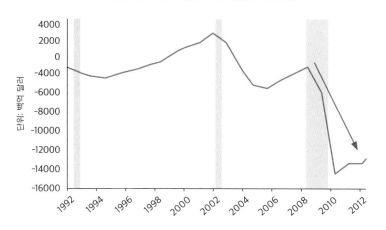

자료: FRED

정 지출을 통해서 그리고 양적완화를 통해서 금융시장과 실물 경제 쪽으로 대규모의 달러가 풀려나온 것입니다. 당시 재정 적자가 크게 늘어나는 모습을 앞의 그래프 17에서 확인해 보시죠.

재정 적자뿐 아니라 중앙은행이 돈 풀기에 나서며 달러 공급이 크게 늘었다고 했죠. 2008년 12월부터 시작된 것이 바로 양적완화입니다. 하지만 무상으로 뿌려줄 수는 없기에 그들은 시중에 있는 미국 국채를 사들입니다. 미국 국채를 사들이는 만큼, 달러가 풀려나가는 만큼, 연준의 곳간에 국채 같은 자산이 쌓이게 되겠죠. 다음 그래프는 그 흐름을 나타내는 미국의 대차대조표입니다. 연준의 자산 부문에 국채 등이 쌓여갈수록 달러가 많이 풀려나오는 셈인데요, 2008년 이후 빠르게 높아지는 것을 알 수 있습니다.

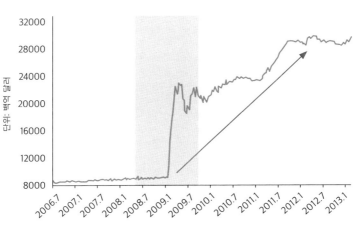

그래프 18 · 연준 대차대조표 추이(2006~2012년)

자료: FRED

네, 달러원 환율이 하락 압력을 강하게 받았던 이유에는 한국을 중심으로 한 신흥국이 2000년대 들어 강한 흐름을 보였다는 점이 있습니다. 그리고 2000년 닷컴버블 붕괴 및 2008년 글로벌 금융 위기를 전후로 상대적으로 부진했던 미국 경제 역시 달러 약세를 설명하는 요인이 될 수 있죠.

각종 국제 공조의 모멘텀

마지막으로 각종 국제 공조의 모멘텀이라는 다소 어려운 주제를 다루어 볼 필요가 있습니다.

국제 공조라는 것은 다들 어려울 때 서로 손을 잡고 함께 살 길을 모색하는 것을 말하죠. 글로벌 경제 전반에 큰 위기가 찾아오면 각국은 각자도생에 초점을 맞추게 됩니다. 그러다 보면 글로벌 교역 등이 무너지게 되면서 글로벌 전체에 유기적으로 연결되어 있는 각국의 산업과 경제가 큰 타격을 받게 되곤 하죠. 과거와 달리 이제 전 세계 기업들 중에는, 특히 미국 기업 중에는 글로벌 기업으로 발돋움한 곳이 많습니다. 글로벌 기업이라 함은 다른 국가에도 상당한 투자를 했고, 자국에도 사무실 및 기타 생산 설비 투자가 상당히 많이 되어 있음을 의미하죠. 그런 상황에서 해당 국가가 무너진다면 어떻게 될까요? 이런 현상은 먼저 해당 국가에 타격을 주고, 그 국가에 투자를 한 미국 및 전 세계 글로벌 기업들에게도 큰 타격을 줍니다.

아무리 약해져도 미국 경제는 전 세계 부동의 1위를 유지하고 있죠. 미국은 전 세계적인 위기 상황에서 G20 국가들(Group of 20)처럼 나름의 경제력을 가진 주요 국가들과의 국제 공조를 통해 이를 극복했던 역사가 있습니다.

달러는 안전자산의 성격을 가지고 있습니다. 극단적 위기가 찾아오면 달러로 자금이 몰려가는 일이 종종 발생하죠. 미국 경제가 둔화되더라도 금융위기 등이 찾아오면 신흥국의 성장에 대한 의구심이 커지고, 그나마 미국 국채 같은 안전자산이 낫다는 인식이 강해지게 됩니다. 그럼 미국 쪽으로 일순간 자금이 몰리고, 그 과정에서 미국 달러를 사서 안전한 미국 국채를 사게 됩니다. 달러화는 순간적으로 엄청난 강세를 보이곤 하죠.

네, 궁극의 위기 상황에서는 달러가 눈이 번쩍 뜨이는 초강세를 보이곤 합니다. 이런 위기 상황이 장기화되면 안전한 달러에 대한 수요가 계속해서 이어지며 달러 강세 기조가 이어지겠죠. 그렇지만 달러원 환율이 안정적 수준을 장기간 이어왔다는 것은 무언가에 의해 이런 위기 상황이, 그리고 그로 인한 안전자산 달러의 수요가 조절되었다는 사실을 의미할 겁니다. 이를 설명해 주는 몇 가지 케이스를 간단하게 짚고 지나가겠습니다.

■ 글로벌 금융위기 당시 달러원 환율의 급등 및 급락

(feat. 한미 통화 스와프 및 양적완화)

글로벌 금융위기로 인해 리먼 브라더스를 비롯한 미국의 주요 금융 기관들이 파산하자 살아남은 기관들은 외국에 투자한 자산들을 매각한 이후 달러 현찰을 확보하려는 움직임을 강하게 보였죠. 외국 자산을 매각한 다음에 달러를 사서 미국으로 복귀합니다. 그럼 달러에 대한 수요가 일순간 폭발하면서 달러가 초강세를 보이겠죠.

달러원 환율이라고 예외는 없습니다. 여기에 달러 공급 불안까지 가세하면서 달러 쏠림은 보다 심해졌죠. 2008년 10월 말 달러원 환율은 1997년 외환위기 이후 가장 높은 수준인 달러당 1500원대 후반까지 크게 상승했습니다. 이때 터져 나온 낭보가 바로 한미 통화 스와프입니다(권말3 참고). 미국 연준이 한국은행에 300억 달러에 달하는 일종의 '달러 마이너스 통장'을 열어주면서 필요시 한국은행이 쓸 수 있는 달러 여유 자금을 늘려준 것이죠. 위기 상황에서 꽤 큰 금액의 마이너스 통장이 뚫린다면 파산 리스크가 크게 완화되지 않을까요?

이후 미국은 재차 달러로의 쏠림이 강화되던 2009년 3월, 양적완화를 통해 달러 공급을 크게 늘리면서 달러 강세를 해소시킵니다. 그 과정을 그린 것이 그래프 19입니다. 1600원에 달했던 달러원 환율이 크게 하향세를 보이죠.

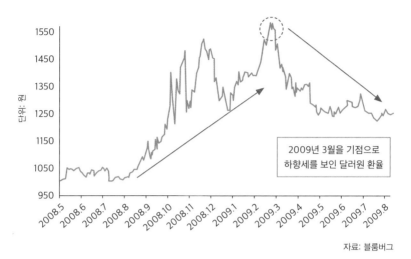

그래프 19 · 달러원 환율 추이(2008년 5월~2009년 9월)

2009년 3월을 기점으로
하향세를 보인 달러원 환율

자료: 블룸버그

■ 2011년 유럽재정위기

(feat. 연준의 오퍼레이션 트위스트)

　다음은 2011년 유럽재정위기입니다. 2011년 9월부터 스페인, 그리스, 이탈리아의 국가 부도 위험이 유로존 전체를 뒤흔들 수 있다는 불안감이 엄습했죠. 유로존은 커다란 선진국 블록이고, 전 세계 경제에서 차지하는 부분이 상당합니다. 이런 큰 경제 권역이 파산 혹은 붕괴의 위기를 맞는다는 두려움에 전 세계 경제는 거대한 불안감을 느끼기 시작했죠. 어김없이 안전자산인 달러로의 쏠림이 강해졌고, 달러원 환율 역시 당시 위기의 신호로 여겨지던 1200원에 육박하며 우려를 모았습니다. 2011년 9월 독일 국채 등에서도 위기의 시그널이 나타나자 일순간 달러로의 쏠림이 더욱 강화되는 모습이 나타났습니다.

　그 순간, 미국 연준은 오퍼레이션 트위스트(Operation twist, 장기 국채를 사고, 단기 국채를 팔아 장기 금리 인하를 유도하는 중앙은행의 통화 정책의 일종, 권말3 참고)를 발표합니다. 간단히 금융시장에 영향을 미치는 장기 금리를 찍어 내리는 정책 정도로 이해하시면 될 듯합니다. 그리고 2012년 하반기부터는 돈 풀기에 소극적이던 유럽중앙은행(European Central Bank, ECB)이 유로화의 공급을 대규모로 늘리는 정책을 도입하죠. 이런 정책 공조 및 돈 풀기 지원으로 달러 강세가 풀리려던 시기였습니다. 자칫하면 크게 튀어오를 수 있던 달러원 환율의 안정에 큰 기여를 한 셈입니다. 아래 그래프 20을 보면서 정리하겠습니다.

그래프 20 · 달러원 환율 추이(2011년 5월~2012년 9월)

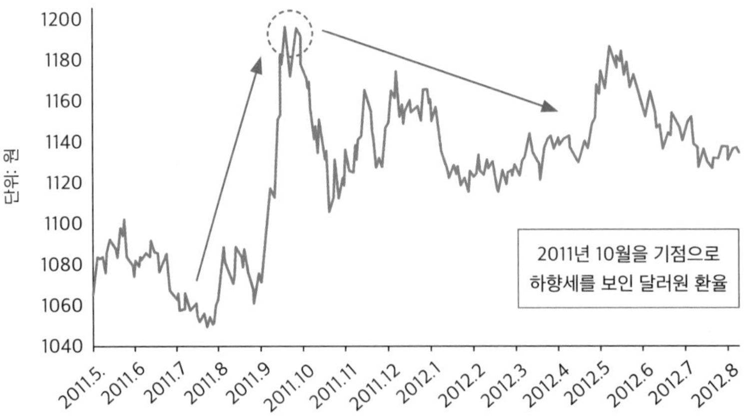

2011년 10월을 기점으로
하향세를 보인 달러원 환율

자료: 블룸버그

■ 2016년 중국 위안화 위기 국면의 극복

(feat. 연준의 금리 인상 지연)

2015년 하반기부터 중국 경제에서 이상 신호가 관측되기 시작했습니다. 버블 징후를 보이던 중국 주식시장이 붕괴되었고, 안정세를 유지하던 위안화 가치가 큰 폭으로 하락했죠(위안화 환율 급등). 앞서 본 유로존처럼 중국 경제 역시 전 세계에서 차지하는 비중이 매우 큽니다. 그런 국가의 경제 불안이 커진 만큼 안전한 달러로의 쏠림이 강화되었죠. 대중 수출 의존도가 높았던 한국 역시 당시 중국 불안의 여파에 휩싸였는데요, 유럽재정위기 당시에도 넘지 않았던 달러당 1200원 선이 무너지면서 1220원 선까지 위협받은 시기였습니다.

다행스럽게도 2016년 2월 미국은 기준금리 인상 속도를 크게

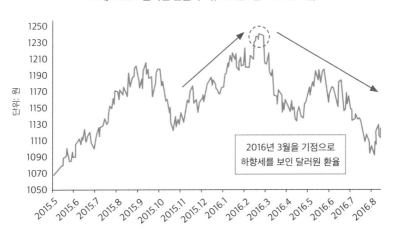

그래프 21 · 달러원 환율 추이(2015년 5월~2016년 9월)

2016년 3월을 기점으로
하향세를 보인 달러원 환율

자료: 블룸버그

늦췄고, 중국은 효과적인 자본 통제 및 경기 부양으로 당시의 위기 상황에서 벗어났습니다. 그래프 21을 보면 2016년 3월을 거치면서 1200원을 넘던 달러원 환율이 크게 하락하는 모습을 확인하실 수 있습니다.

■ 2020년 코로나19 사태로 인한 극단적 달러 쏠림
(feat. 한미 통화 스와프 시즌2)

여기서부터는 기억하는 분들이 많을 듯합니다. 코로나19 사태 당시 전 세계 경제가 멈추면서 부채가 많은 기업이나 국가의 줄도산에 대한 공포가 엄습했죠. 그럼 당연히 안전자산 선호가 강해지면서 달러로의 쏠림이 극대화되었겠죠? 앞의 케이스들보다 그 위기의 스케일과 강도가 컸던 만큼 달러원 환율의 상승도 보다 강하게 나타났습니다. 2008년 금융위기 이후 처음으로 달러당 1299원까지 뛰어올랐죠. 1300원을 넘으려는 찰나, 미국에서 무제한 양적완화로 달러를 살포한다는 소식과 함께 2008년 금융위기 이후 처음으로 한미 통화 스와프를 재개한다는 발표가 들려옵니다. 크게 뛰어올랐던 달러원 환율이 빠르게 안정세를 찾게 되었죠. 이 과정을 생생히 담은 그래프 22를 함께 보시죠.

그래프 22 · 달러원 환율 추이(2019년 8월~2020년 9월)

2020년 4월을 기점으로
하향세를 보인 달러원 환율

자료: 블룸버그

■ 2022년 미국 금리 인상과 달러 초강세

(feat. 연준의 금리 인상 속도 조절)

마지막으로 2022년 미국 금리 인상 국면에서의 달러 강세에 주목할 필요가 있습니다. 40년 만의 인플레이션을 잡기 위해 미국 연준은 1994년 이후 가장 빠른 금리 인상에 돌입했습니다. 과도하게 높은 금리로 인한 이자 부담과 물가 급등에 따른 소비 불안이 겹치면서 전 세계 경기 침체 우려가 높아졌죠. 이제 익숙해지셨을 텐데요, 당연히 안전자산인 달러로의 쏠림이 강해졌습니다. 당시 미국의 고금리를 반영하면서 달러원 환율은 코로나19 사태 당시의 고점을 훌쩍 뛰어넘어 달러당 1450원 선에 육박했었죠.

달러 초강세는 전 세계 경제를 무너뜨리면서 미국 경제에도 역으로 부정적 영향을 미치게 됩니다. 이런 공감대로 미국 연준은 기준금리 인상 속도를 천천히 가는, 이른바 속도 조절론을 내세우게 되죠. 끝도 없이 빠른 속도로 높아질 것이라는 미국 금리 인상에 대한 불안감에 달러 강세는 연일 강화되는 추세였습니다만, 연준의 이런 변화는 환율의 하향 안정에 큰 도움을 주었죠. 2022년 9월에서 11월 사이의 긴박했던 상황을 담은 달러원 환율 그래프를 보시죠.

2022년 10월 상황에 대해 조금 더 첨언할까 합니다. 당시 시장에서 가장 걱정했던 것은 미국만을 위한 통화 정책이었습니다. 다른 나라들이 힘겨워하는 것과 별개로 미국은 자체적인 물가 상승

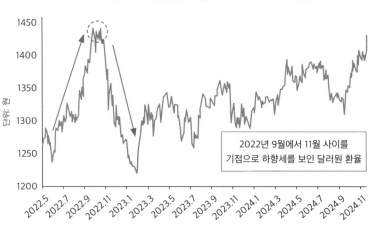

그래프 23 · 달러원 환율 추이(2022년 5월~2024년 11월)

2022년 9월에서 11월 사이를
기점으로 하향세를 보인 달러원 환율

자료: 블룸버그

때문에 큰 어려움에 처해 있었죠. 자국의 인플레이션을 잡기 위한 금리 인상은 당연한 것이었습니다.

그런데요, 이렇게 미국이 자국만을 위한 금리 인상을 강화하면 그런 고금리를 견디지 못하는 국가들에게 매우 큰 충격을 주게 되겠죠. 이런 국가들이 위기에 처하면 해당 국가들에 투자한 미국 기업이나 금융 기관들도 당연히 영향을 받을 수밖에 없을 겁니다. 그리고 익숙하지 않게 들리시겠지만 미국 기업들의 외국 수출 규모도 매우 큰 편입니다. 특히 제조업보다는 서비스업 수출이 많습니다. 다른 국가들이 힘겨워진다면 미국 기업들에게 낭보로 해석될 수 없겠죠. 이에 당시 열린 G20 재무장관 회담에서 미국의 금리 인상이 다른 국가들의 경제도 파괴하지만 돌고 돌아 미국 경제에도 부정적 영향을 미친다는 점이 안건으로 다루어졌습니다. 이후 미국 연준은 기준금리 인상의 속도를 조절하는 방향으로 정책 변화를 주었죠.

당시 한국은행 이창용 총재는 G20 재무장관 회의의 한복판에서 미국의 금리 인상이 다른 국가에 부정적 영향을 미치는 스필오버(Spillover) 현상 및 다시 미국에게도 부메랑처럼 부작용이 되돌아오는 스필백(Spill back)에 대한 내용을 담은 인터뷰를 진행했던 바 있습니다. 그 인터뷰의 주요 내용을 인용해 보았습니다. 향후 외환시장에서의 환율 변화를 보실 때 우리가 체크해야 하는 주요 이벤트의 좋은 예시가 될 수 있습니다. 조금 어렵지만 꼼꼼하게 그 의미를 이해하며 읽어 보시면 좋을 듯합니다.

이 총재(이창용 총재)는 미국의 경기 전망과 관련해선 "2달 전보다는 경착륙 가능성이 커진 것은 누구나 아는 사실"이라며 "얼마나 나빠질지 의견은 굉장히 다양한 스펙트럼이 있다"고 말했다.

그는 급격한 금리 인상에 따른 강달러 현상이 다른 국가들의 경제에 부정적인 영향을 미치는 '스필오버(spillover)'가 올해 총회의 주요 논의 주제였다면서 "여러 미팅에서 제롬 파월 연준 의장이 '미국 자체 인플레이션이 높아 당분간 물가 안정을 위해 계속 금리를 올리는 추세를 가져가야 한다', '너무 조급하게 추세를 멈추면 오히려 비용이 더 클 수 있다'는 것을 명확히 하면서도 그런 정책이 미치는 여러 스필오버도 유심히 보고 있다고 말했다"고 전했다.

그는 '다른 나라들에 대한 미국의 배려가 부족한 게 아니냐'는 지적에 "중앙은행의 통화정책은 기본적으로 자국 인플레이션과 상황을 우선하는 것"이라며 "미국이 아무리 글로벌 리더라고 하지만, 자국 문제가 중요하기 때문에 거기서 벗어나는 것을 요구할 수 없다"고 말했다.

그는 다만 "과거 경험이나 달러가 차지하는 위치를 볼 때 (미국도) 해외에 (영향을) 주는 스필오버와 그로 인한 (부정적 영향이 다시 미국으로 유입되는) 스필백(spillback)을 고려할 것"이라면서 "그에 따라 우리가 움직여야 된다고 생각한다"고 밝혔다.

《뉴스1》, 22. 10. 16

앞서 달러원 환율이 안정적인 흐름을 장기간 이어갈 수 있었던 이유에 대해서 자세히 살펴보았습니다. 구조적인 한국의 무역 흑자가 1번이었죠. 그리고 한국 국채가 귀하신 몸이 되어서 꾸준히 원화에 대한 외국인 투자자들의 수요를 끌어올렸다는 점을 2번으로 제시했습니다. 2000년대 들어 현실화된 중국 경제의 압도적인 성장과 거기서 한국 경제가 받은 상대적인 수혜도 말씀을 드렸죠. 공교롭게도 2000년부터 약 10여 년간 미국 경제의 성장세는 다른 신흥국 대비 실망스러운 수준을 보여주었습니다. 이는 2000년대 초반에 나타난 달러의 급격한 약세를 설명하는 핵심이었죠. 마지막으로 위기 국면에서 안전자산 달러로의 강한 쏠림이 나타나면서 달러원 환율이 급격하게 끌려 올라가려는 순간마다 등장했던 국제 공조의 손길들이 달러원 환율의 장기 안정에 큰 도움을 주었습니다. 잠시 다음 페이지의 달러원 환율 장기 그래프를 다시 한번 보시죠.

그래프 전반을 보면 환율이 위로 마구 치솟기보다는 큰 폭으로 오르려는 달러원 환율 그래프가 계속해서 눌리는 느낌을 받게 되지 않나요? 마치 중력이 밑으로 작용하는 것처럼 말입니다. 앞서 말씀드렸던 구조적 무역 흑자 등의 요인이 그 중심에 있었을 겁니다. 그런데 이 그래프의 후반부를 보시면 무언가 조금씩 올라가는 듯한 모습을 확인할 수 있죠? 네, 지금까지의 이야기 중 현재 진행형도 물론 있지만 전반적으로는 큰 변화가 나타나고 있습니다. 그

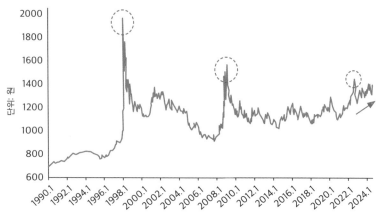

그래프 24 · 달러원 환율 장기 추이(1990~2024년)

자료: 블룸버그

리고 그런 큰 변화들이 달러원 환율의 흐름에도 영향을 주고 있죠.

큰 변화라고 한다면 그동안 이어왔던 달러원 환율의 장기적인 하향 안정, 거기에 무언가 문제가 생겼다는 얘기가 되지 않을까요? 네, 그런 변화들이 무엇인지를 짚어보면서 단기적인 흐름보다는 중장기적 관점에서 달러원 환율의 구조적 변화를 다루어 보고자 합니다. 달러원 환율의 중장기 미래 흐름, 다음 장에서 이어가겠습니다.

04

강달러 기조는
현재 진행형

먼저 제목에 주목하실 필요가 있습니다. 지난 장에서는 달러가 약했던 이유(=달러원 환율이 하락 압력을 크게 받았던 이유)에 대해 설명했었죠. 지금부터는 달러가 강해진 이유에 대한 말씀을 드리려고 합니다.

'약했던 이유'와 '강달러 기조'라는 말에서 어떤 차이를 느끼시나요? 네, 바로 시제(Tense)입니다. '약했던'은 지금까지 이어져왔던 과거에 대한 이야기고요, '기조'는 최근 달라지고 있는, 현재와 미래의 이야기를 담은 표현이 될 겁니다. 이제부터 최근의 이야기와 함께 앞으로의 흐름에 대한 이야기를 연결해 볼까 합니다.

달러원 환율은 2000년대 들어 다른 국가들 대비 매우 안정적인 흐름을 이어갔습니다. 그런데요, 코로나19 사태를 전후로 그 분위기가 급격히 바뀌었죠. 코로나19 당시에 2008년 금융위기 이후 처음으로 1300원 문턱까지 올랐던 달러원 환율은 잠시 안정세를 거친 이후 2022년부터 재차 상승하기 시작했습니다. 2022년 초 1200원 선이 무너졌고, 그해 말에는 달러당 1400원을 크게 넘어섰습니다. 그리고 이후 1300원 수준에 머물렀다가 트럼프 미국 대통령 당선을 전후해 강달러 기조가 더욱 강화되자 1400원을 넘어섰죠. 무엇이 이런 변화를 만들어 낸 것일까요?

달러원 환율이 오르는 것은 미국 달러가 강해지거나, 혹은 원화가 약해지는 무언가의 변화에 기인할 겁니다. 앞에서는 국내 경제가 어떤 강점을 가지게 되었는지를 말씀드리고(원화 강세) 미국이 고전했던 이유로 풀어나갔지만(달러 약세), 이번에는 순서를 반대로 해보죠. 미국부터, 즉 글로벌 통화 대비 달러가 강세를 보이는 이유에서부터 시작해 보겠습니다.

미국에서 달러는 언제나 예외다

달러의 강약세를 설명할 때 가장 많이 회자되는 요인이 바로 미국의 '기준금리 인상·인하'입니다. 미국이 기준금리를 인상하면 달러를 보유했을 때 받을 수 있는 이자가 높아진 금리만큼 증가하게 되니 달러에 대한 수요가 높아지게 되겠죠. 즉, 금리 인상은 달러 수요 증가로 이어지면서 달러 강세를 만든다는 논리입니다. 실제로 아래 그래프를 보시면 그런 움직임을 뚜렷하게 확인할 수 있습니다.

먼저 그래프에서 ①의 기간을 보시죠. 파란색 선이 미국 기준금리입니다. 2022년 3월부터 미국이 기준금리를 빠르게 인상하기 시작하자 달러원 환율(황색 선)이 빠르게 딸려 올라가는 모습을 보입니다. 그해 2월 1200원 선을, 그리고 7~8월 경에는 1300원을, 이후 9~10월에는 1450원에 육박하는 환율의 급등을 경험했죠. 네, 미국의 기준금리 인상은 달러의 매력을 높이면서 달러원 환율의 상승 압력(달러 강세 및 원화 약세)을 높인다는 이론이 증명되네요.

그래프 25 · **미국 기준금리와 달러원 환율 추이**(2022~2024년)

자료: 블룸버그

그런데요, 조금 이상한 점이 있습니다. 그래프에 표시해 둔 ② 번 기간을 보시죠. 파란색 선인 미국 기준금리가 인하되고 있음에도 달러원 환율이 우상향 기조를 보이면서 재차 1400원 선을 위협하는 그림이 보입니다. 물론 2024년 11월 트럼프 당선이나 12월 초에 있었던 계엄 이슈와 같이 정정 불안이 환율의 상승을 자극한 면도 있습니다. 하지만 그런 이슈가 현실화되기 이전부터 기준금리 인하에도 불구하고 달러원 환율은 이미 1400원 가까이 상승했죠. 미국 기준금리가 오를 때 달러가 강해지는 것은 이해가 되지만, 기준금리가 내릴 때에도 달러가 강해지는 것은 이론적으로 쉽게 이해되지 않습니다.

그 이유는 '미국 예외주의(US exceptionalism)'에서 찾을 수 있습니다. '모든 법칙에는 예외가 있다'라는 말처럼 미국 경제와 그 경제의 힘을 반영하는 달러는 이론적 해석에서 벗어나 있다는 것이죠. 글로벌 금융위기 이후 미국 경제는 선진국 중 가장 빠르게 침체 기조에서 벗어나 탄탄한 성장 가도에 올라설 수 있었죠. 이후 유로존, 중국, 코로나19 등의 위기를 뒤로하면서 독보적인 성장세를 이어갔습니다.

이런 성장세에 힘입어 미국으로 자금이 몰려들었고, 그렇게 몰려든 글로벌 자본은 미국의 주식 및 부동산시장을 뜨겁게 달구어주었죠. 10년 이상의 기간 동안 다른 국가 대비 탄탄한 성과를 나타내는 미국 주식시장을 한국 코스피 지수의 성과와 비교해 보면

그래프 26 · 나스닥, S&P500, 코스피 성과 비교(2010년 1월 1일=100)

나스닥 S&P500 코스피

출처: 블룸버그

확연히 그 차이를 알 수 있습니다.

위 그래프는 2010년 1월 1일을 100으로 두고 나스닥(황색 선), S&P500(파란색 선), 그리고 코스피(검은색 선)의 성과를 나타낸 겁니다. 나스닥은 거의 900선에 육박하는데요, 2010년 1월 1일 대비 9배 가까이 상승한 것이라 보면 됩니다. 미국의 S&P500 지수 역시 500 수준을 나타내면서 5배 정도의 성과를 나타내죠. 반면 한국의 코스피 지수는 장기 박스권에서 크게 벗어나지 못하는 흐름을 보여줍니다.

장기적인 성과가 부진할 뿐 아니라 중간중간 하락 장세를 보면 미국 주식은 하락 이후에 빠른 복원이 이루어지는 반면 한국 주식은 흔들리고 나면 다시 되돌리는 데 상당한 시간이 소요되거나 혹은 되돌리지 못하는 모습도 종종 보여줍니다. 한국의 코스피 지수를 비롯, 다른 국가 대비 압도적인 성과를 보여주는 미국 주식시장의 상대적인 매력이 더욱 돋보일 수밖에 없겠죠.

예외적으로 강하고 안정적인 성장을 보이는 국가에서는 혹여나 나타날 수 있는 경기 둔화를 막기 위해 점진적으로 금리를 인하합니다. 이런 미국의 금리 인하는 위기를 극복하기 위한 절박함에 근거를 두었다기보다는 지금의 탄탄한 성장을 이어가는 데 방점을 두죠.

강력한 국가의 자산시장이 금리 인하라는 호재까지 만나면 어떤 반응을 보일까요? 금융시장은 미래를 반영합니다. 금리 인하 이후 미국의 주식 및 부동산시장이 더욱 뜨거워질 것이라는 예상에 보다 많은 투자자들이 미국 자산시장을 향하게 됩니다. 이를 위해서는 우선적으로 달러를 사들여야 할 겁니다.

네, 금리 인하에 따른 이자 매력 감소로 달러에 대한 수요가 줄어드는 것보다 금리 인하의 호재로 투자가 더욱 강해질 것이라는 기대에 달러를 사려는 수요가 보다 많아진다면 교과서의 내용과는 달리 미국 금리 인하에도 달러가 강세를 보일 수 있겠죠. 실제로 2024년 9월, 미국 연준의 기준금리 인하가 시작된 이후 미국 자산시장으로의 투자자 쏠림은 보다 강화되고 있었습니다.

미국의 신 동력,
셰일 오일과 기술 혁명

미국 예외주의는 사실 미국 주식시장이 오른다는 얘기보다는 미국의 차별적인 성장에 초점을 맞추고 있습니다. 글로벌 금융위기 이후 미국은 다른 국가와는 차별화된 성장 패턴을 가져갔습니다. 과감한 돈 풀기를 통해 미국의 성장이 추가로 둔화되는 것을 막고자 노력했죠. 미국은 2008년 12월, 2010년 11월, 2012년 9월 세 차례에 거친 양적완화로 돈을 풀었습니다. 트럼프 행정부 때는 과감한 법인세 인하 등을 통해 성장세를 이어가도록 했습니다. 그리고 2000년대에 미국은 당시에는 경제 성장의 동력이 될 수 없었던 새로운 아이템을 발굴했는데요, 바로 셰일 오일입니다.

2000년대 미국은 대규모 무역 적자를 기록했습니다. 그중 상당 수준이 중동에서의 원유 수입에서 발생했습니다. 그러나 2000년대 후반 등장한 새로운 원유 채굴 방식으로 셰일 오일 산업이 빠르게 성장하기 시작했죠. 새로운 일자리가 만들어졌고, 상당 수준의 원유가 미국 내에서 생산되기 시작했습니다. 이제 미국은 굳이 무역 적자를 내면서까지 다른 국가에서 원유를 수입할 필요가 없게 되었죠. 혹여나 유종이 맞지 않아 수입을 할 수밖에 없더라도 셰일 오일 생산으로 남는 에너지를 외국에 수출하면서 미국의 성장세 회복에 상당한 기여를 하게 됩니다. 셰일 오일 산업의 뚜렷

한 성장세를 확인할 수 있게 된 2013년 무렵 다음과 같은 기사가
나옵니다.

> 지난 1분기 미국의 경제성장률은 2.4%. 아직도 본격적인 회복과는 거리가
> 멀다는 지적이 나오지만, 점차 세계 경제의 주도권을 회복하는 흐름은 분명
> 하다. 그 배경 중 하나가 바로 셰일 가스다. 실제 1일 생산량이 700만 배럴에
> 달하는 셰일 가스 개발 붐은 미국 경제에 중요한 활력소 역할을 하고 있다.
> 셰일 가스 개발 붐으로 인한 일자리 창출과 석유 수입 감소, 값싼 전기료 등
> 이 미국 제조업 경쟁력 상승이란 효과를 동시에 가져오고 있다는 설명이다.
> 일부에선 오는 2017년이면 미국이 사우디아라비아를 제치고 제1의 산유
> 국에 오를 것이란 장밋빛 전망도 내놓는다. 국제에너지기구(IEA)는 미국은
> 2030년에는 원유 독립국이 되고, 2035년에는 자국의 총 에너지 수요를 자
> 급자족할 수 있을 것이란 분석을 내놨다.
>
> 《매경이코노미》, 13. 07. 08

2013년 초에도 미국 경제는 여전히 금융위기의 충격에서 헤어
나지 못하고 있었습니다. 그러나 전 세계에서 가장 빠른 회복 속
도를 보였을 뿐 아니라 경제 회복 역시 어느 정도 가시화되는 모
습이었습니다. 그리고 그런 성장의 알파를 만들어 낸 주요 요인
중 하나로 당시에는 크게 부각되지 않았던 셰일 오일 산업이 언급

되고 있죠. 셰일 오일의 등장은 미국의 에너지 패권을 강화할 뿐 아니라 2017년에는 사우디를 제치고 1위 산유국에 오를 것이며 2030년대가 되면 중동 등 외국의 원유 생산에 얽매이지 않는 미국의 에너지 독립을 달성할 것이라는 강한 포부를 밝히고 있습니다. 1년 후인 2014년 말에 보도된 기사도 보시죠.

[미국의 시대가 다시 왔다] '저유가 강달러' 쌍권총 찬 미국… 중동·러 경제까지 뒤흔들어

《한국경제》, 14. 12. 26

셰일 오일 산업이 보다 강화되면서 미국의 원유 생산이 늘어나게 되니 고공행진을 하던 국제유가가 큰 폭으로 하락합니다. 유가의 안정은 미국의 강한 성장 상황에서도 물가를 안정시킬 수 있는 요인이 되죠. 그리고 미국 내 에너지 산업의 성장으로 일자리가 늘었을 뿐 아니라 인플레이션 문제까지 해결하게 됩니다. 그리고 미국의 원유 생산 증가는 중동과 러시아에 위협까지 가하게 되죠. 상대적인 면에서도 다른 국가 대비 미국의 매력이 보다 뚜렷하게 부각되기 시작합니다.

이런 여러 가지 요인들이 영향을 미치면서 2014년 9월부터 미국 달러화는 다른 국가 통화 대비 뚜렷한 강세 기조를 나타내기

시작합니다. 그로부터 4년여가 지난 2018년 하반기, 한 뉴스가 세상을 놀라게 합니다. 1990년대 압도적인 세계 1위 산유국으로, 그리고 2000년대 러시아와 함께 세계 최대 산유국의 지위를 유지하고 있던 사우디아라비아의 원유 생산량을 미국이 추월해 버린 겁니다.

美, 사우디 제쳤다… 러와 세계 1위 산유국 경쟁

《매일경제》, 18. 07. 19

파죽지세라는 말이 있죠. 미국은 여세를 몰아서 불과 수개월 후에는 러시아의 산유량마저 넘어서며 세계 최대 원유 생산국으로 자리매김합니다. 당시 보도된 기사와 함께 미국 에너지정보청에서 제공한 미국, 러시아, 사우디의 원유 생산량 비교를 꼼꼼히 살펴보시죠.

미국, 러시아 · 사우디 제치고 세계 최대 원유생산국 등극

미국이 세계 1·2위 산유국인 러시아와 사우디아라비아를 잇달아 제치고 세계 최대 산유국으로 등극했다고 미국 에너지정보청(EIA)이 12일(현지시간) 밝혔다. 미국은 지난 2월 원유 생산량이 20여 년 만에 처음으로 사우디를 넘어섰고 6월과 8월엔 하루 1100만 배럴에 육박하면서 세계 1위 산유국 러시아를 추월했다. 미국 원유 생산량이 러시아를 넘어선 것은 1999년 2월 이후 처음이다.

《연합뉴스》, 18. 09. 13

아래 그래프 27을 보시면 1990~2000년대 내내 사우디아라비아와 러시아의 산유량이 미국의 산유량을 압도하는 모습을 보입니다. 그러다 2012년 초반부터 미국의 산유량이 두드러지게 상승합니다. 그리고 2018년 초에는 황색 선의 사우디아라비아 생산량을, 그리고 2018년 하반기에는 파란색 선의 러시아 생산량을 넘어서게 되죠. 이런 흐름이 2024년에는 어떻게 바뀌었을까요? 궁금하실 겁니다. 바로 읽어보겠습니다.

그래프 27 · 셰일 오일 생산량(1996년 1월~2018년 8월)

출처: EIA

국제에너지기구(IEA)는 올해 세계 석유 공급량이 하루 150만 배럴 늘어나 사상 최고치인 1억 3350만 배럴을 기록할 것으로 전망했다. 특히 미국 원유 생산은 최근 셰일붐에 힘입어 지난해 12월 중순 1330만 배럴로 역대 최대치를 경신했다. 사우디와 러시아의 하루 원유 생산량(960만 배럴 내외)을 크게 웃도는 규모다. 미국은 지난해 연간으로도 일일 1292만 배럴(추정치)로 사상 최대 생산량을 기록하며 세계 1위 원유 생산국으로서의 위상을 공고히 했다. 이 중 셰일 오일의 비중은 73%로 셰일붐이 생산 호조세를 주도했다.

여기에 OPEC의 '석유 카르텔'에도 균열이 가기 시작했다. 지난해 말 아프리카 2대 산유국인 앙골라가 감산 기조에 불만을 표하며 주요 산유국 협의체인 OPEC 플러스를 탈퇴했고, 나이지리아·이라크 등도 원유 생산을 늘리는 등 반기를 들었다. 오정석 국제금융센터 전문위원은 보고서에서 "미 셰일붐은 러-우 전쟁, OPEC+ 감산 확대, 이스라엘-하마스 전쟁, 홍해 사태 등 지정학적 리스크 영향을 상쇄하고 있으며, 올해에도 글로벌 원유 수급 안정 및 국제유가 상방압력 완화를 이끌 것으로 보인다"고 짚었다.

《중앙일보》, 24. 01. 24

네, 한 번 오른 세계 1위 산유국이라는 왕좌를 미국이 쉽게 내줄 리 없죠. 미국은 계속해서 원유 생산량을 늘리면서 세계 1위 산유국의 지위를 공고히 하고 있다는 내용이 나옵니다. 그리고 사우디, 러시아와의 1일 원유 생산량 차이 역시 400만 배럴 가까이 확대시켰죠. 미국의 산유량 증가로 인해 국제유가가 하락 압력을 받게 되자 사우디, 러시아 등의 산유국들은 자신들이 판매하는 원유 가격의 급락을 막기 위해 자신들이 중심을 잡고 있는 OPEC+와 같은 산유국 카르텔과 협의하여 원유 생산량을 줄이는 감산으로 대응하고 있습니다.

그러나 원유 생산량 감산으로 인해 다른 산유국들의 소득이 줄어들자 이들은 OPEC+에 불만을 갖게 되었고, 나이지리아·이라크를 중심으로 한 원유 카르텔 역시 흔들린다는 얘기가 나오죠. 러시아-우크라이나 전쟁, 혹은 이란-이스라엘 정정 불안 등의 중동 악재가 불거지고 있음에도 이런 요인으로 국제유가는 안정적인 모습입니다. 미국의 셰일 산업 성장은 미국의 성장률을 강화시키면서도 미국 내 인플레이션 압력을 낮출 수 있는 핵심 요인이 되어주었죠.

그리고 새롭게 등장한 트럼프 제2기 행정부 역시 미국의 원유 산업 성장에 큰 영향을 줄 것으로 보입니다. 트럼프는 대선 이전부터 "드릴, 베이비 드릴!(Drill, Baby Drill!)"이라는 구호를 앞세우면서 미국의 원유 생산을 획기적으로 늘릴 것이라는 공약을 제시했습니다. 특히 국유지에서의 원유 생산이 크게 늘어나게 될 텐데요, 이를 미국 내에서도 사용할 수 있지만 다른 국가들에게도 널리 수출하겠다는 계획을 가지고 있습니다.

'다른 산유국들도 있는데, 다른 원유 수입국들이 굳이 미국산 에너지를 구입할까?' 하는 반문이 생기실 수 있습니다. 그래서 트럼프는 관세를 앞세우려고 하죠. 미국에게 대규모 관세를 부과받느니 차라리 미국산 에너지를 수입하면서 어떻게든 합의를 해보려는 의지를 드러낼 수 있습니다. 실제 그런 움직임이 나타나고 있는데요, 아래 기사들의 타이틀만 간단히 확인하고 가시죠.

트럼프 "EU, 미국산 석유·가스 사야… 불응 시 끝장 관세"

《연합뉴스》, 24. 12. 20

베트남 "미국산 항공기·LNG 등 더 수입"… 트럼프 2기 대비

《연합뉴스》, 24. 11. 27

안덕근(산업통상자원부 장관) "美 오일·가스 수입 확대 여지… 첨단 소재 등 공급망 다변화 작업"

《연합뉴스》, 24. 12. 01

네, 미국과의 교역에서 대규모 흑자를 기록해 온 국가들(EU, 한국, 베트남 등)은 트럼프 제2기 행정부의 압박을 받게 될 겁니다. 대미 수출을 줄이면 당장 국가 산업이 힘겨워지는 셈이니, 수출은 그대로 유지하면서 미국산 재화를 사들여야겠죠. 그 일환으로 미국산 오일이나 가스 등의 에너지 수입이 부각되는 겁니다. 이런 추세가 상당 기간 이어지게 된다면 미국은 대규모 산유국이자 에

너지 수출국이 되겠죠. 참고로 달러가 약세를 보였던 2000년대에는 미국의 셰일 오일 생산 등 에너지 기업들의 성장세가 상당히 취약했습니다. 향후 트럼프 행정부를 거치면서 현재보다 미국의 에너지 생산이 더욱 확대되고 다른 국가들도 점차로 미국산 에너지 수입을 늘려가게 되면 2000년대와 달리 미국 경제의 차별적 성장세가 더욱 강해지게 될 것이라 생각합니다.

미국의 예외적인 성장을 만들어 낸 요인으로 강한 부양책과 미국의 셰일 오일 산업의 성장을 말씀드렸습니다. 여기에 하나 더, 많은 분들이 공감하시는 게 하나 있죠. 바로 미국의 기술 혁명입니다. 2010년대 들어 애플, 아마존, 마이크로소프트, 구글, 엔비디아 등으로 대변되는 빅테크가 차별적인 성장을 보여주었죠. 미국의 기술 성장은 과거에는 없었던 새로운 시장의 확대를 만들어 냈습니다. 스마트폰이나 반도체, 웨어러블 같은 하드웨어 시장뿐 아니라 각종 애플리케이션이나 인공지능 베이스의 챗GPT(ChatGPT) 같은 소프트웨어 시장 역시 새롭게 만들어 냈죠. 새롭게 생겨난 시장이기에 다른 경쟁자가 들어올 수 없어 무난한 독점이 가능합니다. 그리고 이런 새로운 산업의 성장이 생산성을 크게 끌어올리는 데 기여하죠.

기업의 경쟁력을 강화하는 데 생산성의 향상은 사실 처음이자 끝이라고 할 수 있습니다. 열 명이 할 일을 한 명이 하는 기업이라면 적은 비용으로 보다 많은 생산을 할 수 있는 만큼 차별적인 경쟁력을 확보할 수 있겠죠. 2010년대 들어 나타난 빅테크의 성장은 미국의 차별적 성장을 크게 강화하는 데 기여했습니다. 그리고 이런 경쟁력의 초격차는 향후에도 상당 기간 이어질 것으로 보입니다. 관련 기사들을 간단히 체크해 보고 가시죠. 먼저 2024년 초에 보도된 미국의 이전 3개 분기 연속 생산성 개선에 대한 기사입니다.

연준 생산성 '깜짝' 향상… "연준 금리 인하 여력 키워"

미국 근로자의 생산성은 지난 3개 분기 연속 3% 웃돌아 2010~2019년 평균 1%를 큰 폭으로 앞질렀다. 생산성은 인플레이션 상승 없이 경제가 얼마나 빠르게 성장할 수 있는지를 보여주는 주요 지표라고 로이터는 설명했다. 그러면서 로이터는 전날 연준의 제롬 파월 의장이 기자회견에서 생산성 향상이 인플레이션 대응에서 유발할 수 있는 이점에 대해 언급했던 점을 상기했다. 파월 연준 의장은 물가상승 압력이 줄면서도 더 많은 일자리와 강력한 성장의 전망을 제시했다고 로이터는 전했다.

《뉴스1》, 24. 02. 02

보다 낮은 비용으로 보다 많은 제품을 생산해 낼 수 있다면 제품 한 개당 생산 단가가 낮아지는 만큼 낮은 가격으로 해당 제품을 판매해도 양호합니다. 네, 생산성 향상은 상품 물가를 안정시켜 40년 만의 인플레이션 불안을 잠재우는 데 큰 기여를 하게 됩니다. 물가가 안정된다면 연준은 부담을 느끼지 않고 기준금리를 인하할 수 있죠. 앞서 미국의 성장을 자극하기 위한 적절한 금리 인하는 미국 경제의 매력을 높인다는 말씀을 드렸는데 그걸 가능하게 해주는 겁니다. 미국의 높아진 생산성을 보면서 여러 긍정적 평가가 잇따르고 있습니다.

한미 AI투자 격차 44배… "원천 기술보다 응용시장에 답 있다"

《세계일보》, 24. 03. 17

여러 가지 생각이 교차하지 않으시나요? 개인적으로 상당히 부러우면서 아쉬운 마음이 드는 기사입니다. 당장 달러원 환율을 흔드는 뉴스는 아니지만 저런 초격차가 장기간 이어지게 된다면 중장기적으로는 미국과 한국의 경제 펀더멘털을 크게 바꾸게 되지 않을까요?

생산성 향상의 중심에는 AI가 있고, 미국은 AI 분야의 독보적 경쟁력을 계속해서 이어갈 것으로 보입니다. 그리고 다른 국가 대비 경쟁력의 차이를 더욱 확대시키겠죠. 중장기적 관점에서 달러 강세를 만들 요인으로 해석할 수 있을 듯합니다.

차별적이고 점진적인
미국의 경제 성장률

미국 경제가 압도적으로 강한 요인으로 미국 예외주의 기조와 셰일 오일, 기술 혁명에 대해 살펴봤습니다. 이제 앞의 '약해진 달러를 만든 미국의 요인들' 장에서도 다루었던 미국과 다른 국가의 성장률 격차를 잠시 보고 가야 하지 않을까요? 앞의 장에서는 2000년 초부터 2013년까지 미국과 중국, 혹은 미국과 신흥국의 성장률을 비교했습니다. 이번에는 숨어 있는 1인치를 찾아 2024년 중반까지 그 시계열을 늘려보겠습니다. 우선 신흥국과 미국의 비교 그래프를 보시죠.

그래프의 황색 선은 신흥국, 파란색 선은 미국의 GDP 성장률

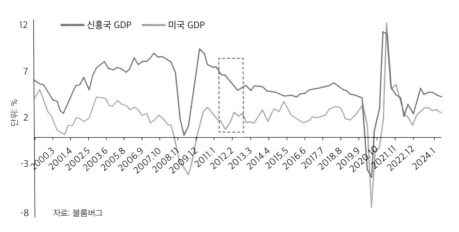

그래프 28 · 신흥국과 미국의 GDP 성장률 추이(2000~2024년)

를 각각 나타냅니다. 그래프 가운데 즈음, 2011년~2012년을 표시한 점선 박스를 보시죠. 박스 이전에는 미국과 신흥국의 성장률 격차가 매우 큰 것을 알 수 있습니다. 반면 박스 이후를 보면 미국과 신흥국의 성장률 차이가 큰 폭으로 좁혀졌음이 확연히 느껴지죠.

보다 놀라운 것은 미국의 경제 규모가 신흥국의 그것과는 비교하기 어려울 정도로 크다는 사실입니다. 100억 원을 가진 사람은 10퍼센트 성장을 위해 10억 원을 늘려야 합니다. 반면 1억 원을 가진 사람은 1000만 원만 늘려도 10퍼센트 자산 성장을 기록할 수 있죠. 미국의 경제 규모가 큰 만큼, 신흥국과 큰 차이가 나지 않는 수준으로 경제 성장률을 밀어 올리려면 상당한 성장이 필요합니다. 2010년대 들어 미국의 성장이 얼마나 차별적으로, 그리고 점진적으로 이루어져 왔는지를 알 수 있는 대목입니다. 이번에는 다음 페이지의 그래프 29에서 중국과의 차이를 보시죠.

황색 선은 중국, 파란색 선은 미국의 GDP 성장률을 나타냅니다. 이번에도 2012년 즈음에 점선 박스를 두었는데요, 전후의 중국 성장률 추이를 비교해 보시죠. 성장이 가장 두드러지던 2006~2007년에 중국은 10퍼센트 이상의 고성장을 기록하고 있었죠. 그러나 2008년 글로벌 금융위기를 겪고 난 이후, 중국은 부채를 크게 늘리며 강한 부양에 나섰고 결국 빚더미에서 신음하게 됩니다. 중국의 성장률은 계속해서 둔화되면서 2010년대 들어서는 8퍼센트, 7퍼센트, 6퍼센트로 줄어들었습니다. 현재는 목표 성

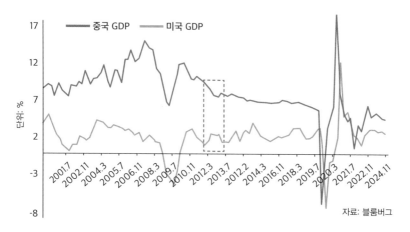

그래프 29 • 중국과 미국의 GDP 성장률 추이(2000~2024년)

단위: %

자료: 블룸버그

장률을 5퍼센트로 낮추면서 해당 숫자를 방어해야 한다는 얘기까지 하고 있죠. 코로나19 팬데믹으로 인해 전 세계가 고통받을 당시 중국은 다른 국가와 달리 이례적으로 장기적인 봉쇄를 채택했습니다. 2022년 부근을 보시면 중국의 GDP 성장률(황색 선)이 미국의 성장률(파란색 선)을 일시적으로 하회함을 보실 수 있죠. 네, 미국은 거대한 경제 규모에도 불구하고 과거의 안정적인 성장세를 유지하고 있는 반면, 중국의 성장률은 꾸준하게 우하향하는 추세입니다. 그렇다면 글로벌 투자자들 입장에서 미국 투자가 보다 매력적으로 느껴지지 않을까요?

참고로 중국은 2020년을 전후해서 미중 기술 및 무역 분쟁을 겪었고, 코로나19 팬데믹에 대한 봉쇄를 장기화하면서 고성장에서 상당 수준 후퇴했습니다. 그리고 2021년 예정되었던 알리 페이의 상장을 철회하고 마윈(Ma Yun)을 비롯한 기술 기업 CEO들을 억제하기 시작했죠. 민간 기업보다는 국영 기업에 보다 많은 힘을 실어주었고 과도한 부동산 버블을 억제하기 위해 매우 강한 긴축으로 대응하면서 헝다 등 굴지의 부동산 관련 기업들이 흔들렸습니다. 그럼에도 부채 문제가 심각하기 때문에 추가로 빚을 내면서 적극적인 경기 부양에 나서기는 만만치 않았죠. 중간중간 중국의 회복세가 빨라지는 구간은 분명 나타날 수 있지만 중장기적인 관점에서 보면 중국이 과거의 고성장 트랙으로 돌아가기는 상당히 어려워 보입니다. 미국과의 성장 격차를 과거처럼 다시 벌리는 것은 쉽지 않은 일이 되겠죠.

이제는 보다 차별화된 양상을 보이는 미국 경제를 감안하며 2013년 이후의 위안화 환율을 함께 보시죠. 그래프 30은 1990년

그래프 30 · 달러위안 환율 추이(1990~2024년)

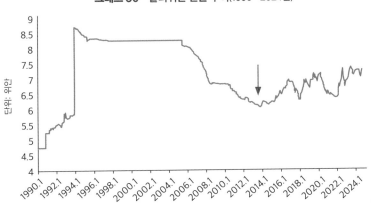

자료: 블룸버그

이후 달러 대비 위안화의 가치를 나타내는 달러위안 환율 그래프입니다. 2000년대 중국의 고성장을 반영하며 2005년부터 꾸준히 하락(달러 대비 위안화 강세)하던 달러위안 환율이 2014년을 기점으로 변화를 보이고 있죠. 네, 상승 전환한 겁니다. 그리고 10여 년이 지난 지금은 달러당 7위안 선을 훌쩍 넘어서는 등 달러 대비 약세 기조를 보입니다. 미국의 차별적인 성장이 그 반대편에 있는 중국의 경제 성장 둔화와 만나면서 환율에 영향을 미친 것이죠.

미국의 압도적인 성장은 자국 내 경쟁력 확대뿐 아니라 다른 국가들과 비교해서도 탁월한 수준으로 현실화되고 있습니다. 전 세계 투자 자금이 미국으로 쏠리는 것은 당연한 수순이 아닐까 합니다. 이런 관점에서 다음 기사가 의미 있게 다가옵니다. 보시죠.

국내 증시 떠나는 '서학개미'… 미국 주식 보관액 10년간 72배 '껑충'
《글로벌이코노믹》, 24. 11. 11

기사 제목이 무섭게 느껴지네요. 지난 10년간 한국에서 미국 주식에 투자하는 사람들의 투자 금액 수가 10배 증가했다고 합니다. 다음 페이지의 그래프를 보면 그 모습이 보다 뚜렷히 보입니다. 2014년 14억 달러 수준에 불과하던 미국 주식 투자 금액이 2024년에 1014억 달러 수준으로 늘어난 모습입니다. 72배 증가했

그래프 31 · 미국 주식 보관 금액 추이(2014~2024년)

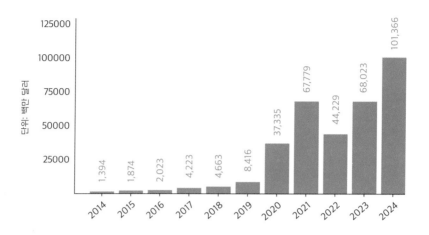

다고 하는데 이는 미국의 예외적 성장을 받아들이면서 미국 주식 시장으로 이동하는 사람들의 숫자가 기하급수적으로 늘어났다고 해석하면 될 듯합니다.

그리고 이런 미국 투자는 개인에서 그치지 않죠. 국내 기업들의 대미 투자 역시 큰 폭으로 증가했습니다. 2021년 조 바이든(Joe Biden) 행정부가 내세웠던 IRA(인플레이션감축법)뿐 아니라 트럼프 제2기 행정부에서도 기업들이 미국에 설비 투자를 하고, 미국 내 일자리를 늘려 미국 경제에 기여할 때에만 보다 많은 혜택을 줄 것임을 분명히 했죠. 이에 국내 기업들 중 상당수가 미국 투자에 관심을 나타낼 수밖에 없게 됩니다. 관련 기사를 보다 보면 느낌이 오실 겁니다.

10일 수출입은행 통계에 따르면 트럼프 1기인 2017년부터 올해 2분기까지 한국의 글로벌 투자 금액은 꾸준한 상승 곡선을 그렸다. 특히 트럼프 제1기 행정부가 집권했던 2017~2020년 한국의 대미 투자액은 150억 달러 안팎을 기록했다가, 바이든 행정부가 시작된 2021년에는 두 배 가까이로 늘어 279억 3000만 달러로 집계됐다. 이후 2022년 295억 달러, 2023년 280억 4000만 달러, 올해 들어 2분기까지 124억 달러 등으로 상승세를 이어갔다. (중략) 지난해에는 대(對)미국 투자 비중이 글로벌 투자액의 절반에 가까운 43%까지 늘었다. 이는 1988년 이후 최고치다. 이처럼 한국이 바이든 행정부 기간 미국 투자에 적극적으로 뛰어든 것은 미국이 주요 산업 공급망을 동맹 등 신뢰할 수 있는 국가와 공유하는 정책을 펼친 데 따라 한국 기업들이 호응한 결과로 해석된다. 삼성전자의 미국 텍사스주 테일러 반도체 공장, SK하이닉스의 인디애나주 웨스트라피엣에 인공지능(AI) 메모리용 어드밴스드 패키징 생산 기지, LG에너지솔루션의 미국 애리조나 배터리 생산 공장 등이 대표적이다.

《연합뉴스》, 24. 11. 10

네, 기사를 보시면 2017년부터 최근까지 기업들의 대미 투자가 크게 늘었다는 내용을 확인하실 수 있습니다. 물론 미국이 주는 여러 가지 세제 혜택 등도 중요하겠지만 북미를 중심으로 한 미국이라는 소비시장이 워낙 차별적으로 강하기에 해당 시장에 자리를 잡기 위한 기업들의 의도도 상당 부분 반영되었다고 봐야겠죠.

지금까지 대미 투자가 늘었다는 사실보다는 앞으로의 대미 투자가 어떻게 될지가 더 중요하겠죠. 트럼프 제2기 행정부에서는 교역 상대국 대부분을 대상으로 이른바 보편관세를 부과하겠다고 하며 그런 보편관세의 최대치를 20퍼센트로 잡고 국가별로 협의에 따라 그 관세율을 조정할 수 있다고 합니다. 기업들 입장에서는 관세의 피해를 최소화하기 위해 대미 투자를 보다 많이 늘려야 하겠죠.

개인과 기업 모두 미국의 예외주의, 즉 차별적이고 압도적인 성장을 보면서 느끼는 바가 있습니다. 향후에도 꾸준히 대미 투자를 늘리게 되는 요인이 될 겁니다. 대미 투자를 환율의 관점에서 바라보면 국내에서 달러를 사들인 후, 그 달러를 가지고 미국으로 들어가는 것을 말합니다. 국내 달러가 나가는 셈이 되니 국내 달러 공급 부족으로 인한 달러 가치 상승, 즉 달러원 환율의 상승 압박이 강해집니다. 단기에 이런 영향이 바로 나타나지는 않겠지만 긴 관점에서 보면 점차 현재 수준 대비 높은 달러원 환율이 현실화될 수 있겠죠.

05

한국의 무역 흑자,
계속될 수 있을까?

무역수지,
지금까지와는 다르다

환율은 상대 가치입니다. 그렇기에 달러원 환율을 보려면 미국과 한국의 경제 상황을 함께 두고 체크해야 합니다. 앞서 미국 예외주의라는 말이 나올 정도로 강한 미국 경제에 대해 살펴보았습니다. 이번에는 한국 경제의 현황을 설명해 보겠습니다.

달러가 약했던 이유를 다룰 때 한국 원화의 안정성은 대규모 무역 흑자로 담보되었다는 이야기를 했습니다. 2025년인 지금도 한국의 무역 흑자는 여전히 양호한 수준을 보입니다. 다만 과거와는

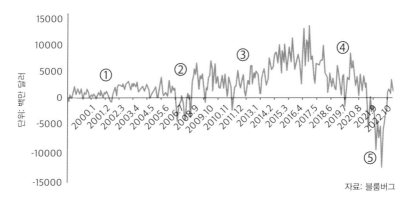

그래프 32 · 한국 무역수지 추이(2000~2022)

자료: 블룸버그

다른 변화가 나타나고 있죠. 다시 그래프 8에서 보셨던 한국 무역
수지 추이의 후반부를 살펴보겠습니다. 앞서 ①~④번 국면을 간
단히 다루어봤는데 이번에는 그래프 우측 끝에 있는 ⑤번 국면에
대해 이야기해 보겠습니다.

　20여 년 동안 한국의 무역 흑자는 꾸준히 이어졌습니다. 이례
적인 충격이었던 2008년의 금융위기나 2020년의 코로나19 사태
당시에도 한국의 무역 적자는 일시적인 수준에서 그쳤고 오히려
이후에는 보다 큰 무역 흑자를 기록하면서 강한 회복탄력성까지
보였습니다.

　그런데요, 2022년 1월부터 시작된 무역 적자는 다소 다른 이야
기라 볼 수 있습니다. 16개월 연속으로 이어졌던, 그리고 무역 적
자의 규모 면에서도 2008년이나 2020년의 무역 적자를 능가했던
당시의 상황을 기사로 만나보시죠.

무역수지가 연간 적자를 기록한 것은 미국발 금융위기 당시인 2008년 (132억 6000만 달러 적자) 이후 14년 만에 처음이다. 적자액은 종전 최대였던 국제통화기금(IMF) 외환위기 직전인 1996년(206억 2000만 달러)의 2배를 넘어 역대 최대치를 경신했다. 지난달은 수출과 수입이 전년 대비 각각 9.5%, 2.4% 감소한 549억 9000만 달러, 596억 8000만 달러를 기록했다. 12월 무역수지는 46억 9000만 달러의 적자를 보였다.

《뉴스웨이》, 23. 01. 01

2022년 2월 24일 러시아-우크라이나 전쟁이 발발하면서 전 세계 경제는 큰 충격에 빠졌습니다. 그리고 그 여파로 국제유가는 단숨에 뛰어올라 배럴당 130달러를 넘어섰던 바 있죠. 한국은 원유를 전량 외국에서 수입하는 만큼 수입을 위한 달러의 지급 규모가 크게 늘어나게 됩니다. 반면 2022년 미국이 인플레이션에 대한 대응을 위해 기준금리를 큰 폭으로 인상하면서 미국발 전 세계 경기 침체의 우려가 커졌고 한국의 반도체 수출이 큰 타격을 입었습니다. 중국은 그런 상황에서도 강한 경제 봉쇄에 들어가면서 한국의 대중 수출은 더욱더 어려운 상황에 직면했죠. 반도체 수출과 대중 수출은 한국에게는 달러 벌이의 원투 펀치라고 할 수 있습니다. 둘 다 막혀버리면서 달러를 기존보다 적게 벌어들이게 된 겁니다. 그런 상황에서 원유 가격 급등으로 보다 많은 달러를 지급해야 하니 금액 기준으로 수입이 크게 늘고, 수출은 그렇지 않은 상황이 된 것이죠.

이런 상황이 한국의 이례적인 16개월 연속 무역 적자를 야기했습니다. 그 규모가 상당했기에 앞서 기사에서 보신 것처럼 2022년 겪은 무역 적자는 연간으로는 2008년 이후 처음일 뿐 아니라 그 크기 역시 외환위기 직전이었던 1996년 무역 적자 수준의 2배를 넘었죠. 그렇지만 그 정도에 그치지 않고 2023년에도 상반기 내내 무역 적자 행진에 시달려야 했습니다. 기사 타이틀 몇 개 인용해 봅니다.

1월 경상수지 적자 45.2억 달러 '사상 최대'… 최악 무역 쇼크 여파

《뉴스1》, 23. 03. 10

6월까지 무역 적자 263억 달러… 상반기 기준 사상 최대

《동아일보》, 23. 07. 03

6월 무역수지 16개월 만에 흑자 전환… 수출 최저 감소율 기록

《아시아투데이》, 23. 07. 01

2023년 1월에는 사상 최대 경상 적자를 기록했고, 2023년 상반기 기준으로 무역 적자는 263억 달러를 나타내며 상반기 기준 사상 최대 수준을 보였죠. 2023년 7월 들어 16개월 만에 무역 흑자 전환에는 성공했지만 이는 국제유가의 안정으로 가능했던 것이라는, 즉 수입액이 줄어들면서 흑자로 전환한 것이었습니다. 물론 이후에는 한국의 수출이 빠른 속도의 회복세를 보였죠.

우선 한국은 반도체를 중심으로 2024년 내내 기록적인 수출 성장세를 나타냈습니다. 그리고 대중 수출 역시 기존에 비해 부진하긴 했지만 일정 수준 반등에 성공했고요. 앞서 말씀드린 것처럼 국제유가의 빠른 안정에 힘입어 수입을 위해 지급하는 에너지 비용의 감축에도 성공했죠. 수출이 재차 늘어나는 상황에서 수입 부담이 줄어들게 되니 한국의 무역 흑자 전환이 가능했던 겁니다.

그럼 이제 문제가 해결된 것 아니냐는 질문이 가능할 겁니다. 이미 16개월 연속의 무역 적자가 과거의 일이 된 것이니까요. 그렇지만 무역 적자를 기록했던 이유를 조금 더 세심히 들여다볼 필요가 있습니다.

대중 수출의 부진을
대미 수출로 보완하다

한국이 구조적 무역 흑자 행진을 해오는 데 상당한 기여를 한 것이 바로 대중 수출이었습니다. 하지만 지금 대중 수출에서 꽤 큰 변화가 나타나고 있습니다. 장기간 이어진 코로나19 봉쇄 및 부동산시장 불안으로 인해 중국의 내수시장은 위축되었습니다. 그리고 중국의 소비 위축은 한국 입장에서 대중 수출의 축소로 이어지게 됩니다. 잠시 기사 하나 보고 가시죠. 시사하는 바가 커 보입니다.

'중국=수출 텃밭'이란 과거 공식이 무색해졌다. 1992년 한·중 수교 이래 처음으로 지난해 대(對)중국 무역수지가 적자를 기록한 게 그 신호탄이다. 통계청이 21일 발표한 '2023년 기업 특성별 무역 통계(잠정) 결과'에 따르면 지난해 대중 무역수지가 175억 달러 적자를 기록했다. 31년 만에 처음 적자로 돌아섰다. 대중 무역수지는 1992년부터 2022년까지 30년 연속 꾸준히 흑자를 냈다. 특히 전성기인 2003~2018년에는 거의 매년 한국이 무역에서 최대 흑자를 낸 나라가 중국이었다. 하지만 흑자 규모가 2021년 247억 달러에서 2022년 17억 달러로 쪼그라들더니 결국 지난해 적자를 기록했다.

《중앙일보》, 24 .05. 21

저 역시 상당히 놀랐던 소식이었습니다. 1992년부터 2022년까지 30년 연속 대규모 수출로 꾸준히 흑자를 기록해 왔던 대중 교역에서 31년 만에 적자를 기록했다는 내용입니다. 물론 일시적으로 적자를 기록할 수는 있겠지만 문제는 대중 흑자 규모가 줄어드는 추세라는 것입니다. 2021년 247억 달러, 2022년 17억 달러로 줄어들다가 2023년에는 적자로 전환되었다고 하죠. 다소 개선되기는 했지만 2024년 역시 50~60억 달러 수준의 대중 무역 적자 기조가 유지될 것으로 보입니다. 네, 30년간 흑자를 내던 곳에서 흑자가 급격히 줄어들다가 적자의 영역으로 진입하게 되니 그 충격이 클 수밖에 없습니다.

다음 그래프는 2019년부터 2023년까지 대중 수출 금액을 보여줍니다. 2021년의 정점 이후 중국 경제가 둔화되기 시작하자 대중 수출이 빠르게 줄어드는 추세가 뚜렷하게 보이네요.

이런 대중 수출의 위축에는 여러 가지 이유가 있겠지만 가장 큰 원인은 앞서 말씀드린 중국 경기의 둔화를 들 수 있겠습니다. 중국의 경기 둔화는 두 가지 루트로 한국의 수출에 타격을 주게 됩

그래프 33 · 대중 수출 추이

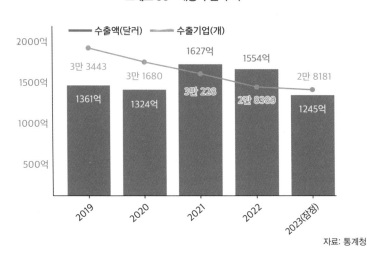

자료: 통계청

니다. 하나는 중국의 수요가 줄어들면서 한국의 재화를 사들이지 못하는 케이스죠. 중국 특수를 흔들어 놓은 가장 큰 악재라고 보시면 됩니다.

다른 하나는 중국의 공급 과잉입니다. 전 세계 2위의 규모를 가진 국가인 만큼 제조업 생산과 소비의 규모가 엄청납니다. 문제는 중국 내 생산은 더욱더 늘어나는데 말씀드렸던 것처럼 소비가 위축되는 겁니다. 그럼 중국에서 생산한 제품들이 중국에 의해 소진되지 않고 상당 물량 남게 되겠죠. 중국 기업들은 자국 내 수요로 소화하지 못한 제품들을 다른 나라의 수요, 즉 수출을 통해 해결하려고 합니다. 그리고 잉여 생산품인 만큼 그 가격 역시 상당히 할인되겠죠. 중국의 과잉 생산 제품들이 글로벌 시장에 저가로 쏟아져 나옵니다. 그럼 국내 기업들의 대중 수출 및 글로벌 수출에 큰 타격이 될 수 있겠죠.

여기에 추가로 다른 이유를 들 수 있습니다. 중국의 고부가 기술력이 과거에 비해서 상당히 개선된 것입니다. 과거 중국의 기술이 부족했던 시절에는 한국에서 중간재를 대규모로 수입해야 했지만 이제는 내재화된 기술로 어느 정도 경쟁이 가능해졌다는 의미입니다. 2024년 9월 한국은행 보고서에서 충격적인 그래프를 확인할 수 있었습니다. 다음 페이지의 그래프 34를 함께 보시죠.

1995년부터 주요 대중국 수출 연계 산업의 생산량 변화를 나타낸 그래프입니다. 각 산업별로 생산량이 최고로 높았던 시기를 가

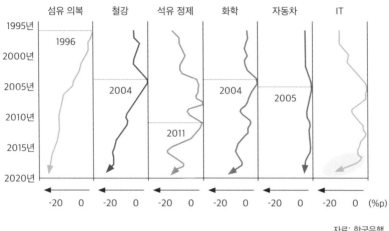

그래프 34 · 대중국 산업별 수출 연계 생산 변화(1995~2020년)

섬유 의복   철강   석유 정제   화학   자동차   IT

1995년
1996
2000년
2005년
2004   2004   2005
2010년
2011
2015년
2020년
-20 0   -20 0   -20 0   -20 0   -20 0   -20 0 (%p)

자료: 한국은행

로축의 0으로 잡아서 표시했습니다. 우선 섬유 의복은 1996년 고점(0)을 기록한 이후 꾸준히 하락하여 현재는 마이너스 20으로 나타납니다. 철강과 화학은 중국 특수가 엄청났던 2004년을 고점으로 꾸준히 하락했죠. 석유 정제 역시 2011년 이후 내리막길입니다. 자동차는 2005년에 고점을 기록한 이후 현재까지도 높은 중국 연계 생산을 이어가는 중입니다만 다소 불안하긴 하죠.

개인적으로 IT 부문에서 상당히 놀랐습니다. 대중국 반도체 수출 등에서는 우리나라가 여전히 강점이 있다고 생각했는데, 2005년 고점을 기록한 이후 큰 변화 없이 유지되더니 최근 들어 큰 폭으로 하락하는 모습을 보입니다. 다른 산업에서도 중국 연계 생산이 고점을 찍고 내려오고 있지만 특히 고부가 산업의 대표라고 할 수 있는 IT에서의 부진은 더욱 뼈 아프게 다가오네요. 철강, 석유, 화학, 섬유 등의 영역뿐 아니라 이제 IT에서도 중국의 기술력이 빠르게 따라왔다는 의미가 되겠죠.

중국의 소비 둔화, 과잉 생산도 문제지만 기술 경쟁력까지 우리 기업들과의 격차를 좁히게 된다면 향후 대중 수출 상황은 더욱 어렵게 전개되지 않을까요? 다음 기사는 한국은행에서 2024년 12월에 발표한 「지역 경제 보고서」의 조사 결과 일부를 보여줍니다. 매우 중요한 기사인 만큼 꼼꼼히 읽어봐 주셨으면 합니다.

중국과의 경쟁은 가격뿐만 아니라 기술 측면에서도 심화되고 있는 것으로 나타났다. 기업들은 대부분 중국 기업의 기술 경쟁력이 이미 국내 업체와 비슷하거나(33.3%), 우려스러운 수준(49.7%)이라고 응답했다. 반면 격차가 매우 크거나, 크게 우려할 수준이 아니라는 응답은 15.9%에 불과했다.

중국의 과잉 생산·저가 수출이 수출에 부정적인 영향을 미치고 있다는 응답이 70% 정도였는데, 내년에 상황이 개선될 것으로 보는 기업은 거의 없었다. 부정적 영향이 현재 수준에서 지속(57.7%)될 것이라는 응답이 가장 많았고, 더욱 악화될 것이라는 응답도 40%에 달했기 때문이다. 아울러 절반이 넘는 기업이 중국의 과잉 생산·저가 수출의 부정적 영향은 완전히 사라지지 않을 것이라고 예상했다.

《업다운뉴스》, 24. 12. 23

네, 첫 문단에서는 기술 경쟁력의 격차가 상당히 좁혀졌다는 점을 알 수 있죠. 비슷하거나 턱밑까지 따라왔다는 비율을 합치면 83퍼센트 수준입니다. 두 번째 문단에서는 중국의 과잉 생산이 미치는 부정적 영향이 상당 기간 이어지거나 더욱 악화될 것이라 예상하는 기업인들이 대다수임을 알 수 있죠. 현재의 난맥상 향후에도 쉽게 해소되지 않을 것이라는 전망입니다.

그래서 한국은행에서는 지난 2022년부터 중국 특수를 기대하기 어렵다는 다음과 같은 발표들을 이어왔습니다.

이창용(한국은행 총재) "10년 중국 특수 끝났다"

《한국경제》, 23. 05. 22

31년 만에 대중 무역 적자 앞두고… 한은 "과거처럼 중국 특수 누리기 어렵다"

《이투데이》, 23. 12. 04

글을 쓰면서도 마음이 상당히 무겁네요. 그렇지만 대중 수출의 부진에도 한국은 16개월 연속 적자의 늪에서 헤어나면서 다시금 강한 흐름을 보이고 있죠. 가장 큰 이유는 한국의 대미 수출이 크게 증가했기 때문입니다. 잠시 보시죠.

대미 수출이 대중 수출 앞질렀다… "흑자 커지면 무역 제재 나올 수도"

미국의 활발한 소비와 한국 기업의 제조업 직접투자(FDI)에 힘입어 대(對)미국 수출이 당분간 호조를 이어갈 전망이다. 하지만 중장기(2-10년)적 관점에서는 무역 제재 같은 위험 요소가 적지 않다는 분석이 나왔다. 한국은행이 18일 공개한 '대미국 수출 구조 변화 평가와 전망' 보고서에서다.

이에 따르면 2020년 이후 한국 총 수출에서 미국의 비중은 계속 늘어나, 올해 1분기에는 대미국 수출액이 2003년 2분기 이후 처음으로 대중국 수출액을 앞질렀다. 2020년 이후 대미국 수출의 구조적 특징으로는 ▶미국 내수(소비·투자)와의 연계성 강화 ▶신성장 산업 중심의 중간재 비중·다양성 확대 ▶소비재 비중 장기간 30% 유지 등이 꼽혔다.

《중앙일보》, 24. 04. 19

네, 기사 타이틀만 봐도 다행이라는 생각이 들죠. 미국의 성장이 워낙 강한 만큼 대미 수출이 호조세를 보이면서 중국 수출 부진을 상당 수준 만회했다는 내용의 기사입니다. 실제로 2023년에는 대중 수출과 대미 수출의 비중이 비슷해졌고요, 2024년 1분기에는 대미 수출액이 21년 전인 2003년 2분기 이후 처음으로 대중 수출액을 앞섰습니다. 참고로 한국의 대미 수출은 2017년 150억 달러 수준에서 2023년에는 450억 달러 수준으로 크게 늘었습니다. 압도적으로 높았던 대중 수출이 크게 줄어들고, 대신 대미 수출이 크게 늘어나는 추이를 아래 그래프 35를 통해 확인해 보시죠.

이런 사실들을 보면 한국의 기업들이 얼마나 기민하게 대응해 왔는지, 그리고 얼마나 유연하게 시장을 개척하는지 느낄 수 있습니다. 신속하게 중국 수출 부진을 대미 수출로 전환하여 방어하고 있으니까요. 과거와 달리 대중 수출보다 대미 수출에 대한 의존도가 크게 늘어났습니다. 구조적인 변화가 나타난 겁니다. 이는 달러 원 환율의 흐름에도 변화를 주게 되죠. 과거 2000년대에는 미국 경제가 약해지더라도 한국은 대중 수출로 수출 성장을 유지할 수 있었습니다. 미국의 성장은 약해지지만 한국은 대중 수출로 성장세를 유지하고 지속적으로 달러를 벌어들였죠. 미국 경기가 둔화되며 달러가 약세를 보이는 상황에서 한국 원화는 대중 수출을 통

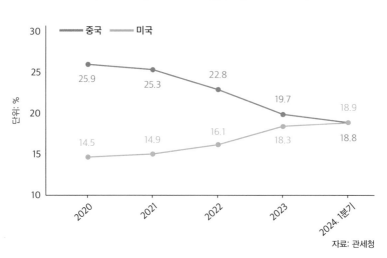

그래프 35 · 대중 · 대미 수출 비중 추이(2020~2024년)

자료: 관세청

132

한 성장세 유지로 원화 강세 기조를 유지할 수 있게 만든 것입니다.

달러가 약해질 때 원화가 강하다면 당연히 달러원 환율은 하락(달러 대비 원화 강세)하게 됩니다. 2000년대 미국의 성장세는 중국에 비해 매우 약한 흐름을 이어갔죠. 대미 수출이 아닌 대중 수출이 강했던 만큼 미국의 성장 둔화는 달러원 환율의 하락으로 직결되었습니다. 그러나 대중 수출보다 대미 수출 의존도가 높아진 지금의 상황은 크게 다릅니다. 미국의 성장이 둔화되면 한국의 대미 수출이 부진한 모습을 보이면서 한국의 성장도 일정 수준 타격을 받을 가능성이 높아지죠. 미국 성장 둔화로 인한 달러 약세가 가능하지만, 이에 발맞춰 한국 수출 성장도 약해진다면 그런 달러 약세가 상당 수준 제어되겠죠. **네, 과거 대비 미국 성장 둔화로 인한 빠른 달러 약세, 즉 달러원 환율의 하락을 기대하기 어려워진 겁니다.**

대미 무역 흑자 증가는 의외의 리스크를 낳게 됩니다. 한국의 대미 무역 흑자가 커진다는 의미는 반대로 미국 입장에서는 대한국 무역 적자가 크게 늘어난다는 것을 의미하죠. 트럼프 제2기 행정부는 미국을 대상으로 대규모 흑자를 기록하는 국가에게 관세 등을 부과하며 강경 대응할 것임을 이미 예고한 바 있습니다. 물론 정확한 추산은 안 되지만 2024년 11월 트럼프 후보가 당선된 직후 다음과 같은 보도가 나옵니다.

실제 저 정도로 줄어들지는 불확실하지만 대중 수출의 부진 이후 찾아낸 대미 수출이라는 활로에도 만만치 않은 미래가 기다리고 있다는 점은 사실인 듯합니다.

이제 미국 성장과 함께 한국 수출 성장의 둔화, 이 둘을 묶어서 고민을 해볼까 합니다. 미국이 압도적인 성장을 보이는 만큼 미국으로의 투자 쏠림이 강화되면서 달러는 강세를 보이게 되겠죠. 한국의 개인 투자자 및 기업 역시 미국 투자를 계속해서 늘려가고 있습니다. 이런 흐름이 중장기적으로 이어진다면 달러 자금이 국내에서 미국으로 나가는 현상이 점점 더 뚜렷해지겠죠. 국내 달러 공급이 줄어든다는 의미로 해석하시면 됩니다.

반면 대중 수출의 부진이 구조적으로 이어지게 되면 지난 20여 년간 누려왔던 구조적 무역 흑자에 제동이 걸릴 가능성이 높습니다. 어딘가 대규모로 꾸준하게, 그리고 예측 가능한 수출시장이 있어야 하는데, 그런 시장이 부재할 경우 약간의 대외 충격에도 우리나라 성장의 핵심인 수출이 흔들릴 수 있죠. 수출을 통한 달러 벌이, 즉 국내로의 달러 유입이 어려워진다는 의미입니다. 이런 맥락에서 서영경 전(前) 한국은행 금통위원의 코멘트에 귀 기울일 필요가 있습니다. 이 기사 매우 중요합니다. 꼼꼼히 읽어보시죠.

> 서영경 한국은행 금융통화위원이 해외 투자 증가 등 구조적 요인에 따라 원·달러 환율이 코로나19 이전 수준으로 하락하기 어렵다고 전망했다. 원화 약세로 인한 자본 유출 위험은 크지 않지만 물가에 미치는 영향은 과거보다 커졌다는 평가다. 서 위원은 2일 'BOK 컨퍼런스'에서 '팬데믹 이후의 뉴노멀: 환율 변동의 파급 경로 변화'를 주제로 한 발표를 통해 이같이 밝혔다. 지난해 이후 원화 환율이 약세를 보이면서 변동성도 커진 것은 미국 달러화 강세 등 글로벌 요인과 무역수지 흑자 축소와 해외 투자 증가 등 고유 요인이 작용했기 때문이라는 분석이다. 서 위원은 그러면서 경기적 요인뿐만 아니라 대중국 경쟁 심화, 인구 고령화, 기업·가계의 해외 투자 수요 확대 등 구조적 변화까지 겹친 만큼 원화 환율이 팬데믹 이전 수준으로 하락하긴 어렵다고 내다봤다.
>
> 《서울경제》, 23. 06. 02

서영경 위원은 2023년 6월 당시 1300원대를 유지하며 고공비행하는 환율 상황을 두고 코로나19 이전의 낮은 환율로 돌아가기 어렵다는 코멘트를 한 겁니다. 미국의 기준금리가 인상되면서 달러화가 강세를 보인 것이 환율 상승의 첫 번째 요인이지만 이외에도 구조적 변화에 주목해야 된다는 얘기를 하죠. 그런 구조적 요인에는 대중국 경쟁 심화로 인한 대중 수출의 부진, 즉 무역 흑자의 축소와 서학개미로 대변되는 개인의 외국 투자 증가 및 기업들의 대규모 대미 설비 투자 수요 확대를 꼽습니다.

무역 흑자의 축소로 인해 국내로 유입되는 달러가 줄어드는데, 외국 투자 증가로 인해 나가는 달러가 늘어나게 되면 국내 잉여 달러가 부족해지면서 과거에 비해 높은 달러 레벨이 장기간 이어지게 되겠죠. **환율이 현 수준에서 오른다, 내린다라는 전망보다는 과거 레벨까지 내려가기는 어려울 것이라는 코멘트를 던진 겁니다. 개인적으로 상당 부분 동의하는 바입니다.** 향후 달러원 환율의 구조적 변화가 나타날 가능성이 높다는 점에 주목해야 한다는 생각이 듭니다.

06

미국과의 금리 역전
장기화 조짐

앞서 한국의 수출 성장이 중장기적으로 둔화될 가능성을 제기해 보았습니다. 수출은 국내로의 달러 유입을 끌어오는 원동력이기에 달러의 공급이라는 측면에서 매우 중요하죠. 다만 환율을 볼 때 이렇게 직접 제품의 판매를 통해 벌어오는 무역 흑자도 중요하지만 외국 자금이 국내 투자를 위해 유입되는 자본의 이동 측면도 함께 고려해야 합니다.

만약 무역 적자로 국내 달러 자금의 유입이 어려워지더라도 외국 투자자들이 한국에 공장이나 오피스 등 각종 설비 투자를 늘린다거나 혹은 한국 주식이나 채권, 부동산을 사들이기 위해 대규모로 투자금을 집행한다면 금융 계정을 통해 달러가 유입될 수 있습니다. 그리고 그 중심에는 양국 간의 금리 차이가 존재하죠. 한국의 금리가 미국보다 높다면 미국 투자자들 입장에서는 조금이라도 더 높은 이자를 주는 한국에 투자하고자 할 겁니다. 반대로 한국 금리가 미국보다 낮다면 적어도 금리차만 노리고 미국에서 한국으로 유입되는 자금의 수요는 크게 줄어들 겁니다.

한국 기준금리가
미국보다 낮아진 이유

기본적으로 신용도가 높은 사람에게는 더 낮은 수준의 금리가 적용되곤 합니다. 신용도가 낮은 사람에게는 부도의 위험이 큰 만큼 그런 불확실성에 대한 보상 개념으로 더 높은 금리를 요구하죠. 국가들 사이에도 이런 대원칙은 그대로 적용됩니다. 그런 관점에서 본다면 한국과 미국 중 어느 국가의 금리가 높아야 할까요? 미국의 신용이 한국보다 양호한 만큼 미국의 기준금리가 한국의 기준금리보다 낮아야 할 겁니다.

지난 20여 년간의 과거 국면을 보면 일시적으로는 한국 금리가 미국보다 낮은 기간도 있었지만 전체적으로는 미국의 금리보다 한국 금리가 높은 수준을 유지해 왔죠. 그러나 2022년에 들어서면서 이런 분위기가 크게 바뀌기 시작합니다. 그래프 36을 보시죠.

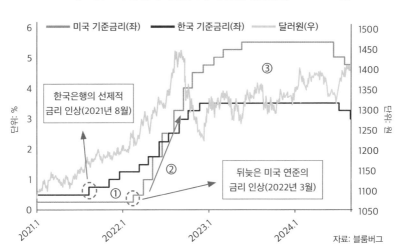

그래프 36 · 미국, 한국 기준금리 추이 및 달러원 환율(2021~2024년)

자료: 블룸버그

2021년부터 미국 기준금리, 한국 기준금리, 그리고 달러원 환율의 움직임을 그린 그래프입니다. 우선 2021년을 되돌아보시면 한국 기준금리(검은색 선)가 미국 기준금리(황색 선) 대비 높은 것을 확인하실 수 있습니다(①번 국면). 당시 팬데믹 충격으로 미국은 제로까지 기준금리를 낮춘 반면 한국은 0.5퍼센트로 낮췄죠. 한국이 미국보다 0.5퍼센트 더 높았던 겁니다. 그리고 2021년 8월, 한국은 미국보다 빠르게 선제적인 기준금리 인상에 돌입합니다. 그리고 0.25퍼센트씩 네 차례 기준금리를 인상하면서 2022년 3월에 이미 1.5퍼센트로 기준금리를 높여두었죠.

그런데요, 뒤처져 있던 미국 연준이 2022년 3월부터 40년 만의 인플레이션을 흔들기 위해 과감한 금리 인상을 단행합니다(②번 국면). 한 번 인상할 때 한국처럼 0.25퍼센트 인상에 그치는 것이 아니라 빅스텝(0.5퍼센트), 자이언트스텝(0.75퍼센트) 등 과감한 금리 인상을 단행한 것이죠. 이에 2022년 후반부에는 미국의 기준금리가 한국을 크게 넘어서게 됩니다. 이 둘의 차이가 계속 확대되다가 미국 금리가 5.5퍼센트를 기록하고, 한국 기준금리가 3.5퍼센트를 기록하면서 일단 멈춰서게 됩니다(③번 국면). 미국이 2.0퍼센트 더 높은 수준에서 멈춘 것이죠.

미국 금리가 한국보다 2퍼센트 더 높다면 외국인 투자자들은 어떻게 행동할까요? 국내에 투자해 두었던 자금을 정리해서 달러로 환전한 다음에 나가고 싶지 않을까요? 그래서 당시 한국과 미국의 금리 역전에 대해 우려를 표하는 사람들이 정말 많았던 기억이 납니다. 미국과의 금리차 확대로 외국으로 자금 유출이 일어날 것이라는 걱정은 한국과 미국의 금리가 뒤집어지던 2022년 말 피크에 달했는데요, 당시 제2의 외환위기가 오는 것 아니냐는 질문을 수없이 받았던 기억이 생생합니다.

참고로 미국 경제는 2022년에도 여전히 강한 성장세를 이어가고 있었습니다. 금리가 높더라도 그 정도 금리를 견뎌낼 만큼 성장이라는 기초 체력이 튼튼하다면 금리를 더 인상해도 되겠죠. 그러나 한국은 미국보다 상대적으로 성장의 힘이 약했습니다. 이런 상황에서 미국을 따라서 마구잡이로 금리를 인상하면 성장이 크게 위축되면서 국가 경제에 치명타를 가할 수 있습니다. 이에 한국은행은 3.5퍼센트까지 기준금리를 인상한 이후 물가의 변화 등을 예의주시한 것입니다.

성장 자체도 이슈가 되지만 금리가 인상되었을 때 가장 큰 직격탄은 빚을 가진 사람들입니다. 특히 가계 부채, 그중에도 큰 금액을 차지하는 주택담보대출이 고금리에 매우 취약하죠. 참고로 한국은 주택담보대출의 약 60퍼센트 이상이 변동금리입니다. 반면 미국은 주택담보대출의 90퍼센트 이상이 10년 이상의 초장기 고정금리로 구성되어 있죠. 금리가 빠르게 인상된다면 변동금리가 큰 비중을 차지하는 한국과 고정금리 위주로 구성된 미국 중 어디가 큰 타격을 받게 될까요? 당연히 한국이 받는 충격이 강할 것입니다. 2022년 0.75퍼센트의 큰 폭 기준금리 인상을 단행했던 미국과 달리 한국은행의 기준금리 인상이 0.5퍼센트 수준에 그치자 한국은행 총재에게 왜 미국처럼 과감한 금리 인상을 하지 않느냐는 질문이 던져졌죠. 이에 대한 답이 다음의 기사에 담겨 있습니다.

우리나라는 가계 부채가 다른 어느 선진국보다 높은 수준이고 부동산 가격도 지난 2~3년보다 상당히 많이 올랐기에 금리가 오르면 가계부채에 미치는 영향, 또 부동산 가격에 미치는 영향으로 인해 금융시장 불안을 초래할 가능성을 배제하지 못한다. 그런 면에서 한국은 왜 금리를 0.75%p 인상하지 않느냐 대부분 부채가 고정금리인 미국 같은 선진국이나 가계부채가 많지 않은 곳에서 느낄 충격이 0.5%p 인상만 갖고도 충분하다고 생각하기 때문이다. 그래서 어떤 면에선 금융 안정에 미치는 영향을 보고 금리 인상을 결정 중이다. 아직까진 금리를 0.5%p 올려도 금융시장 안정에 직접 영향을 주는 수준까진 아니라는 판단에 근거해 금리를 올리고 있다.

《뉴스1》, 22. 10. 12

한국의 GDP 대비 가계 부채, 즉 국내 소득 대비 가계 부채 비율은 다른 국가들과 비교해도 상당히 높은 편입니다. 그리고 그 중심에 부동산담보대출이 있죠. 만약 과도한 속도로 금리를 인상하면 가계가 빠른 속도로 부실해지는 상황에 노출될 수 있습니다. 이로 인해 주택 가격 역시 큰 폭으로 하락하면서 주택담보대출의 대규모 부실로 인한 금융 시스템상의 충격이 현실화될 수 있죠. 그래서 한은 총재가 미국처럼 빠른 속도의 기준금리 인상 단행이 어렵다고 답한 것입니다.

자본 유출의 위험에 대처하는
환율의 자세

그럼 양국 간의 금리가 역전된 만큼 대규모 자본 유출의 위험이 현실화된 것 아닐까요? 참고로 국가 간의 자본 이동에는 금리 차이가 중요한 요소이고 자본 유출의 가능성이 일정 수준 높아지는 것은 맞지만, 금리가 역전되었다고 꼭 대규모 자본 유출로 이어지는 것은 아닙니다. 앞의 그래프 36을 다시 보시면 2021년에는 한국이 미국보다 높은 금리 수준을 유지했었죠. 이런 금리차를 환율이 소화하게 됩니다. 당시 달러원 환율은 1150원보다 약간 낮은 수준이었습니다. 그런데요, 금리차가 크게 확대되면서 미국이 한국보다 2퍼센트 높은 기준금리를 유지하는 2023년 이후의 흐름을 보시면 달러당 1300원이 일상처럼 보입니다. 네, 한국과 미국의 금리 역전이 환율의 변화로 소화된 것이죠.

2021년에 외국인 투자자가 100달러를 가지고 한국에 투자하러 들어옵니다. 당시 달러당 1150원에 환전을 해서 11만 5000원으로 투자를 하기 시작했습니다. 금리가 역전되어서 미국이 더 높은 금리를 준다기에 빠져나가려고 보니 달러원 환율이 1350원까지 올라버린 거죠. 100달러를 사려면 13만 5000원이 필요합니다. 외국인 투자자가 11만 5000원에 판 달러입니다. 이걸 13만 5000원에 되사게 되면 그 자체로 환차손이 발생하겠죠. 당장 손실이 발생하는데 바로 빠져나가게 될까요? 환율은 양국 간의 금리차를 반영하면서 자본 이동의 균형에도 영향을 미칩니다.

참고로 1997년 외환위기 당시에는 지금 보신 것처럼 환율이 금리차를 소화하는 변동환율제가 아니었죠. 고정환율제를 유지했던 시기입니다. 고정환율제이기 때문에 여전히 1150원에 달러를 살 수 있게 해준다면 외국인 투자자는 빠르게 달러를 사들여서 빠져나가고 싶지 않을까요? 그럼 이때 고정환율제를 지키기 위해 1150원의 낮은 가격으로 달러를 공급하는 주체가 있어야겠죠. 네, 바로 외환 당국이 거기에 해당됩니다. 이들은 외환보유고에 쟁여둔 달러를 쏟아내면서 1150원에 달러를 사려는 수요를 소화하게 되죠. 너도나도 빠르게 달러를 사서 나가려고 한다면 외환보유고가 빠르게 소진되고 결국 보유 외환의 부족으로 외환위기가 발생하게 됩니다. 1997년 당시 고정환율제와 지금 변동환율제의 차이를 살짝 체크해 봤습니다(권말4 참고).

어쨌든 미국과 한국의 금리 역전은 달러원 환율의 상승으로 소화되고 있습니다. 과거처럼 이런 역전이 잠시 이어지다가 끝나게 되면 환율 역시 정상으로 회귀할 가능성이 높아지죠. 미국과 한국의 금리차가 역전되는 것이 아니라 다시금 정상화된다면 말입니다. 그런데요, 앞서 보셨던 것처럼 미국의 성장세는 다른 어떤 국가보다 압도적으로 강합니다. 반면 한국은 고질적인 내수 부진이 이어지는 반면 호조세를 보이던 수출 성장에도 불안 요인이 보이기 시작했죠. 저금리를 통한 경기의 하방 방어도 중요합니다. 이런 상황에서 강한 성장세를 이어가는 미국보다 한국이 금리를 더 높게 가져가기는 쉽지 않겠죠. 그리고 미국의 압도적인 성장이 장기적으로 이어진다면 미국이 한국보다 높은 금리를 유지하는 기간이 더욱 길어지게 될 겁니다. 그럼 과거 한국이 미국보다 기준금리가 높던 그 시절로 회귀하기에는 상당히 많은 시간이 필요하다는 의미가 됩니다.

변동환율제하에서는 환율이 이런 미국과의 금리 역전 장기화를 소화하게 되죠. 그럼 만약 **미국이 한국보다 금리가 높은 상황이 장기간 이어지고, 이런 구조적 변화를 환율이 받아들이게 된다면 과거 대비 높은 환율이 장기간 이어지는 상황이 현실화될 수 있을 겁니다.** 이런 견해를 한국개발연구원(KDI)의 조동철 원장 역시 피력하고 있죠. 앞의 내용을 충분히 이해하셨다면, 그리고 앞 장에서 다루었던 중립금리의 개념을 이해하고 계신다면 다소 어렵더라도 다음 기사가 어느 정도 이해되실 겁니다.

조동철 한국개발연구원(KDI) 원장이 21일 "한국의 기준금리가 미국보다 낮은 상황은 일상적인 일이 될 것"이라고 말했다. 한국의 잠재 성장률이 하락하면서 중립적인 금리 수준이 미국보다 낮게 될 수 있다는 이유에서다. (중략) 조 원장은 한국의 잠재력이 낮아지고 있다는 점을 짚었다. 그는 "한국은 성장 잠재력 하락으로 중립금리가 내려갈 수 있는 반면 미국에선 혁신이 계속 이뤄지고 있다"며 "앞으로는 한국 기준금리가 미국보다 높아지는 상황이 뉴스가 될 것"이라고 말했다.

다만 이로 인해 한미 금리차가 계속되는 현상이 큰 문제를 일으키지는 않을 것으로 봤다. 조 원장은 "변동환율제를 채택하고 있기 때문에 환율에 미치는 영향은 크겠지만 금리 차이가 난다고 해서 과거 외환위기와 같은 일이 일어나지는 않을 것"이라고 설명했다. 그러면서 "외환위기 이후 경상수지가 매년 흑자를 나타내고 있고 순대외자산국이 됐기 때문"이라고 덧붙였다.

《한국경제》, 24. 11. 21

네, 첫 문단에서 조동철 KDI 원장은 한국보다 미국 기준금리가 높은 상황이 일상이 될 수 있다고 말하죠. 과거처럼 한국 금리가 미국보다 높은 상황이 나타난다면 하나의 (흔치 않은) 뉴스가 될 것이라고까지 말합니다. 그러나 이렇게 역전이 장기화되더라도 큰 걱정을 하지 않는 이유로 변동환율제를 언급했습니다. 이 얘기는 한국보다 미국의 금리가 높더라도 원화의 절하, 즉 달러원 환율이 상승하기에 자본 유출이 제어될 수 있다는 겁니다. 그리고 **미국과의 금리 역전이 일상화될 수 있는 만큼 달러원 환율 역시 과거 대비 한 단계 높은 레벨을 유지할 가능성이 높아졌다는 점도 유추해 볼 수 있겠죠.**

07

환율에 대한
인식의 변화

이번에는 환율을 둘러싼 세계 각국의 전쟁 같은 상황에 대해 말씀 드려 보겠습니다. 내 나라 통화 가치를 최대한 낮춰서 조금이라도 다른 나라보다 수출 경쟁에서 유리한 위치를 만들어 내고자 하는 노력, 이를 환율 전쟁이라고 봐도 무방할 것 같습니다.

환율 전쟁:
자국 통화 약세를 통한 수출 성장

어느 시장에나 두 부류의 사람이 존재합니다. 바로 '파는 사람'과

'사는 사람'이죠. 만약 경제가 어려워져서 먹고 살기가 만만치 않다면 경제 주체들은 어떤 선택을 하게 될까요? 돈은 없지만 빚을 내서 다른 사람의 물건을 구입하는 '사는 사람'이 되고 싶을까요, 아니면 최대한 내 물건을 팔아서 다른 사람의 돈을 받아 저축을 늘리는 '파는 사람'이 되고자 할까요? 당연히 후자일 겁니다. 이건 글로벌 국가들이 만들어 내는 교역시장에서도 동일합니다. 글로벌 경제가 어려운 상황에서 자국의 이익을 지키기 위해서는, 그리고 함부로 부채를 늘려서 경제 전반의 불안감을 고조시키지 않으면서 성장을 이어가기 위해서 각국은 빚 내서 다른 나라 제품을 사들이는 '수입국'이 되는 것보다 자국 제품을 판매하면서 달러를 벌어 외환보유고를 축적하는 '수출국'이 되기를 바랄 겁니다.

모든 국가들이 물건을 팔려고 경쟁한다면 자국 제품의 가격 경쟁력이 매우 중요한 요소가 되겠죠. 가격 경쟁력을 높이는 가장 좋은 방법은 기술 혁신으로 생산성을 올리는 십니다. 그럼 낮은 비용 투입으로 보다 많은 제품을 생산하면서 개당 제품의 생산 단가를 낮추게 되기에 낮은 가격으로 제품을 판매할 수 있게 되죠.

그런데요, "내일 아침까지 기술 혁신해 오세요~"라고 해서 그게 가능하다면 전 세계에 빅테크 기업이 없는 곳이 없겠죠. 이런 어려운 길보다 한결 수월한 길이 있습니다. 바로 자국 통화 가치를 낮춰서(통화 가치 절하=달러 대비 환율 상승) 내 수출품의 가격 경쟁력을 높이는 것입니다. 그래서 인위적으로 자국 통화의 가치를 낮추려는 노력이 이 책을 읽고 계시는 이 순간에도 세계 곳곳에서 이어지고 있는 겁니다. 실제 자국 통화의 드라마틱한 약세를 이용해 수출을 크게 늘리고 성장을 강화시켰던 사례는 무척이나 많죠. 대표적으로 회자되는 것이 2012년 이후 이어졌던 일본의 아베노믹스입니다.

2012년 등장한 일본의 아베 신조 총리는 이른바 무제한 양적완화의 기치를 높였습니다. 당시 동일본 대지진으로 일본 엔화가 기조적인 강세를 이어가면서 수출 성장이 무너져 내리자 무제한으로 엔화를 살포하면서 엔화의 가치를 낮춰 수출 경쟁력을 높인 전략이 그 핵심이었죠.

2012년 당시 달러당 75엔 수준이었던 달러엔 환율은 2024년 7월 달러당 162엔까지 상승했습니다. 엔 약세가 12년에 걸쳐 길게 이어지자 일본 기업들의 수출 경쟁력은 크게 제고되었고, 일본 주식시장인 니케이225 지수는 1989년 버블 경제 당시 기록했던 사상 최고치를 34년 만에 넘어서는 기염을 토했습니다. 잠시 기사를 통해 아베노믹스의 등장을 알리는 신호탄을 만나보시죠.

일본 경제 이미 침체… 힘 받는 아베노믹스

《서울경제》, 12. 12. 10

'무제한 금융완화(돈 풀기)'라는 깃발을 내건 일본의 '아베노믹스'가 본격적으로 시동을 걸기 시작했다. 일본 중앙은행인 일본은행은 올 들어 다섯 번째 국채매입기금을 증액했고, 자유민주당은 본격적인 돈 풀기에 앞서 재정 지출 상한선을 없애는 방안을 검토키로 했다. 공약으로 제시했던 추가경정 예산 편성 작업도 속도를 내고 있다. 유동성 확대를 통해 디플레이션에서 벗어나겠다는 아베 신조(安倍晋三) 자민당 총재의 구상이 하나둘 현실화하는 양상이다.

《한국경제》, 12. 12. 20

일본이 할 수 있다면 유로존도 할 수 있겠죠. 유럽은 2010년에서 2012년 사이에 재정위기로 큰 충격에 휩싸였습니다. 강한 성장을 통해 돌파구를 찾아야 하지만 빚더미 위에 앉아 있었기에 쓸 수 있는 수단도 매우 제한적이었죠. 이에 2015년, 유럽중앙은행(ECB)은 바주카포로 유로화를 살포하는 듯한 유럽식 양적완화에 돌입할 것을 선언합니다. 당시 기사 타이틀만 간단히 인용해 보죠.

ECB, 9일부터 전면 양적완화··· 성장률 전망치 상향

《이데일리》, 15. 03. 05

ECB, 정책금리 낮추고 양적완화 기간 연장

《연합뉴스》, 15. 12. 04

유럽 역시 과감한 유로화 풀기에 나서면서 빠른 유로화 약세를 유도, 부진했던 자국 경제를 수출을 중심으로 회복시켜 보겠다는 의지를 불태웠던 것이죠. 이렇게 전 세계 교역에서 큰 규모를 차지하는 주요 국가들이 자국 통화 완화로 수출을 늘려보려고 합니다. 그렇다면 이들의 적극적인 통화 약세 유도를 다른 국가들은 지켜보기만 할까요? 만약 그런다면 내 나라 수출이 깊은 부진의 늪에 빠지게 될 가능성이 높죠. 참고로 아베노믹스 이전 엔화 대비 원화 환율은 100엔당 1600원에 달했습니다.

그러나 아베노믹스 이후 10여 년 이상 이어진 엔 약세로 인해 엔원 환율은 100엔당 850원 수준까지 하락했던 바 있죠. 100엔을 사는 데 1600원이 아니라 이제는 850원만 필요한 겁니다. 그만큼 일본 제품이나 서비스의 가격이 저렴하다는 의미이고요, 그만큼 한국 대비 일본의 수출 가격 경쟁력이 높아진다는 얘기로 귀결됩니다. 다른 국가들이 자국 통화 약세의 기치를 높게 들면 들수록 상대 국가 역시 일정 수준은 자국 통화 약세로 대응할 필요가 있겠죠. '환율 전쟁'이 시작되는 겁니다.

그럼 전 세계적인 환율 전쟁 속에서 한국 원화 역시 이들 국가와 어느 정도 균형을 맞추면서 달러 대비 약세를 보일 필요가 있겠죠. 잠시 2000년 이후 글로벌 주요 선진국 통화 대비 달러 가치를 나타내는 달러 인덱스 지수 그래프를 보고 가시죠.

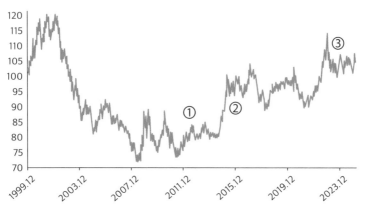

그래프 37 · 달러 인덱스 중장기 추이(1999~2023년)

자료: 블룸버그

2000년 이후 달러 인덱스 추이를 보시면 2000년대 초중반에는 중국을 중심으로 한 신흥국의 강한 성장세와 해당 국가 통화의 강세에 눌려서 일방적인 약세를 보였죠(달러 인덱스 하락). 그러나 2011~2012년을 전후해서 달러 가치는 슬금슬금 위쪽으로 방향을 틀기 시작합니다. ①번 국면에서 보시는 것처럼 아베노믹스의 시작과 함께 일본 엔화의 일방적 약세가 시작된 겁니다. 그리고 이어진 유로존의 양적완화는 유로화 약세 및 달러화 강세로 직결되었죠. ②번 국면으로 보이는 달러의 큰 폭 상승이 이런 유로화 약세를 뚜렷하게 보여줍니다. 그리고 ③번의 2022~2024년 기간을 보시면 달러 인덱스가 지난 10년 중 그 어느 기간보다도 높은 수준까지 올라와 있음을 알 수 있습니다. 달러가 강하다는 얘기는 다른 주요국 통화가 모두 달러 대비 약세를 보인다는 의미겠죠. 전 세계적으로 달러가 강하면 대부분 다른 통화는 약세를 보입니다. 그리고 몇몇 국가는 다른 국가 통화보다도 그 약세의 강도를 높이면서 수출에 도움이 되는 방법을 찾겠죠.

이런 환율 전쟁 상황에서 한국이 혼자 달러원 환율의 상승을 막는다면 어떤 일이 벌어질까요? 달러 대비 원화 가치는 안정될지 모르겠지만, 다른 나라 통화 대비 원화는 달러화와 함께 강세 압력에 노출될 겁니다. 미국은 그 자체적 소비로 성장하는 국가죠. 그리고 기축통화국이며 온갖 혁신과 풍부한 자원으로 둘러싸인 강대국입니다. 이런 미국의 달러 대비 안정을 너무 고집하게 되면 되려 한국의 강점인 수출에서의 경쟁력이 악화되는 난제에 봉착하게 될 겁니다.

2025년 1월 트럼프 행정부 제2기의 출범을 앞두고 유로존 및 영국, 호주 등을 중심으로 자국 통화 약세를 유도하는 움직임이 나타나고 있습니다. 그리고 미국 예외주의와 트럼프 행정부가 강조하는 미국 일방주의 역시 사전적으로 금융시장에 반영되면서 글로벌 전반에 걸친 달러 강세가 진행되고 있습니다. 이런 상황에서 한국 원화가 일정 수준을 목표로 하고 그 레벨의 환율을 넘지 않도록 유지하는 것은 되려 좋지 않은 선택이 될 수 있죠. 그래서 달러당 1400원을 넘어서면서 재차 환율 급등의 공포가 높아지던 2024년 11월, 한국은행 총재는 다음과 같은 코멘트를 던집니다.

다만 달러 강세가 신흥국 통화 전반에 걸쳐 나타나는 점은 다행이라고 짚었다. 그(이창용 총재)는 "특정 국가들이 약세 통화로 지목되지 않았기 때문에, 달러 강세가 그들의 경제적 약점을 반영하는 것은 아니라고 시장에서 이해하고 있다"며 "이는 어느 정도 긍정적인 신호라고 할 수 있다"고 덧붙였다.

《파이낸셜뉴스》, 24 .10. 23

기사 내용을 해석해 보겠습니다. 만약 국제 외환시장에서 달러원 환율만 1400원을 넘어 고공행진을 이어간다면 한국에서의 자본 유출을 비롯한 한국 경제 고유의 위험이 높아짐을 의미할 수 있습니다. 그러나 워낙 강한 달러를 반영하면서 다른 국가들이 모두 달러 대비 약세, 즉 환율의 상승세를 보인다면 과거 대비 높은 수준으로 올라서는 달러원 환율 역시 큰 걱정거리가 되지 않을 수 있다는 취지의 발언입니다. 달러당 1400원이라는 환율에 강한 경계감을 나타낸다기보다는 걱정스러운 눈으로 바라보되 다른 국가 전반에 걸쳐 나타난 환율의 상승이라면 조금은 다른 관점에서 바라보겠다는 정도가 되겠죠. 기존에는 달러당 1400원 환율을 넘길 때마다 환율의 쏠림을 막기 위한 외환 당국의 강한 개입 경고가 이어지곤 했지만 최근에는 약간 유연해진 듯한 모습이 엿보입니다.

환율 레벨:
환율의 마지노선이 바뀐다 (권말5 참고)

코로나19 사태 이후 달러원 환율의 레벨이 전반적으로 상승했죠. 그러나 마딧수라고 할 수 있는 1200원, 1300원 선을 넘을 때에는 외환 당국이 일방적인 쏠림에 대해 상당한 경계감을 표명하는 코멘트를 던지곤 했습니다.

외환시장은 심리에 영향을 많이 받곤 하는데요, 미국 금리 인상의 영향으로 달러가 계속해서 오를 것이라는 기대감이 커지면 달러를 미리 사두려는 가수요가 크게 증가하곤 하죠. 이는 과도한 수준으로 달러값을 튀어 오르게 하는 촉매제가 됩니다. 그리고 가수요에 의해 달러 가치가 뛰면서 달러원 환율이 급등세를 보이면, 달러가 더 오를 것이라는 두려움이 커지면서 달러에 대한 수요가 더욱 늘어나는 문제를 만들어 내죠.

그래서 외환 당국에서도 일정 수준 환율이 급등할 듯한 징후가 나타날 때 이게 극단적인 달러 매수 쏠림 혹은 달러 매도 쏠림으로 이어지지 않도록 외환시장에 개입을 하곤 합니다. 그런 개입의 대표적인 케이스가 바로 구두 경고죠. 달러원 환율이 1400원을 넘어섰던 것은 2022년 9월과 2024년 4월, 그리고 2024년 11월이었습니다. 1400원을 넘어설 때 각각의 반응을 비교해 보죠.

원달러 환율 1400원 턱밑에서 작심 구두 개입 나선 추경호 · 외환 당국

《서울신문》, 22. 09. 15

원달러 환율 1400원 시대⋯ 외환 당국, 적극 개입으로 태세 전환

《파이낸셜뉴스》, 22. 09. 18

2022년 9월 중순 달러당 1400원 선이 위협을 받자 외환 당국은 상당한 경계감을 나타내면서 적극 개입의 의지를 드러냈습니다. 물론 당시 영국 국채시장의 붕괴 위협이 현실화되고, 미국의 금리 인상 역시 과감하게 이루어지며 향후 계속해서 달러 강세가 이어질 것이라는 우려에 환율이 1445원까지 오르긴 했습니다. 하지만 1400원 레벨에서 방어 메시지를 주었다는 점에 주목할 필요가 있습니다. 이런 1400원에 대한 경계감은 2024년 4월에도 비슷하게 나타났습니다. 당시 이란과 이스라엘의 확전 우려가 커지고, 미국의 물가 상승 압력이 예상보다 끈질기다는 소식에 미국 금리 인하가 어려울 수도 있다는 기대 역시 확산되었죠. 이는 달러의 초강세, 즉 달러원 환율의 상승으로 이어집니다. 당시에도 외환 당국 관련으로는 다음과 같은 뉴스가 나왔습니다.

당국, 환율 급등에 구두 개입⋯ "외환 수급에 각별한 경계심"

《매일경제》, 24. 04. 16

《파이낸셜뉴스》, 24. 04. 17

당시에 일본 엔화도 달러 대비 큰 폭 약세를 보였고, 일본 외환 당국 역시 골머리를 앓고 있었죠. 달러원 환율도 1400원을 넘어서자 국내 외환 당국과 함께 공동 구두 개입에 나섰던 바 있습니다. 달러 강세 기대를 담은 달러에 대한 수요 쏠림을 막고자 하는 사전 경고로 해석할 수 있었죠. 그런데요, 2024년 11월 트럼프 후보 당선을 전후해서 나타난 1400원을 넘어서는 달러 강세에 대해서는 강한 경계감을 나타내는 코멘트도 있었지만 약간은 새로운 뉘앙스의 발언들을 확인할 수 있었습니다. 우선 기획재정부 장관 코멘트를 확인해 보죠.

최상목 부총리 겸 기획재정부 장관은 "펀더멘털이 강하다고 그 나라의 통화가 강한 건 아니다"라고 말했다. 주요 20개국(G20) 재무장관회의 참석 차 미국 워싱턴 D.C.를 방문 중인 최상목 부총리는 24일(현지시간) 현지에서 열린 기자 간담회에서 "환율을 결정하는 건 여러 요인이 있다"며 이같이 밝혔다. 그는 "일본 엔화 약세는 옛날보다 경쟁력이 떨어져서 나타난 것이 아니다"라며 "(환율에는) 단기적으로는 거시 정책, 중장기적으로는 물가 수준, 구매력, 경쟁력 등이 영향을 줄 수 있다"라고 설명했다. 세계국채지수(WGBI) 편입에도 불구하고 최근 1400원을 넘보는 고환율이 취약한 펀더멘털 때문이라는 일각의 의심에 선을 그은 것이다.

《연합인포맥스》, 24. 10. 25

보통 특정 국가의 경제 상황이 양호하면 그 나라 통화가 강세를 보이곤 하죠. 일본 경제가 좋다면 엔화가 강세를 보여야 할 겁니다. 이론적으로는 그런데요, 현실의 외환시장에서는 꼭 교과서처럼 이런 현상이 나타나는 것만은 아니라는 거죠. 엔화가 달러당 150엔을 넘어서면서 과거 대비 매우 약한 흐름을 이어가고 있지만 최근 일본 경제는 되려 양호한 흐름을 이어가고 있습니다. 디플레이션의 늪에서 빠져나와 지금은 인플레이션을 걱정하고, 주식시장도 34년 만에 전 고점을 넘어서는 등 호조세를 보였죠. 그래서 일본 엔화 약세 기조가 강하게 나타나지만 이게 일본 경제 자체가 나빠서 나타나는 현상은 아니라고 선을 그었습니다.

이 얘기를 한국의 케이스로 가져오면 1400원을 넘는 환율이 꼭 한국 경제의 심각성을 나타내는 것은 아니라는 의미로 해석할 수 있죠. **네, 달러원 환율이 1400원을 넘는다고 해서 외환위기를 논하고, 한국 경제의 붕괴를 논하는 과도한 해석은 경계해야 함을 강조한 것입니다.** 똑같은 환율 1400원이라고 해도 한국 경제가 무너지면서 외환위기의 시그널을 반영하며 나타나는 환율 1400원과, 일방적 강달러로 인해 다른 나라 통화가 대부분 달러 대비 약세를 나타내면서 원화 환율 역시 상승하는 환율 1400원은 성격상 차이가 있겠죠. 후자의 경우 환율 상승에 대한 경계감이 약간은 덜한 듯한 뉘앙스로 읽힙니다.

다음으로 비슷한 시기에 나온 한국은행 이창용 총재의 코멘트도 있는데요, 인용하기 전에 잠시 빌드업 과정을 거쳐보죠. 외환위기의 트라우마가 고스란히 남아 있는 우리는 환율 상승에 대한 경계감이 매우 높은 편입니다. 물론 앞서 언급한 것처럼 국가 경제가 흔들리면서 나타나는 환율의 상승이 아닐지라도 환율 상승 속도가 너무 빨라지게 되면 원유 같은 달러 표시 외국 원자재나 제품을 수입할 때 보다 많은 비용을 치루어야 합니다. 그리고 일반적으로 신흥국의 경우 달러 부채가 많은 편입니다. 신흥국은 초기 자본이 부족하고 소비력도 부족하기 때문에 내수 성장을 중심으로 한 발전을 기대하기 어렵습니다.

외국에 판매할 제품을 만들어서 수출하는 것이 성장의 지름길이죠. 외국에 판매할 수 있는 품질의 제품을 만들어 내기 위해서는 고가의 기계 설비가 필수적일 겁니다. 이런 설비는 해당 국가가 아닌 선진국에서 구입할 수 있을 것이고, 당연히 달러화로 결제가 가능할 겁니다. 신흥국이 달러를 찍을 수 없는 만큼 달러를 어딘가에서 빌려와야겠죠. 신흥국들은 내수 소비가 아닌 설비 투자와 이를 통해 생산해 낸 제품의 외국 수출을 통해 성장합니다. 이 과정에서 달러 부채가 쌓이곤 하죠.

달러 부채가 쌓였을 때 이 부채를 상환하기 위해서는 우선 달러를 구해야 할 겁니다. 그런데 만약 달러가 강세를 보이면서 달러원 환율이 상승한다면 보다 많은 원화를 지불해야 빚을 갚는 데 쓸 달러를 사들일 수 있겠죠. 네, 달러원 환율의 상승이라고 쓰고 신흥국의 부채 부담 증가라고 읽습니다.

한국 역시 과거에는 대외 부채가 상당히 많았죠. 대외 자산에 비해 대외 부채가 많았던지라 대외순채무국이었습니다. 이런 경우 달러원 환율의 급작스러운 급등은 앉은 자리에서 달러 부채를 늘려버리는 악재로 해석될 수 있습니다.

자, 이제 빌드업은 끝났습니다. 지금까지의 배경 지식을 가지고 한은 총재의 코멘트를 읽어보시죠.

다만 이 총재(이창용 총재)는 "1997년에는 원화가 하락하면 대출금을 갚아야 하고 디폴트 리스크가 있었다"며 "하지만 지금은 우리가 (채무국이 아니라) 채권자이기 때문에 실제로는 환율 하락이 대차대조표를 유리하게 만드는 효과가 있으므로 크게 걱정할 이유가 없다"고 설명했다. 달러 표시 부채가 많던 과거와 달리 달러 표시 자산이 많아 원·달러 상승에 자산 가치가 늘어나는 효과도 고려해야 한다는 얘기다.

《서울경제》, 24. 10. 23

1997년 외환위기 당시에는 대외순부채가 많았기 때문에 원화

160

가치의 하락, 즉 달러원 환율이 상승하게 되면 앉은자리에서 외화 부채의 상환 부담이 커지는 문제가 있었죠. 실제 외환위기 당시 환율이 2000원까지 상승했으니 국가 디폴트 리스크가 현실로 다가왔을 겁니다. 달러 부채를 가진 경제 주체들은 상당한 충격을 경험했겠죠. 하지만 반대로 당시에 달러 자산을 가지고 있었다면, 순식간에 뛰어오른 달러의 영향으로 거의 두 배 이상의 상당한 부를 축적할 수 있었을 겁니다.

지금의 한국은 당시와는 달리 대외순채권국의 지위가 공고하죠. 대외 채무도 존재하지만 그 채무 이상으로 대외 채권이 더 많다는 겁니다. 외국에 갚을 돈보다 받을 돈이 더 많기 때문에 달러 자산을 과거 대비 상당히 많이 보유하고 있다는 것이죠. 이런 상황에서 달러원 환율이 오르면 외국 자산의 가치가 오르게 되겠죠.

물론 채무 부담은 늘어나겠지만 그 이상으로 대외 자산의 가치 상승이 일어나기에 일정 부분 플러스 효과를 줄 수 있습니다. 물론 환율의 과도한 상승에 대해서는 경계를 해야 하지만 부작용 이외에도 긍정적인 측면도 강해졌다는 점을 언급한 겁니다. 대외순자산 관련 기사를 조금 더 읽어보죠.

우선 우리나라의 순대외금융자산은 2014년을 기준으로 플러스(+)로 전환했다. 대외 부채보다 대외 자산이 많다는 의미다. 지난해 말 기준 우리나라의 순대외자산은 7799억 달러로 역대 최대치를 기록했다. 3년 연속 최대규모를 나타냈다. 우리 기업이 해외 직접 투자를 꾸준히 이어갔고 해외 증권 투자 규모도 커진 영향이다.

환율이 높아지면 순대외금융자산을 원화로 환산했을 때 액수가 커진다. 달러-원 환율이 1300원일 때 지난해 우리나라 순대외금융자산을 원화로 환산하면 1000조 원이지만 환율이 1400원이라면 100조 원 가까이 늘어난다. 만약 순대외금융자산이 마이너스(-)였다면 갚아야 할 빚이 늘어나니 경제가 위기에 빠질 수 있지만 우리나라는 자산이 늘어나는 상황이다.

이창용 총재가 지난 금융통화위원회 기자 간담회에서 "예전에는 환율이 이렇게 올라가면 부채를 갚아야 해서 신용 리스크도 있었다. 미국 주식에 투자하신 분은 환율이 절하돼서 점심도 더 좋은 것을 드시는 분도 계실 것"이라고 말한 배경이 여기에 있다.

《연합인포맥스》, 24. 04. 17

2014년을 기준으로 한국의 순대외금융자산은 플러스로 전환했다는 얘기가 나오죠. 2023년 말 기준 7800억 달러로 역대 최대 순대외자산을 보유하고 있는 것인데요, 달러원 환율을 1300원으로 가정하고 계산하면 약 1000조 원 정도입니다. 환율이 100원 상승하게 되면 100원×7800억으로 계산하는 셈이니 약 78조 원 정도가 늘어나게 되죠. 위의 기사에서는 100조 원 가까이 늘어난다고 설명했습니다.

순대외금융자산의 증가는 기업의 외국 투자뿐 아니라 개인의 외국 주식 투자, 즉 서학개미의 증가와도 맞물려 있죠. 이들이 크게 늘어나게 되면서 순대외금융자산이 늘어난 것인데요, 달러가 강해지는 달러원 환율 상승 국면에서는 환차익까지 발생하면서 보다 흡족하고 맛있는 점심 식사를 할 수 있게 되는 겁니다. 과거와 달리 달러원 환율 상승의 수혜를 받는 경제 주체들이 크게 늘어났다는 의미가 됩니다. 순대외자산 규모는 서학개미의 증가 등과 맞물려서 지속적으로 늘어나는 추세인데요, 위의 기사가 보도된 2024년 4월 17일 이후에도 다음과 같은 기사가 이어집니다.

서학개미 열풍에… 순대외금융자산 8310억 달러 '역대 최대'

《글로벌이코노믹》, 24. 05. 22

순대외자산 9000억 달러 첫 돌파… "3분기 연속 역대 최대"

《파이낸셜뉴스》, 24. 11. 20

순대외자산이 플러스 전환된 이후 크게 늘어났다는 것은 달러원 환율의 상승으로 받는 타격이 과거에 비해 약화되었다는 의미입니다. 물론 한국 원화만 문제가 생겨서 큰 폭으로 원화 가치가 하락하는, 달러원 환율이 일방적 쏠림을 보이면서 급등하는 구도에서는 외환 당국의 조절이 필요하겠지요. 하지만 글로벌 달러 초강세로 인해 타국가 통화뿐 아니라 덩달아 달러원 환율도 상승하는 구도라면 일정 수준의 환율 상승은 감안할 수 있다는 의미로 해석할 수 있습니다. 달리 말해 달러 강세가 극단으로 치닫는다면 달러당 1400원이라는 환율이 반드시 지켜져야 할 마지노선은 아닐 수 있겠죠.

네, 과거 대비 달러원 환율의 상승을 다른 관점에서도 해석해 볼 필요가 있다는 점을 한국은행 총재 및 기획재정부 장관 코멘트를 통해 확인해 보았습니다. 달러원 환율의 상방에 대한 유연한 사고가 필요하다는 생각을 하게 되네요.

달러 환율을 바라보는
중장기적 시각 (권말2 참고)

이제 '달러가 강해진 이유'를 정리하겠습니다. 저는 우선 미국 경제가 '미국 예외주의'라는 얘기를 들을 정도로 독보적인 강세를 보이고 있다는 데 주목했습니다. 전 세계 자금이 미국으로 빨려 들어가면서 전반적인 글로벌 통화 대비 달러가 강해졌죠. 이는 달러원 환율의 상승 요인이 됩니다. 한국 경제의 가장 큰 축이라고 할 수 있는 무역에서 변화가 감지됩니다. 특히 대중 무역 적자가 그 핵심이 되는데요, 대미 무역 흑자라는 대안 역시 트럼프 행정부 제2기가 들어선 이후 상당한 도전을 받게 될 것으로 보입니다.

중장기적 관점에서 지난 20여 년간 이어졌던 구조적 무역 흑자를 통한 꾸준한 달러 유입은 달러원 환율을 안정시키는 데 큰 도움을 주었죠. 그러나 그런 무역 흑자에 구조적 변화가 생기면서 과거 대비 달러 벌이가 줄어들게 되면 안정적 흐름을 보였던 달러원 환율에 변화가 생길 것입니다. 아래 그래프를 보면서 설명을 이어보겠습니다.

1990년대 이후 달러원 환율의 장기 추이를 그린 그래프입니다. 일단 눈에 확 띄는 것이 바로 원으로 표시한 환율 급등 국면입니다. 1997년 말, 2008년 말, 그리고 2022년 10월은 달러원 환율이 급등했던 시기죠. 1997년 말은 외환위기로 달러원 환율이 2000원에, 2008년 말에는 글로벌 금융위기의 파고로 1600원에 육박했고

그래프 38 · 달러원 환율의 장기 추이(1990~2024년)

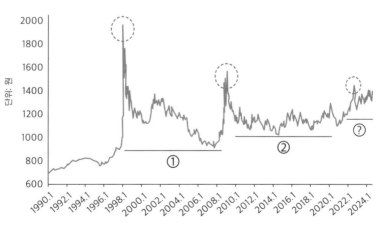

자료: 블룸버그

요, 2022년 10월에는 달러당 1445원을 기록했던 바 있죠. 그렇지만 극단적인 환율의 상승세는 빠르게 안정을 찾곤 했습니다. 특히 중국이 WTO에 가입한 2000년대를 보시면 달러원 환율이 지속 하락하며 2007년에는 달러당 900원으로 저점을 형성했죠.

네, 중국 및 신흥국 특수와 그 반대편의 미국 경제 성장에 대한 의구심이 함께 작용하면서 나타난 환율의 저점이었던 겁니다. 그러나 이후 글로벌 금융위기를 거치면서 환율이 급등세를 보였는데요, 흥미로운 것은 2010년대 들어와서는 달러원 환율이 단 하루도 세 자릿수로 내려온 적이 없었다는 점입니다. 2014년 7월 일시적으로 1000원까지 내려온 적은 있지만 그날을 저점으로 달러원 환율이 쉴 새 없이 오르기 시작했죠.

2000년대 대비 2010년대에는 달러원 환율의 저점이 높아졌습니다. 앞서 저는 미국 성장의 예외주의가 10년 이상 이어지면서 달러 강세의 공고화를 낳았다는 점을 강조했습니다. 한국의 수출이 나쁘지 않았고 미국은 세 차례에 걸친 양적완화와 제로금리로 달러를 시장에 살포했지만, 그 이면에서 셰일 오일 산업 발전 혹은 기술 혁명 등에 힘입어 차별적인 강세를 보인 미국 경제를 반영하면서 구조적인 달러 강세를 만들어 낸 것으로 보입니다. 시간이 흘러도 미국 경제의 차별적 성장세가 이어지니 다른 국가 투자자들이 미국으로 흘러 들어가기 시작하죠.

2022년 이후 나타난 달러원 환율의 한 단계 추가 레벨업은 이런 관점에서 해석이 가능하다고 생각합니다. 네, 앞서 인용했던 서영경 금통위원의 주장처럼 한국의 무역 흑자 역시 약화되고 미국으로의 투자도 크게 증가하고 있습니다. 이런 상황에서 달러원 환율이 우리에게 익숙한 1100원대 레벨로 회귀하기는 쉽지 않겠죠. 다음 장에서 다룰 허를 찌르는 일시적 달러 약세의 가능성도 있지만 구조적, 그리고 중장기적으로 달러원 환율의 상승은 하나의 추세가 될 것으로 보입니다.

지금까지 장기적 관점에서 달러가 강해져 온 이유를 말씀드렸습니다. 이런 하나하나의 원인들이 구조적 변화를 의미하고 지속적인 영향을 준다면 앞으로 10년 혹은 앞으로 20년 후에는 지금보다 높은 환율대에 또다시 익숙해지지 않을까 하는 생각을 해봅니다.

08
트럼프 2.0이
만들어 낼 달러 변동성

앞서 달러가 약했던 이유와 달러가 강해진 이유에 대해 살펴보았습니다. 아무래도 후자에 무게가 실리는 느낌이죠. 그리고 중장기적 관점에서의 구조적 변화, 이런 구조적 변화는 추세적으로 지금보다 높은 환율을 지지한다는 이야기를 했습니다. 그렇지만 보다높은 수준의 환율로 진행되는 기간 동안에도 달러가 고전하는 국면이 수시로 등장할 수 있죠. 이번 장에서는 중장기 달러 강세는유효하지만 중간중간 그런 달러의 발목을 잡을 수 있는 시나리오에 대해 살펴보겠습니다. 먼저 의외의 시나리오라는 생각을 하실수 있는데요, 트럼프 제2기 행정부가 만들어 낼 달러의 변동성을말씀드려 보겠습니다.

2024년 11월 미국 대선에서 미국 중심주의를 보다 강조하는 트럼프 후보가 당선되었죠. 앞의 중장기 전망이 완만한 달러 강세라고 한다면, 트럼프 제2기 행정부의 집권은 이런 달러 강세 기조를 더욱더 강하게 만들 것이라는 전망을 가능하게 합니다. 그럼 쉴 새 없이 달러원 환율이 상승하는 것 아닐까요? 여기서 먼저 입장 정리를 하고 갈 필요가 있을 듯합니다. **저는 달러원 환율이 중장기 관점에서 지금보다 더 높아지는 시기가 찾아오리라 생각합니다.** 그렇지만 이는 어디까지나 먼 미래를 바라보면서 구조적 변화를 짚어드린 것이고요, 트럼프 당선 이후의 4년이라는 시계를 보면 일방적인 달러 강세보다는 달러원 환율의 밴드를 크게 넓힐 것이라 생각합니다. **밴드를 넓힌다의 의미는 무엇일까요? 네, 환율의 상단이 크게 높아질 수 있지만 의외로 달러원 환율이 큰 폭으로 하락하는 높은 변동성을 보일 수도 있다는 의미로 해석하시면 됩니다.**

트럼프 제2기 행정부의
핵심 정책 '감세'와 '관세'

2016년 11월에 대통령에 당선, 2017년 1월에 취임한 후 2021년 1월까지 1차 집권을 마친 이후 바이든 행정부에 자리를 내주었던 트럼프였습니다. 와신상담을 했겠죠. 그렇게 깜짝 돌아온 트럼프 때문에 글로벌 금융시장에 거대한 파고가 나타났습니다. 특히 달러의 움직임, 즉 달러 강세가 두드러졌죠. 트럼프 취임 이전부터 달러원 환율이 큰 폭으로 상승하자 트럼프 행정부 취임 이전에도 이렇게 달러가 뛰는데 실제 취임식을 거친 이후에는 얼마나 달러가 강해지겠는가라는 주장도 힘을 얻고 있죠. 만약 여러분이 투자자라고 가정했을 때 이런 전망이 강해진다면 트럼프 취임 이후에 달러를 사야 했을까요, 아니면 미리 달러를 사두어야 했을까요?

달러원 환율이 향후 더욱 오를 것이라는 기대가 크다면 당장이라도 달러를 더 사야 할 겁니다. 미래 어느 시점에 달러를 사야 하는 투자자라면 미리 달러를 사려고 하겠죠. 그럼 미래의 수요가 현재로 당겨져 오면서 단기 수요를 폭발시키게 됩니다. 그 결과 달러원 환율이 큰 상승세를 나타낼 수 있죠. 미래의 달러원 환율 상승을 미리 당겨와서 끌어올리는 일종의 '선반영'으로 볼 수 있습니다.

여기에 대해서는 두 가지 해석이 가능하죠. 이후 트럼프 행정부가 시장이 두려워하던 것보다 더욱 강한 정책으로 밀고 나갈 때는 현 레벨에서 달러원 환율의 추가 상승이 가능해질 겁니다. 그러나 되려 시장이 걱정하는 수준보다 실제 적용되는 정책이 과도하지 않다면, 그리고 금융시장 및 트럼프의 정책 영향을 받는 국가들이 의외로 빠르게 적응을 한다면 어떨까요? 되려 당선 직후 나타났던 달러 강세가 다소 과도했다는 인식이 힘을 받으면서 달러원 환율도 되돌려질 수 있겠죠. 어느 쪽에 무게를 두어야 할지 살펴보겠습니다.

2024년 하반기, 2022년 외환시장 이벤트에 맞먹는 두 가지 이슈가 생겼죠. 하나는 미국 연준의 기준금리 인하가 시작된 것이고, 다른 하나는 트럼프 후보의 대통령 당선이었습니다. 트럼프 제2기 행정부의 핵심은 두 가지로 요약될 수 있는데 바로 '감세'와 '관세'입니다. 트럼프는 이미 대선 후보일 때부터 현행 21퍼센트 수준인 미국의 법인세를 15퍼센트까지 낮추겠다고 했습니다. 그럼 미국의 기업들은 법인세를 적게 내는 만큼 보다 많은 돈을 벌어들일 수 있겠죠. 이렇게 쌓은 현금을 주주에게 배당으로 나누어줄 겁니다. 그럼 주주들에게는 좋은 일이 될 테니, 당연히 미국 주식을 사들여서 미국 기업의 주주가 되는 게 합리적인 선택일 겁니다. 그럼 미국 주식을 사들이려는 사람들이 늘어나고, 미국 주식 가격은 천정부지로 오르게 되겠죠. 미국 주식을 가진 미국은 자산 가치가 뛰면서 보다 풍족한 소비를 할 수 있을 겁니다.

전 세계 돈이 미국 자산을 사들이기 위해 미국으로 몰립니다. 미국 투자를 위해서는 당연히 달러의 매입이 필요하겠죠. 다른 국가들의 경제는 여전히 어려운데 미국 경제는 활활 타오릅니다. 한 나라의 통화 가치는 그 나라의 힘을 반영합니다. 미국으로 몰리는 전 세계 자금, 타오르는 미국 경제, 여기에 불을 당겨주는 것이 트럼프의 감세입니다. **그럼 달러는 더욱 강해질 수밖에 없겠죠. '감세'**

라고 쓰고 '달러 강세(환율 상승)'라고 읽을 수 있는 겁니다.

다만 법인세 감세로 기업의 부담을 줄여주는 것은 좋지만 세금 수입이 줄어들면서 미국의 곳간 사정은 어려워집니다. 네, 재정 적자가 심해지는 것이죠. 재정 적자를 메우기 위해서는 더 많은 세금을 징수해야 합니다. 한쪽에서는 감세를 말하면서 다른 쪽에서 증세를 논하기는 매우 어렵죠. 그런데요, 트럼프 제2기 행정부는 감세와 증세를 함께 진행하려 합니다. 국내에서는 감세를 하고, 다른 국가에게 증세를 하는 것이죠. 다른 나라에게서 보다 많은 세금을 걷어들입니다. 바로 '관세'라는 명목으로 말이죠.

미국의 재정 적자는 현재 사상 최대 수준입니다. 이렇게 큰 적자를 메우려면 관세를 많이 징수하겠죠. 그럼 보다 많은 국가에게서, 보다 많이 받아내야 합니다. 그래서 미국과의 교역국에 전반적으로 10~20퍼센트의 '보편관세'를 부과하고, 트럼프 제1기 행정부 때부터 갈등 관계에 있었던 중국에게는 60퍼센트에 달하는 '고율관세'를 부과하겠다고 하는 겁니다.

대규모 관세를 두들겨 맞을 다른 국가들은 어떻게 될까요? 높은 관세의 충격 때문에 수출 성장이 어려워지고 달러 벌이도 힘겨워질 겁니다. 물론 부과된 관세를 수출품의 가격에 전가할 수 있겠지만 다른 국가들과 수출 경쟁이 첨예한 만큼 일정 수준은 해당 국가가 떠안아야 할 겁니다. 이를 무시하고 관세 부과된 만큼을 수출품에 전가한다면 수출이 어려워지는 문제에 봉착하겠죠. 성장이 약해진 국가, 달러의 공급이 줄어든 국가의 통화 가치는 하락하게 되겠죠. 달러는 점점 강해지는데, 관세 충격에 휩싸인 상대 국가의 통화 가치는 약해집니다. 그럼 상대적으로 달러는 이른바 '초강세'를 보이겠죠. 트럼프의 '감세' 및 '관세'는 달러 초강세에 대한 기대를 불러일으키기에 충분합니다.

트럼프의 강달러 정책, 시장의 반응은?

그럼 이미 결론이 난 건가요? '적어도 트럼프 집권 기간 중에는 달러가 강한 모습을 보일 것이고 환율은 많이 오를 것이다'와 같은 결론으로 귀결되는 것 같습니다. 그런데요, 트럼프 정책의 성격만 볼 것이 아니라 그 정책을 시장이 어떻게 받아들이는지도 주목해야 할 겁니다.

트럼프 행정부의 관세 및 감세가 미국 대선 캠페인 당시 트럼프가 언급했던 것처럼 액면 그대로 바로 시행이 될까요? 무조건 모든 국가들은 20퍼센트의 보편관세를 적용받고, 중국 역시 즉각적으로 60퍼센트의 관세 영향권에 들어가는 것일까요? 그런 정책의 강도는 국가 간의 협상을 통해 우리가 예상하는 것보다 약화될 여지가 있죠. 그리고 적용되는 시점도 즉각 적용이 아닌, 시차를 두고 각종 협상을 거친 이후가 될 수 있을 겁니다. 만약 시장이 트럼프 관세 및 감세의 최대치를 반영해 둔 것이라면 그만큼의 정책 집행이 되지 않았을 때 미리 강해졌던 달러가 일정 수준 되돌려질 수도 있을 겁니다.

참고로 2024년 1월로 시계를 되돌려 보면 모두들 미국 연준의 기준금리 인하가 빠르게 진행될 것이라는 기대를 가지고 있었죠. 2024년 3월부터 인하가 시작되어 연내 일곱 차례 기준금리 인하가 있을 것이라고 점치는 투자자들이 많았고, 채권시장에서도 일곱 차례 인하를 반영하면서 국채금리를 바닥으로 미리 끌고 내려 갔습니다. 그러나 2024년 9월이 되어서야 연준은 기준금리를 인하했고 시장이 기대했던 일곱 차례의 인하는 이루어지지 않았습니다. 시장의 기대보다 늦게, 그리고 기대보다 적은 기준금리 인하가 단행되었죠. 빠른 그리고 큰 폭의 기준금리 인하를 선반영했던 채권시장은 설레발을 치면서 너무 많이 하락했던 국채금리를 되감아 끌어올렸습니다. 연준의 금리 인하 때문에 국채금리는 내려 갈 일만 남았다고 환호했던 국채 시장이었지만, 2024년 연간 기준으로 보면 되려 연초보다 국채금리가 상승하는 기현상을 경험했습니다. 네, 연준의 빠른 기준금리 인하를 과도하게 선반영했다가 그 속도와 정도가 기대에 미치지 못하자 되돌려버린 것으로 해석하면 됩니다.

지금 사람들이 '트럼프=달러 강세(달러원 환율 상승)'라는 인식을 과도하게 하고 있다면 그런 기대에 부응하지 못했을 때 환율은 시장의 기대와는 전혀 다른 방향을 향할 수 있을 겁니다. 너무 상상에 의존해서 얘기를 하는 것처럼 느껴지실 겁니다. 그렇다면 기출문제를 한번 풀어보시죠. 트럼프 제1기 행정부 집권 동안의 달러원 환율 흐름은 보다 설득력 있는 사례가 되어줄 겁니다. 그때의 기억을 되짚어 보죠.

아직도 생생히 기억나네요. 2016년 11월 트럼프가 첫 대통령에 당선되던 그날 밤의 시장 흐름이요. 2016년 당시에는 트럼프보다는 민주당 힐러리 클린턴(Hillary Clinton) 후보의 당선 가능성을 높게 점쳤었죠. 그러나 의외로 트럼프가 당선되면서 깜짝 놀란 글로벌 금융시장이 격렬한 반응을 보였습니다. 우선 당선 직후 달러당 1140원 수준이었던 달러원 환율이 큰 폭으로 치솟으면서 불과 몇 주 만에 달러당 1210원 가까이 뛰어올랐습니다(참고로 당시에는 달러당 1200원만 넘어서도 달러 초강세라는 인식이 매우 강했습니다). 트럼프 행정부가 정식 출범하기 전부터 이렇게 달러가 강한데, 실제 대통령직을 수행하면 달러 강세는 거의 극에 달할 것 같다는 전망이 힘을 얻었죠. 트럼프 취임을 눈앞에 둔 2016년 말을 돌아보면 1250원 수준까지의 달러 환율 상승 가능성을 높게 보는 사람들이 많았습니다.

참고로 당시에도 트럼프는 중국을 비롯한 대미 무역 흑자국에 대규모 관세를 부과할 것을 주장했고, 법인세 인하가 시급하다는 얘기를 했죠. 실제 2017년에는 법인세 인하가, 그리고 2018년에는 본격적인 미중 관세 전쟁이 시작되었습니다. 정책의 강약에는 차이가 있겠지만 큰 틀에서는 현재와 매우 유사했죠. 트럼프 취임 직후 환율의 급등을 말씀드렸는데요, 이후 달러는 어떤 움직임을 보였을까요? 달러원 환율 그래프로 그 결과를 확인해 봅시다.

우선 트럼프 당선 직후가 바로 ①번 국면입니다. 이후 환율이 급등하면서 ②번 국면에서 보시는 것처럼 2017년 1월 즈음에는 환율이 1208원까지 상승했죠. 그런데요, 이상한 일이 벌어집니다. 그때의 환율을 고점으로 2017년도 내내 환율이 큰 폭으로 하락하는 모습을 보인 겁니다. 실제 그런 하락은 2018년 4월 ③번 국면까지 이어졌죠. 2017년 초부터 시작되어 1년 이상 이어진 달러원 환율의 하락, 즉 달러 약세는 비단 원화만이 아니었습니다. 전

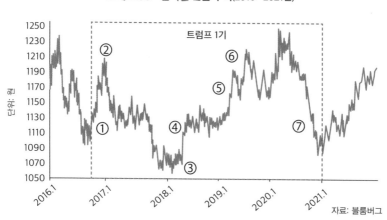

그래프 39 · 달러원 환율 추이(2016~2021년)

자료: 블룸버그

176

세계 주요 통화 대비 달러화가 일방적인 약세를 나타냈었죠. 이런 의외의 약세를 보이던 달러는 2018년 2분기부터 방향 전환을 모색합니다. 트럼프 행정부에서 중국에 대한 관세를 발표한 것이죠. 대중 관세는 세 차례에 걸쳐 발표되었는데요, 중국에 관세를 부과하자 중국은 즉각적으로 격렬한 저항에 나섰습니다. 우선 대미 보복 관세를 부과하면서 중국 위안화 가치를 떨어뜨리는 이른바 위안화 절하에 나섰죠.

조금 복잡한 말씀을 드려보면, 미국이 중국에 관세를 부과하는 이유는 중국산 수입품의 가격을 관세 부과분만큼 높여서 미국 소비자들이 중국 물건에 대한 가격 부담을 느끼게 하는 데 있습니다. 그런데요, 예를 들어 미국이 중국에 5퍼센트 관세를 부과했더니 중국이 위안화를 5퍼센트 절하하면서 대응한다고 가정해 보는 겁니다. 5퍼센트 관세를 부과해서 중국 제품의 가격을 5퍼센트 높인 것은 맞지만, 위안화가 5퍼센트 절하되면 중국 위안화 표시 제품의 가격이 5퍼센트 낮아지게 되면서 관세의 효과가 상쇄됩니다. 네, 트럼프 행정부하에서 중국에 세 차례 관세를 부과할 때마다 중국 위안화는 어김없이 약세를 보였죠.

우리나라는 대중국 교역 의존도가 높은 편입니다. 중국에 수출을 많이 하는 나라가 한국인데, 중국이 관세 충격에 휩싸이고 위안화를 절하하게 되면 한국의 대중 수출에도 타격이 가겠죠. 한국의 대중국 무역이 약해지면 한국의 무역 흑자가 줄어들게 됩니다. 한국으로 달러 유입, 즉 달러 공급이 축소되면서 달러는 원화 대비 강세를 보이게 됩니다. 네, 대중 관세 부과와 충격이 고스란히 원화 가치에 전달되면서 그래프 39의 ④, ⑤, ⑥번 국면에서 보이는 것처럼 달러원 환율이 상승하게 되죠. 당시 미국의 대중 관세 부과에 중국이 격렬하게 저항하자 이후 트럼프 행정부에서는 50퍼센트의 고율관세를 부과하겠다는 원래의 방향을 수정, 미중 무역 협상에 돌입합니다. 이후 중국이 2000억 달러 상당의 미국 제품을 사는 것으로 합의하면서 해당 협상은 종료되었죠. 참고로 추가 관세 부과가 아닌 무역 협상 기간에는 중국 위안화를 비롯한 원화 환율 역시 안정적 흐름을 이어갔습니다.

마지막 ⑦번 국면을 보시면 2020년에 달러원 환율이 극단적으로 하락합니다(달러 약세). 코로나19의 충격에서 벗어나고자 미국이 전 세계에서 가장 적극적으로 달러를 풀면서 나타난 극단적 달러 약세 현상입니다. ⑦번 국면은 코로나19라는 특수성이 있는 만큼 논의로 하고 ①에서 ⑥까지를 돌아보면 실제 달러원 환율이 초기에는 큰 폭 상승, 이후에는 큰 폭 하락 그리고 되돌려졌음을 읽어낼 수 있을 겁니다.

그럼 결론적으로 트럼프 제1기에서 달러는 어떻게 움직였다고 정리할 수 있을까요? 강세라고 하기에도 어렵고, 약세라고 답하기도 쉽지 않네요. 참 애매한 듯합니다. 물론 트럼프 제1기 당시의 흐름이 트럼프 제2기의 4년 동안 그대로 재현된다고 할 수는 없겠지만 적어도 일방적인 달러 강세를 주장하기에는 무언가 석연치 않은 느낌을 주는 것이 사실입니다. 그럼 달러 약세를 만들어 낼 수 있는 의외의 무언가가 있지 않을까요?

트럼프 제2기, 제1기와는 다른 환율 정책이 필요하다

트럼프 제2기 행정부는 제1기와는 달리 다소 어려운 환경 속에서 시작합니다. 트럼프 제1기가 출범할 당시에는 기존 버락 오바마 (Barack Obama) 행정부에서 미국의 재정 적자를 상당 수준 줄여놓 았죠. 재정 적자 부담이 매우 적었기에 과감한 법인세 인하를 통 해 경기 부양에 나설 수 있었습니다.

그러나 제2기 행정부가 출범하는 2025년 1월은 기존 트럼프 제1기 때부터 코로나19 팬데믹을 거치면서 쌓인 대규모 재정 적 자와 경기 침체에서 벗어나고자 바이든 행정부가 과감하게 대응 한 재정 지출로 쌓여버린 재정 적자까지 사상 최대 수준의 빚더미 가 쌓여 있습니다. 이런 상황에서 트럼프가 공약에서 제시한 것처 럼 과감한 감세 정책을 시행하기에는 부담이 따를 수 있겠죠.

관세를 부과하여 다른 나라에서 세금을 걷어들이면 된다고 생 각할 수도 있지만 두 가지가 문제입니다. 우선 다른 국가의 격렬한 저항을 생각해 볼 수 있죠. 앞서 미·중 무역전쟁 당시 관세를 인상한 만큼 보복 관세를 부과하면서 위안화 절하로 대응했던 중국의 케이스를 다른 국가들도 익히 기억하고 있을 겁니다. 이렇게 직접적인 저항을 통해 협상으로 이어지게 된다면 트럼프 행정부의 기대만큼 관세를 부과하기 어려워질 수 있겠죠. 하나 더, 관세의 부과는 수입 물가의 상승으로 이어지게 됩니다. 트럼프 행정부 제2기는 제1기 때보다 훨씬 더 많은 관세를 부과하게 될 텐데요, 이는 제1기 행정부 당시보다 수입 물가 상승으로 인한 물가 상승, 즉 인플레이션을 자극하는 요인이 될 수 있습니다.

현재 미국 경제는 트럼프 제1기 때와는 달리 40년 만의 인플레이션으로 수년간 홍역을 치렀습니다. 40년간 인플레이션을 몰랐던 사람과 거대한 인플레이션의 부담을 직접 겪은 사람이 당장 눈앞에 다가온 물가 상승을 바라보는 시각은 사뭇 다르겠죠.

네, 관세 부과가 미국 내 인플레이션 압력을 재차 높이는 악재로 작용할 수 있습니다. 참고로 트럼프 행정부 승리의 요인 중 가장 중요한 것이 바이든 행정부 당시 오랜 기간 이어진 인플레이션이었죠. 트럼프 행정부도 이 부분을 당연히 인지하고 있을 겁니다. 트럼프 행정부 제2기의 새로운 재무장관 스콧 베센트(Scott Bessent)의 인터뷰에서 중요한 포인트를 잡아낼 수 있습니다.

17일(현지시간) 마켓워치에 따르면 헤지펀드 매니저 <u>스콧 베센트는 트럼프</u> <u>집권 제2기 인플레이션 전망에 대해 "터무니없다고 생각한다"고 일축했다.</u> 그는 "트럼프 1.0(트럼프 집권 1기)에서 무슨 일이 일어났는지 봤다"며 "인플 레이션은 1.9%였다"고 말했다. 베센트는 트럼프 제2기 행정부의 재무장관 하마평에 오른 인물이다. (중략) 그러나 <u>베센트는 "지금 나오는 전망은 관세</u> <u>가 집권 첫날부터 모두 부과된다는 가정에 따른 것"이라며 "관세는 단계적</u> <u>으로 부과될 것이 분명하다"고 지적했다.</u>

《한국경제》, 24 .07. 18

우선 베센트는 트럼프 행정부 관세로 물가가 크게 오를 수 있다 는 데 대해 터무니없다고 반박했습니다. 실제로 트럼프 집권기 동 안 미국의 소비자 물가상승률은 평균 1.9퍼센트 수준에 머무르며 미국 연준의 2퍼센트의 물가 목표 수준을 하회한 바 있습니다. 참 고로 이후 바이든 행정부의 소비자 물가상승률은 2021년 3월 연 준의 목표치인 2퍼센트를 넘어선 이후 상당 기간 목표 범위로 돌 아가지 못하고 있습니다. 베센트는 이번 대규모 관세 예고에 나오 는 비판에 대해서도 코멘트를 했습니다. 트럼프가 대통령으로 취 임하는 그날부터 목표로 하는 최고 관세율을 부과한다고 가정하 면 물가를 자극할 수도 있지만 어디까지나 단계적으로 진행될 것 이 분명하다고 강조했습니다. 네, 대규모 관세 플랜이 과격하게 밀어붙이기 식으로 진행되는 게 아니라 협상의 여지를 두면서 점진적으로 진행된다는 점을 직접 언급한 겁니다. 베센트의 또 다른 코멘트도 읽어보죠.

> 베센트는 트럼프 전 대통령을 "결국은 자유주의자"라고 평가했다. 모든 수입품에 최대 20% 관세를 부과한다는 보편관세 공약을 옹호하면서도 "이는 '확전 후 축소(escalate to de-escalate)' 전략"이라고 설명했다. 이는 핵무장을 통해 상호확증파괴에 대한 공포를 조성해 군사적 긴장감을 낮춘다는 냉전 시대 군사용어다. 트럼프 전 대통령 역시 관세 장벽을 세워 협상력을 높인 뒤 각국에 무역 규제 완화를 촉구할 계획이라는 뜻으로 풀이된다.
>
> 《한국경제》, 24. 10. 14

매우 중요한 내용이 담겨 있습니다. 베센트는 모든 수입품에 보편관세 20퍼센트를 부과한다고 하면서도, 20퍼센트는 최대치라고 말하죠. 일단 20퍼센트로 관세를 부과해야 상대 국가가 깜짝 놀라서 협상 테이블로 달려온다는 의미입니다. 그럼 협상을 통해 현재 미국이 상대편 국가에게 겪고 있는 대규모 무역 적자를 되돌리는 방안을 찾겠죠. 결국 목적은 관세 그 자체에 있는 것이 아니라 미국의 무역 적자를 줄이는 데 있습니다. 관세를 20퍼센트 부과한다고 예고하면서 협상을 진행하고, 유리하게 협상이 끝나면 관세율을 일정 수준 낮춰주는 일종의 거래의 기술이라고 베센트는 말하고 있는 겁니다. 위의 인용문에서 보시는 '확전 후 축소(escalate to de-escalate)'라는 단어는 향후 트럼프 제2기 행정부의 관세 부과 스탠스가 어떠할지를 보여주는 핵심 표현일 것입니다.

그럼 과격한 관세 부과가 집권 초부터 계속해서 이어진다는 의미일까요? 그게 아니라 점진적으로 이어질 것이고, 협상에 의해서 어느 정도 적절한 균형을 찾겠다는 의미가 됩니다. 그럼 최대치 관세 부과에 비해 물가에 미치는 압력은 크지 않겠죠. 베센트의 이런 주장은 트럼프 제1기 행정부의 무역 정책 프레임워크를 짰던 당시 USTR(미국 무역 대표부)의 수장 로버트 라이트하이저(Robert Lighthizer)의 주장과도 일맥상통합니다. 라이트하이저는 본인의 최신 저서 『자유무역이라는 환상』(마르코폴로, 2024)에서 관세 부과에 대해 다음과 같이 말합니다.

마지막으로 수입품에 관세를 부과하여 균형 잡힌 무역을 달성할 수 있다. 균형을 이룰 때까지 모든 수입품에 매년 점진적으로 높은 비율로 관세를 부과할 수 있다. 균형을 이루면 그 균형을 유지하는 최저 수준까지 관세를 낮출 수 있다. 이러한 접근 방식은 달러의 고평가와 해외의 불공정한 시스템을 효과적으로 상쇄할 수 있다.

로버트 라이트하이저 저, 이현정 역, 『자유무역이라는 환상』, 429~431쪽

네, 수출품에 점진적으로 관세를 부과한다는 말이 나오죠. 점진적 부과는 급격한 관세 부과로 인한 부작용을 감안한 진행입니다. 관세가 높아지면 상대국에서 해당 관세를 그대로 맞거나 아니면 미국의 적자 기조를 줄일 수 있는 방법을 제시하며 협상을 시도하겠죠. 미국의 무역 적자를 줄일 수 있는 균형점을 찾으면 그런 균형을 유지할 수 있는 최저 레벨로 관세를 낮추겠다는 뜻입니다. 스콧 베센트의 말처럼 협상을 유리하게 이끌기 위해 높은 관세를 제시하고 이후 이를 낮추는 전략으로 볼 수 있겠죠. 베센트와 라이트하이저의 발언을 토대로 보면 트럼프 행정부 내부에서도 일정 수준 시장이 우려하는 관세의 문제점에 대해 인식하고 있으며, 경제를 박살낼 정도 혹은 그런 속도로 진행하지는 않을 것임을 알 수 있습니다.

아울러 각국별 협상의 관점 역시 고려해 볼 수 있습니다. 동맹국 혹은 우방국에도 10~20퍼센트의 보편관세를 부과한다고 하지만 20퍼센트라는 숫자는 최대치라고 했죠. 각국별로 최대치의 관세율을 피하기 위해 미국과 적극적인 협상을 진행할 겁니다. 트럼프 제1기 행정부 당시 한국은 미국과 한미 FTA 재협상을 진행했던 바 있죠. 한국뿐 아니라 미국과 교역을 하는 유로존이나 멕시코 등도 재협상의 파고를 피할 수 없었습니다. 다만 긍정적이었던 것은 한국의 외교팀이 그 어느 국가보다 빠르게 한미 FTA 재협상을 끝냈다는 겁니다. 당시 트럼프 행정부에서는 꽤 많은 국가들과의 협상을 앞두고 한국과의 재협상을 빠르게, 그리고 기존보다 약간이라도 더 유리하게 마치게 된 데 만족감을 나타냈었죠. 그리고 한국 정부는 미국 행정부가 제시했던 여러 가지 재협상 조항 중 최소한을 수용하면서 효과적으로 종료할 수 있었습니다. 그렇지만 미국에 대한 대응이 늦었던 국가들은 어려운 조건으로 협상을 이끌어갈 수밖에 없었죠. 잠시 트럼프 제1기 행정부 당시 통상본부장을 지냈던 유명희 교수의 인터뷰를 인용해 보죠. 제2기 트럼프 행정부와의 협상에서 우리는 어떤 대응 전략을 써야 하는지 질문하는 기자에게 다음과 같이 답합니다.

2017년 우리는 미국 요구에 최대한 빨리 응해 3개월 만에 협상을 타결지었다. 중간 선거 전에 트럼프 행정부에 '작은 승리'를 주고 실속을 차리는 게 낫다는 판단 결과였다. 시간을 끌었던 미국·캐나다·멕시코협정(USMCA)에서 멕시코는 훨씬 불리한 협상 결과를 받아들였다.

《한국경제》, 24. 11. 07

제1기 행정부 당시 한국은 다른 국가들보다 빠른 대응에 나섰고 성공적으로 협상을 마무리했습니다. 당시 협상에서 미국이 얻어낸 것은 적었지만 신속한 협상 타결로 '작은 승리'를 얻어낼 수 있었죠. 신속한 대응이 한미 양국 모두에게 도움을 주었던 겁니다.

제1기의 경험이 있으니 제2기에도 그런 경험을 더욱 살릴 수 있겠죠. 좋은 조건으로 신속하게 협상이 타결된다면 국가별로 부과되는 관세율도 다르게 형성될 겁니다. 최대치가 20퍼센트일 뿐이죠. 그럼 트럼프 정책에 의해 보다 큰 타격을 받는 국가와 상대적으로 덜 얻어맞는 국가의 차이가 생겨나겠죠. 환율에서도 국가별로 차별화된 양상이 예상됩니다.

그런데요, 만약 이렇게 국가별로 협상이 진행되는 과정에서 예상보다 관세를 많이 걷지 못한다면 세계 경제 및 교역에 미치는 충격은 완화될 수 있겠지만 미국의 거대한 재정 적자를 줄이기가 만만치 않을 겁니다. 다른 나라에서 관세를 받아서 자국 감세에 쓰겠다고 말했지만 관세를 예상한 만큼 걷지 못한다면 트럼프 행정부의 강력한 감세 역시 다소 축소될 가능성이 있죠. 관련해서 기사 하나 읽고 가시죠.

미국 공화당, 막상 감세 착수해 보니… 막대한 재정 적자 부담

미국 공화당이 도널드 트럼프 대통령 당선인의 대표 공약인 '감세' 정책 현실화를 위한 논의에 착수했다. 하지만 감세 시행 시 재정적 부담이 막대한 것으로 분석돼 감세 규모 축소 등 다양한 방안을 놓고 고심에 들어갔다. (중략) 하지만 시뮬레이션 결과 모든 공약을 시행하기 위해서는 막대한 재정 지출이 필요하다는 결론을 내고 감세안 세부안을 놓고 고심하고 있는 것으로 알려졌다. 공화당은 특히 내년 만료 예정인 세금 감면 조치의 연장 여부를 놓고 고심하고 있는 것으로 알려졌다. 이 조치는 2017년 트럼프 제1기 행정부가 추진한 것으로 모든 감면 조치를 연장할 경우 10년 동안 약 4조 달러(약 5548조 원)의 비용이 발생할 것이란 미 의회 예산국 분석 결과가 나왔기 때문이다. 이 때문에 공화당 안팎에서는 감세 공약 추진에 의해 미국 부채가 수조 달러 더 추가될 수 있다는 우려도 적지 않은 상황이다. 이에 공화당 내에서는 트럼프 당선인의 감세 공약에 대한 수정이 필요하다는 목소리가 커지고 있다. 공화당이 상·하원을 모두 장악해 트럼프 당선인의 감세 공약 처리에 제한이 없지만, 공화당 내 재무 전문가들을 중심으로 공화당이 트럼프 당선인에게 상한선은 정해줘야 한다는 목소리가 나오고 있다고 공화당 관계자는 전했다. 감세 공약 수정 가능성도 제기되고 있다. 감세 대상을 좁히거나 비과세 혜택의 소득 한도를 높이는 식이다.

《문화일보》, 24. 11. 08

트럼프 당선 이후에 대규모 감세를 해주려고 검토해 보니까 재정 적자가 너무 심해서 원안대로 감세를 해주기가 만만치 않을 것이라는 내용을 담고 있죠. 관세를 원안대로 걷지 못하고, 감세도 원안대로 진행하지 못할 가능성이 있다는 겁니다. 앞서 감세와 관세는 미국의 강한 성장을 자극하고 다른 나라에 대한 압박을 강화하는 역할을 함으로써 달러의 강세를 촉발한다는 설명을 드렸습니다. 물론 시장의 기대치가 어느 정도인지 가늠하기는 어렵습니다. 하지만 감세 및 관세의 진행이 계획만큼 원활하지 않다면 그리고 시장 참여자들의 트럼프 행정부 정책에 대한 기대가 과도한 수준으로 진행되었다면 그런 기대에 부응하지 못하는 만큼 달러 강세가 되돌려지는 흐름 역시 생각해 볼 수 있겠죠.

미국의 무역 적자 해소, 미국만으로는 안 된다

마지막으로 트럼프 행정부에서 추구하는 정책의 목적은 무역 적자의 해소입니다. 관세, 혹은 달러 강세 등의 정책은 무역 적자 해소라는 궁극적 목적을 달성하기 위한 수단이 되겠죠. 무역 적자를 해소하기 위해서는 무역 상대국으로부터의 수입을 줄여야 합니다. 그런데 상대 국가의 제품 가격이 워낙 저렴하고 가성비도 끝장이라면 수입을 줄이는 게 만만치 않겠죠. 이럴 때 관세를 대규모로 부과하게 되는 겁니다. 관세 부과로 상대국 제품의 수입을 일정 수준 제한하면서 무역 적자가 추가로 커지는 것을 막을 수 있습니다.

관세 부과 이외에도 다른 카드가 있는데요, 바로 달러 약세 카드입니다. 달러가 약세를 나타내면 상대 국가 통화는 강해지게 됩니다. 이 경우 상대 국가에서 수입하는 가격이 높아지는 문제가 생기죠. 그럼 달러 약세로 인해 상대 국가 제품의 가격 경쟁력이 훼손되는 셈이니 해당 제품의 추가 매입이 크게 줄어들면서 계속해서 늘어나는 무역 적자가 추가로 확대되는 것을 막을 수 있습니다. 그런데요, 달러 약세 혹은 관세 등은 무역 적자의 추가 확대를 막는 카드는 될 수 있지만 이미 커져 있는 무역 적자를 줄이는 데는 한계가 있습니다. 추가로 무역 적자가 늘어나는 것을 막는 것과 무역 적자를 줄여서 제로로 되돌리는 것은 엄연한 차이가 있죠. 이렇게 무역 적자가 늘어나는 방향을 반대로 되돌려서 줄여 나가려면 상대 국가가 대규모로 미국의 제품을 사줘야 합니다.

미국 제품을 대규모로 사들여 미국의 무역 적자를 감축시키기 위해서는 상대 국가 역시 일정 수준 소비를 할 여력이 있어야 할 겁니다. 네, 일정 수준의 부(富)가 전제되어야 한다는 것이죠. 다른 국가를 모두 가난하게 만들고 미국 혼자만 강한 성장을 이어가면 기존부터 추세적으로 늘어나는 대규모 무역 적자를 해소하기 어려워집니다.

국제 금융시장에는 '양털깎이'라는 말이 있습니다. 갓 태어난 양의 털을 깎으려고 해봤자 털을 많이 얻어낼 수 없겠죠. 오히려 양을 잘 키워 복실복실 온몸에 털이 많이 자랐을 때 한 번에 양털을 깎는 방법이 가장 현명할 겁니다. 국제 금융시장의 양털깎이는 이런 맥락에서 진행되곤 합니다. 우선적으로 상대국의 내수 성장을 유도한 이후, 그렇게 크게 성장한 국가에 대규모 수출을 진행하여 무역 적자를 빠르게 줄이는 방법을 고려할 수 있겠죠. 과거

1980년대 일본의 케이스가 이를 설명하는 좋은 사례가 될 수 있습니다.

1980년대 미국 로널드 레이건(Ronald Reagan) 행정부 당시 가장 큰 문제가 된 것은 일본과 서독의 빠른 부상이었습니다. 이들 국가의 제조업이 워낙 강했을 뿐 아니라 철강, 반도체, 자동차 등 핵심 산업 분야에서 빠르게 미국 기업들의 경쟁력을 잠식해 갔죠. 일본이나 서독은 경쟁력 있는 제조업 수출로 빠르게 흑자를 늘려갔고, 그 반대편에 있는 미국은 적자를 크게 늘려가기 시작했습니다. 당시 미국은 거대한 무역 및 재정 적자에 시달렸죠. 미국은 이렇게 쌓인 대규모 무역 적자의 해소를 위해 일본, 서독 등을 모아 미국 뉴욕의 플라자 호텔에서 G5 정상회담을 열었습니다. 이게 1985년 9월의 플라자합의였습니다. 이 합의에서는 너무 빠르게 증가하는 미국의 대일 무역 적자를 줄여야 한다는 데 초점을 맞췄고 일본 엔화 가치의 폭력적인 절상에 합의하게 됩니다. 당시 달러당 250엔에 달했던 달러엔 환율이 불과 1년 만에 120엔 수준으로 하락(엔화 초강세)하죠. 달러엔 환율이 반 토막이 났다는 것은 일본 엔화 표시 제품 가격이 거의 두 배로 뛰어올랐다는 의미가 됩니다. 일본의 대미 수출 성장이 가로막히면서 미국의 대일 무역 적자 증가세는 주춤해졌죠.

미국의 목표는 현재의 무역 적자가 더 늘어나는 것을 막는 데 그치지 않았죠. 계속해서 늘어나는 대규모 무역 적자를 줄이는 것이 핵심이었습니다. 그래서 이후 프랑스 루브르에서 주요 국가들을 모아 1987년 2월 루브르합의를 하게 되죠. 루브르합의에서는 엔화의 폭력적 절상보다는 일본이 내수 소비를 키우는 데 초점을 맞춥니다. 이에 일본은 내수 성장을 도모하고자 금리를 인하하고 각종 부동산 투자 관련 규제들을 완화시키게 되죠. 그 이후는 아시는 것처럼 일본의 거대한 부동산 버블 형성으로 이어집니다. 일본의 버블 경제는 거대한 일본의 소비 수요를 만들어 내면서 미국의 제품들을 사들이게 됩니다. 아래 그래프 40을 보시죠.

1978년부터 1992년까지 미국 무역 적자 추이를 그린 그래프입니다. 1980년대 초반부터 무역 적자가 심화되었는데요, 1985년 중반을 지나면서 무역 적자 증가 추세가 거의 멈추는 것을 보실

그래프 40 · 미국 무역수지 추이(1978~1992년)

자료: 트레이딩 이코노믹스

수 있을 겁니다. 네, 플라자합의의 효과였겠죠. 그리고 1987년 초 루브르합의를 거친 이후 1987년 하반기부터는 누적된 무역 적자가 빠르게 줄어드는 것을 볼 수 있습니다. 일본의 케이스를 보시면 무역 적자의 감축을 위해서는 상대국 통화의 강세(달러 약세)뿐 아니라 상대 국가의 미국 제품 수입 확대도 필요하다는 점을 알 수 있죠. 무역 적자를 줄이려는 트럼프 제2기 행정부에서도 다른 국가들의 성장이 나타날 공간이 있음을 어느 정도 엿볼 수 있을 겁니다.

무역 적자의 감축을 위해 미국은 상대 국가의 소비 여력을 키울 방법에 대해서도 고민하게 되겠죠. 그리고 그 과정에서 관세 혹은 달러 약세 등의 옵션을 유연하게 사용할 겁니다. 달러 약세 옵션이 존재한다면 '트럼프=일방적 달러 강세'라는 가정과는 정반대의 상황이 나타날 수 있습니다. 마치 앞서 말씀드린 트럼프 제1기 행정부에서 2017년 히를 찌르는 달러 약세가 나타난 것처럼요. 그러니까 의외의 달러원 환율 하락 가능성도 염두에 둘 필요가 있습니다. 이런 내용을 담은 기사 타이틀 몇 개 확인해 보시죠.

트럼프, '기록적 엔저, 미국에 대재앙'… 재집권 땐 '제2 플라자합의' 추진 시사

《동아일보》, 24. 04. 25

"트럼프 경제 참모, 달러 가치 절하 구상", 제2의 플라자합의? - "재무장관

후보 라이트하이저, 과대 평가된 달러를 무역 적자 원인으로 봐” 라이트하

이저, 책에서 수입품 관세 · 외국인 투자금에 수수료 등 제안

《연합뉴스》, 24. 04. 16

옵스펠드 "트럼프, '약(弱)달러' 제2플라자합의 추진 가능성"

《중앙일보》, 24. 10. 23

이미 트럼프 당선 이전부터 제2의 플라자합의 얘기가 흘러나오
고 있습니다. 물론 플라자합의 당시처럼 특정 국가 통화가 두 배
로 절상되지는 못하겠지만 미국이 전방위적인 달러 약세 압력을
가할 가능성은 높다고 생각합니다. 트럼프 당선 직후 한 언론사에
서 인터뷰한 여한구 전 통상교섭본부장의 코멘트에서도 그 가능
성을 엿볼 수 있죠.

제2의 플라자합의가 나올 가능성이 있다. 관세만으로는 미국의 무역 적자
를 줄이기 힘들다는 건 트럼프 경제팀도 인지하고 있을 것이다. 따라서 환
율 카드를 활용하려고 할 것이다. 1985년 플라자합의 때 엔화 가치가 2배
절상되지 않았나. 실제 트럼프 경제팀 내부적으로 (달러 가치 하락을 유도하는)
충격 요법을 심각하게 논의 중인 것으로 안다.

《매일경제》, 24. 11. 10

그런데요, 여기서 이런 질문이 나올 수 있습니다. '미국이 무역
적자를 해소하기 위해 달러의 약세를 원한다는 것은 이해가 되지
만 무슨 수로 자유시장 경제에서 달러 강세 기조를 반대로 꺾을
수 있겠는가?'라는 질문이 바로 그것이죠. 실제 트럼프 행정부의
무역 정책 관련 밑그림을 그린 라이트하이저 역시 외환시장의 규
모가 1985년 플라자합의를 단행할 당시보다 훨씬 커졌기 때문에
각국 정부가 합심을 해도 플라자합의 정도의 환율 변화를 유도하
기는 쉽지 않다는 코멘트를 했던 바 있죠.

그렇다면 어떤 방법을 사용할 수 있을까요? 우선 미국 연준이
기준금리를 시장의 예상보다 크게 낮추는 방법이 있을 겁니다. 금
리가 많이 내려가면 달러 보유 매력이 크게 줄어들기 때문에 달러
약세의 유도가 가능할 겁니다. 실제 라이트하이저 역시 다음과 같
이 코멘트를 했죠.

전 미 USTR 대표, "연준, 금리 낮춰 달러 유입 억제할 수 있어"

《연합인포맥스》, 24. 05. 15

네, 실제 트럼프 제1기 행정부에서도 2019년 무역전쟁으로 인
해 미국 경기가 둔화될 때, 그리고 코로나19의 충격이 커졌을 때
연준에게 조속히 금리를 인하할 것을 종용했던 바 있죠. 제2기 행

정부에서도 달러 약세 유도를 위한 차원에서 연준의 금리 인하를 요구할 가능성이 있습니다.

그런데요, 앞서 달러가 강해진 이유에서 저는 미국 예외주의를 말씀드린 바 있습니다. 미국의 금리 인하 때문에 미국 자산시장이 더욱 뜨거워지고, 미국 경제가 더욱 강해진다는 기대감이 되려 커진다면 미국으로 외국 자금이 쏠리면서 금리 인하에도 불구하고 달러가 되려 강해지는 예상 외의 흐름이 나타날 수도 있죠. 라이트하이저 역시 이런 케이스에 대해서 어느 정도 인지하고 있습니다. 그의 저서 『자유무역이라는 환상』에는 다음과 같은 얘기가 담겨 있습니다.

비달러 경제권 간의 무역을 위해 달러를 많이 사들이고 있다. 이는 달러에 대한 수요를 창출하고 가격을 상승시킨다. 설상가상으로 일부 국가는 경제적 이점을 얻기 위해 자국 통화를 조작하기도 한다. 이를 통해 무역 흑자를 더 쉽게 달성하고, 제조업 부문을 발전시킬 수 있다. 많은 국가가 이를 활용한다. 일본과 중국도 때때로 이 기법을 사용했다. 궁극적인 원인이 무엇이라고 결론을 내리든, 분명한 것은 미국이 고평가된 통화를 가지고 있다는 것이다. (중략) 또 다른 접근 방식은 미국으로 들어오는 투자 자금에 대해 시장 접근 수수료를 부과한다는 의미다. 달러 수요가 많은 시기에는 세금이 부과되어 외국 자본 수익률을 낮춤으로써 달러에 대한 외국인 수요를 조절할 수 있다는 개념이다. 그러면 자연히 우리의 통화 가치가 하락하게 된다.

외국 자본이 무역 흑자 달러를 미국으로 가져올 때 세금이 없을 때보다 우리 자산을 더 적게 구매하게 된다. 시간이 흐르면 이 시장 접근 수수료가 균형 잡힌 글로벌 거래 시스템을 만드는 데도 도움이 될 것이다.

로버트 라이트하이저 저, 이현정 역, 『자유무역이라는 환상』, 429~431쪽

첫 문단에서 라이트하이저는 지속적으로 작용하는 달러에 대한 수요가 달러 강세를 유지시킨다는 주장을 펼치죠. 이외에도 각국이 자국의 제조업 수출을 늘리기 위해 인위적으로 자국 통화 약세를 유도한다고도 언급합니다. 그러나 미국 경제 자체가 튼튼하고 미국 달러화가 국제통화인 관계로 달러 수요가 계속해서 강한 상태를 유지한다면, 달러 강세를 꺾기는 쉽지 않겠죠. 이에 두 번째 문단에서는 미국으로 유입되는 외국 자본에 대한 통제까지 언급하죠. 미국으로 들어오는 투자자금 자체에 일정 수준의 과세를 하는 겁니다. 그럼 미국으로 유입되는 자금이 줄어들게 될 테니, 달러 자산을 사려는 수요도 약화되면서 달러 가치가 하락하는 상황이 만들어질 수 있죠. 물론 이런 정책들이 실제로 적용될지는 의문이지만 달러 강세가 과도하게 이어질 경우 사용될 수 있는 카드들 중 하나로 생각해 볼 수 있을 겁니다. 네, 달러 약세를 원한다면 그쪽으로 방향을 선회할 수 있는 어느 정도의 수단은 있다는 의미로 해석하면 되겠죠.

트럼프 제2기 행정부 관련 이슈들을 정리해 보겠습니다. 트럼

프 제2기를 바라보는 시장의 시각은 대부분 '달러의 강세', 즉 달러원 환율의 상승에 집중되어 있습니다. 그러나 트럼프 행정부의 궁극적인 목적인 무역 적자의 해소를 감안한다면 달러 강세는 좋은 옵션이 될 수 없죠. 미국으로의 강한 성장 쏠림은 달러 강세를 계속해서 자극하며 달러원 환율의 상단을 더욱 높일 것으로 보입니다. 그러나 무역 적자 해소 차원에서 미국은 대미 무역 흑자를 대규모로 기록하고 있는 교역국에게 자국 통화 강세, 즉 달러 약세를 수시로 요구하겠죠. **이렇게 되면 달러원 환율이 강달러로 방향을 잡고 그대로 밀고 나간다기보다 달러의 상하방 떨림이 보다 크게 나타나는, 이른바 환율의 변동성이 높아지는 그림이 나타날 가능성이 높습니다.** 네, '트럼프 제2기 행정부'라고 쓰고 '달러원 환율의 변동성 확대'라고 읽으면 됩니다.

닷컴버블의 교훈

트럼프의 케이스는 다소 의외라고 할 수 있습니다. 미국 일방주의가 낳을 수 있는 달러의 강세와, 무역 적자 해소를 원하는 과정에서 나오는 달러의 약세가 교차하며 꽤 큰 변동성을 낳을 수 있죠. 이번에 말씀드릴 내용은 양방향 변동성보다는 달러 그 자체의 약세가 나타나는 케이스입니다.

앞서 달러가 강해진 이유의 핵심은 결국 미국의 성장이 차별적으로 강해졌다는 것이었죠. 그리고 그 강한 성장으로 만들어질 수 있는 경기 과열, 혹은 물가 상승을 제어하기 위한 고금리의 형성은 달러 강세를 더욱 강화합니다. 결국 미국의 성장이 강하고, 미국의 금리가 높으면 달러는 강세를 보인다는 어쩌면 매우 상식적인 얘기가 될 겁니다. 그렇다면 반대의 케이스에서 달러는 약세를 보이게 되겠죠. 네, 미국의 성장이 둔화되고, 그런 성장의 둔화를 커버하기 위해 미국 중앙은행이 기준금리를 인하한다면 달러는 빠른 속도의 약세를 보이게 될 겁니다. 그런 기간이 실제로 있었는데요, 최근처럼 미국이 압도적인 성장을 이어갔던 1990년대를 되돌아보겠습니다.

1980년대 일본의 버블 경제가 무너졌습니다. 한때 미국의 위상을 따라잡을 수 있다는 자신감까지 강하게 드러냈던 일본이었는데요, 1990년대 초부터는 버블 붕괴와 함께 상기 침체의 늪에 빠져버리게 됩니다. 그리고 1990년대 중반에 들어서게 되면서 신흥국들이 하나둘 무너지기 시작합니다. 1995년 멕시코가 IMF에 구제금융을 신청했고, 1997년에는 인도네시아, 태국, 한국이 무너지는 이른바 '동아시아 외환위기'가 닥쳐왔습니다. 1997~1998년의 외환위기 국면에서 중국, 일본 등도 상당한 경기 충격을 겪어야 했죠. 또 다른 선진 경제 블록인 유로존 역시 당시 독일 통일 및 유로화 통합 불확실성, 생산성 저하 등의 여파로 상당 기간 저성장의 늪에서 헤어나지 못하고 있었습니다. 그리고 1999년에는 브라질이, 2001년에는 아르헨티나가 흔들리는 등 미국 이외 국가들이 전반적으로 고전하는 모습을 보였죠.

반면 미국 경제는 인터넷 혁명에 힘입어 독야청청 차별적인 성장세를 이어갔습니다. 결국 전 세계에서 미국이 제일 강한 모습을 보이게 됩니다. 그리고 미국의 성장 중 테크 섹터의 성장이 더욱 두드러집니다. 당연히 테크 섹터의 꿈을 반영하는 나스닥 지수가 초강세를 보이지 않았을까요? 당시 흐름을 비교한 그래프를 잠시 보고 가시죠.

아래 그래프는 나스닥(파란색 선), 코스피(빨간색 선), 일본 니케이 225(회색 선), 신흥국 전반의 주가를 나타내는 이머징 지수(검은색 선)의 주가를 1990년 1월 1일을 기준 '100'으로 환산한 후 2000년

그래프 41 · 1990년대 주요 주가 지수 비교(1990년 1월 1일 = 100)

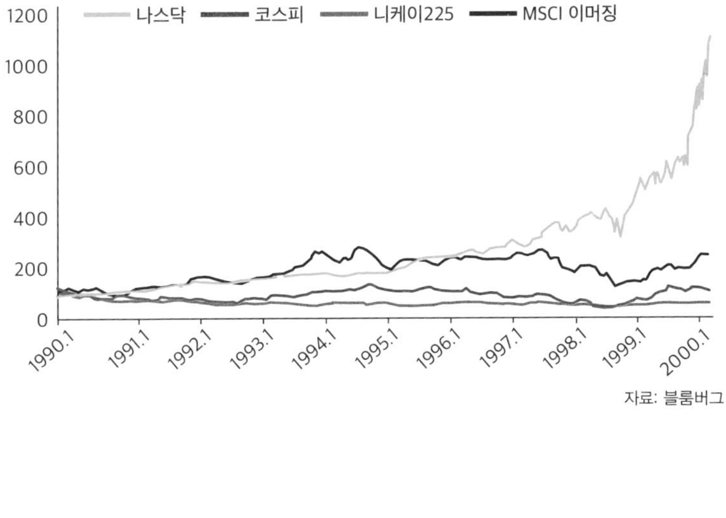

자료: 블룸버그

까지의 흐름을 그린 겁니다. 파란색 선인 나스닥 지수가 1990년대 후반부로 갈수록 압도적인 상승세를 보이는 것을 알 수 있죠. 회색의 일본은 1990년대 내내 고전하는 모습입니다. 한국이나 이머징 지수는 1990년대 중반까지는 미국과 어느 정도 맞춰 움직이다가 1990년대 후반 동아시아 외환위기로 인해 (미국을 제외한) 전 세계가 흔들리자 크게 무너졌죠. 반면 그 시점부터 미국 나스닥 지수는 수직으로 치솟기 시작합니다.

왜 이런 현상이 나타났을까요? 미국을 제외한 다른 어떤 국가들도 투자의 대안이 될 수 없다는 인식이 강하지 않았을까요? 전 세계 투자 자금이 미국의 테크 섹터로 몰립니다. 그럼 당연히 나스닥 지수가 초강세를 보일 겁니다. 그런데요, 미국 주식을 사기 위해서는 달러가 필요하겠죠. 네, 미국 테크주를 더 많이 사려고 할수록 미국 달러화를 미리 더 많이 사들여야 할 겁니다. 전 세계 자금이 미국으로 몰리면서 달러에 대한 수요와 테크 주식에 대한 수요가 동시에 폭증하는 상황이 연출됩니다. 잠시 다음 페이지의 그래프 42를 보시면서 그런 흐름을 확인해 보시죠.

파란색 선 나스닥 지수는 1999년에 들어서면서 상승의 기울기를 보다 가파르게 끌어올리고 있습니다. 이후 1999년 후반부에는 거의 3배의 기울기로 끌려 올라가는 모습인데요(②번 국면), 잠시 황색으로 표시된 달러 인덱스에 주목해 보시죠. 달러 인덱스 지수는 1995년 중반부터 꾸준히 상승하기 시작합니다(①번 국면). 전반

그래프 42 · 나스닥 지수와 달러 인덱스 추이(1995년~2000년)

자료: 블룸버그

적으로 달러 인덱스는 강세(달러 가치 상승)를 나타내고, 막판 주식시장이 뜨겁게 달구어질 때에도 역시 상승 강도를 높이고 있음을 확인할 수 있습니다. 네, 차별적인 성장을 보이는 미국으로 자금이 유입되면서 달러와 나스닥이 동시에 강세를 보이고, 그런 강세 폭이 보다 가팔라진 겁니다.

전 세계 자금이 몰리게 되면서 주식시장이 뜨겁게 달구어지니 미국인들은 보유자산의 가치가 상승한 만큼 부(富)가 증가했다는 느낌을 받았을 겁니다. 미국인들의 소비가 크게 늘어나기 시작했죠. 소비의 큰 폭 증가는 제품에 대한 수요의 확대로 이어지면서 물가를 자극할 수 있습니다. 네, 인플레이션 압력이 높아지게 되는 것이죠. 다음 그래프를 보시면 상당 기간 안정세를 보이던 미국의

그래프 43 · 미국 소비자물가 지수 추이(1996년~2003년)

자료: 블룸버그

물가상승률이 1999년 후반~2000년 초반에 빠르게 밀려 올라가는 것을 알 수 있습니다.

　미국 연준은 연간 물가상승률을 2% 이내로 제한하고 싶어합니다. 이를 연준의 2% 물가 목표라고 일컫죠. 전 세계 자금이 미국으로 몰리고, 주가가 급등하고, 미국의 소비가 크게 늘어나던 1999년 하반기부터 위의 그래프처럼 물가 상승률이 높아지기 시작합니다. 2000년대에 들어와서는 점선 박스에서 보이는 것처럼 물가 상승률이 3.5퍼센트에 달했죠. 미국 연준 입장에서는 경기의 과열과 함께 찾아온 인플레이션이라는 불청객을 만나 바짝 긴장할 수밖에 없습니다. 특히 경기 과열이 보다 길어지면서 상대적으로 안정적이었던 물가 상승률이 큰 폭으로 치솟으면 중앙은행인 연준은 이를 좌시할 수 없겠죠. 물가 목표치인 2퍼센트 밑으로 물가상승률을 낮추기 위해 대응책을 내놓아야 할 겁니다.

물가를 잡기 위한 연준의 대응책이 바로 금리 인상입니다. 그래프에는 나와 있지 않지만 미국 연준은 1999년 하반기 4.75퍼센트였던 기준금리를 2000년 5월까지 6.5퍼센트로 인상하면서 인플레이션 제압에 들어갔죠. 주식시장이 과열 양상을 보이고, 그런 주가 상승에 기대서 사람들은 소비를 이어왔습니다. 주가도 높고, 경기도 과열인데, 그 상황에서 금리가 예상보다 빠르게 높아진다면 자산시장이 느끼는 부담이 커지지 않을까요? 네, 그게 바로 닷컴버블의 붕괴였죠. 2000년 3월 고점을 형성했던 미국 나스닥 지수는 이후 2년 동안 78퍼센트 하락하는 등 극심한 부진에 빠졌던 바 있습니다. 1990년대 내내 강했던 나스닥이 2000년대 들어 그야말로 굴욕의 시기를 보낼 수밖에 없었던 것이죠. 당시 나스닥 지수의 흐름을 나타낸 그래프를 하나 첨부하겠습니다.

다음 페이지의 그래프 44는 1996년 이후의 나스닥 지수(황색 선)와 달러 인덱스(파란색 선) 추이를 나타낸 것입니다. 1996년 이후 나스닥과 달러는 함께 초강세를 나타냈죠(①번 국면). 이후 나스닥 지수(황색 선)가 고점을 형성한 후 큰 폭으로 하락하기 시작했습니다. 초반에는 주가 하락에 따른 안전자산 선호로 달러가 강세를 보이면서 주가(황색 선)와는 달리 달러(파란색 선)는 상승세를 나타냈습니다. 그렇지만 미국 주식 시장이 더욱 빠르게 하락하고,

그래프 44 · 나스닥 지수 및 달러 인덱스 추이(1996년~2004년)

자료: 블룸버그

2001년 들어 미국 경기 침체 가능성까지 부각되자 미국 연준은 빠르게 기준금리를 인하하기 시작했죠. 미국 성장의 둔화와 함께 미국 금리 인하가 시작된 것인가요? 이 두 가지 영향을 함께 반영하면서 미국 나스닥의 하락과 궤를 같이해 달러 지수 역시 큰 폭으로 하락하는 것(②번 국면)을 확인할 수 있습니다.

이제 다음 페이지의 그래프 45에서 우리의 주관심사인 당시 달러원 환율을 살펴보겠습니다. ①번 국면을 보시면 나스닥 지수(황색 선)가 큰 폭으로 하락하고 있는 상황에서 달러원 환율(파란색 선)은 달러당 1300원 정도 레벨에서 버티다가 이후 빠른 속도로 하락, 2002년 하반기에는 달러당 1150원 수준까지 하락했음을 알 수 있습니다. 미국 주식시장의 하락과 달러원 환율의 하락이 함께

그래프 45 · 나스닥 지수와 달러원 환율 추이(2001년 이후)

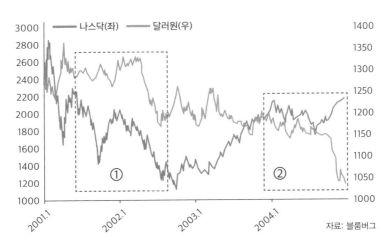

자료: 블룸버그

나왔던 겁니다. 미국 기술주 급등 상황에서 미국으로의 자금 쏠림으로 달러의 강세와 미국 주가의 상승이 동반되었습니다. 하지만 미국의 성장이 무너지고, 나스닥이 흔들리면서 그 당시 미국으로 유입되었던 자금이 이탈하는 흐름이 나왔겠죠. 미국에서 달러를 매각하고 이탈하게 되면서 달러 역시 약세를 보였던 겁니다. 그리고 2004년을 넘어가게 되면서 나스닥 지수는 소폭 상승세를 보이면서 바닥을 잡는 모습이지만 되려 달러원 환율(파란색 선)은 보다 큰 폭으로 하락하면서 1000원 수준까지 밀려 내려가는 것을 확인하실 수 있습니다(②번 국면). 중국을 비롯한 신흥국의 강력한 성장세가 나타나면서 미국보다는 신흥국이라는 패러다임이 만들어지기 시작했던 시기였죠. 초반에 다루었던 2000년대 중반의 '달러가 약했던 시기'의 초기 부분이라고 보시면 됩니다.

미국의 성장이 강하고 미국의 금리가 높을 때, 그리고 이런 흐름이 계속해서 이어질 것이라는 기대감에 미국으로의 자금 쏠림이 더욱 강해지는 시기에 미국 주식과 달러는 동반 강세를 보이곤 하죠. 그렇지만 미국의 성장이 둔화되고 이를 커버하기 위해 금리가 내려가는 상황이 닥쳐오면 미국의 주식 시장이 흔들리고, 미국 달러화 역시 빠른 약세를 보이는, 이른바 동반 약세 상황에 빠져들곤 합니다. 달러원 환율도 꽤 빠른 하락세를 보일 수 있기에 달러 투자를 할 때에는 미국의 성장 둔화 및 금리 하락 상황을 염두에 둘 필요가 있을 겁니다.

이제 최근의 상황을 말씀드려 보죠. 다음 페이지의 그래프 46은 지난 2018년 이후 미국 나스닥 지수와 달러 인덱스의 추이를 그린 것입니다. 함께 보면서 이어가겠습니다.

2018년 이후 나스닥 지수(황색 선)는 강한 상승세를 이어가면서 7000포인트에서 20000포인트 수준까지 큰 폭으로 상승했습니다. 특히 후반부의 상승 곡선 기울기는 상당히 높은 편이죠. 그리고 2018년 초 90이 채 되지 않던 달러 인덱스(파란색 선)는 110에 육박할 정도까지 높아지면서 전반적인 통화 대비 달러가 강세를 나타냈음을 알 수 있습니다. 네, 2018년부터 2024년까지 약 6년여의 시간 동안 미국 나스닥 및 달러가 동반 강세를 보였던 것이죠. 그리고 2024년 하반기 트럼프의 당선 직후부터 달러와 주가의 동반

그래프 46 · 나스닥 지수와 달러 인덱스 추이(2018년 이후)

자료: 블룸버그

상승세가 보다 강화됩니다. 이를 보면 미국에 대한 낙관론에 의해
쏠림이 나타나고 있을 가능성에 대해서도 충분한 고민이 필요하
다고 생각합니다.

　물론 앞서 말씀드린 2000년대 초반 닷컴버블 당시의 상황과
는 여러 가지 부분에서 다르겠지만 미국으로의 과도한 쏠림이 존
재한다면, 또 미국 예외주의라는 전제가 흔들릴 때 달러 약세 흐
름이 한 차례 찾아올 가능성이 있습니다. 미국의 성장이 둔화되면
서 미국의 금리가 하락할 때가 달러에 투자하시는 분들에게 가장
위험한 국면이라고 할 수 있습니다. 특히 미국 주식에 투자하시는
분들이 계신다면 주가 하락과 함께 의외의 달러 약세가 나타나게
되니 주식의 손실과 환차손을 동시에 겪을 수 있죠. 달러뿐 아니

라 미국 자산에 투자하는 투자자들은 말씀드렸던 미국의 성장 둔화와 금리의 움직임에 주의하셔야 합니다.

　이번 장에서는 너무나 강해서 결점이 없을 것처럼 보이는 달러의 아킬레스건이 무엇인지를 살펴보았습니다. 트럼프 제2기 행정부 시기에는 우리의 기대와 달리 달러가 양방향으로 높은 변동성을 보일 수 있습니다. 단기에 달러 투자를 통해 수익을 내고자 하는 투자자들에게는 이런 롤러코스터가 상당한 스트레스가 될 수 있습니다. 이 외에도 너무 과도했던 미국 성장에 대한 기대가 약해질 때 나타날 수 있는 달러의 약세는 보다 경계감을 갖고 바라봐야 하는 시나리오가 될 겁니다. 다만 이런 아킬레스건은 어디까지나 단기, 혹은 중기적인 달러의 흔들림을 만들어 낼 수는 있어도 긴 호흡에서의 달러의 강세를 훼손하기는 어려워 보입니다. 그 이유에 대해서는 달러의 미래 흐름을 설명하는 다음 장에서 이어가 보겠습니다.

09
달러원 환율의 미래

지금까지 달러에 대한 이야기, 특히 달러 대비 원화의 가치를 나타내는 달러원 환율을 중심으로 과거, 현재, 미래의 고려 사항들을 자세히 설명드렸습니다. 그럼 이상의 내용들을 정리하고 종합할 필요가 있을 겁니다.

실제 환율 전망은 정말 조심스럽고 예측하기가 매우 어렵습니다. 달러원 환율은 한국과 미국, 두 나라 통화의 교환 비율을 말하는 것입니다. 이를 알기 위해서는 우선 원화의 가치를 만들어 내는 한국의 경제 상황 및 미래 경쟁력, 달러 가치를 구성하는 미국의 국력과 향후 전망을 읽어낼 수 있어야 합니다. 그리고 중간중간 터져 나오는 환율에 단기적인 영향을 주는 이벤트들까지 고려 사항이 정말 많습니다. 변수가 많은 만큼 예측도 사실상 불가능하죠. 2020년대 들어 러시아-우크라이나 전쟁, 이스라엘-하마스 갈등, 코로나19 사태 등 예측 자체가 불가능한 이벤트들이 수시로 터져 나오고 있습니다. 환율 전망, 특히 단기 환율 전망이 매우 어려운 이유라고 보시면 됩니다. 다만 앞서 설명해 드린 달러원 환율에 대한 스토리를 중심으로 현 상황이 이어진다는 가정하에 조심스럽게 환율의 미래 그림을 그려볼까 합니다.

단기 변동성 확대

우선 가장 조심스러운 단기 전망입니다. 트럼프 제2기 행정부의 달러원 환율 레벨은 단기적으로는 높은 상하방 변동성을 보여줄 것이라 생각합니다. 과거 제1기 트럼프 행정부 당시에도 강달러를 바라보던 시장의 예상과는 달리 제1기 행정부 4년 동안 달러원 환율은 큰 폭의 상승과 하락을 반복하는 모습을 보였죠. 달러의 강약세는 트럼프 행정부가 추구하는 궁극의 목적이 아닙니다. 그보다는 지속적으로 커지는 무역 적자를 줄이는 것이 포인트가 됩니다.

워낙 강한 미국의 차별적 성장은 달러 강세 압력, 즉 달러원 환율의 상방 요인으로 작용하지만 그런 강달러로 인한 무역 적자 확대 기조가 강화된다면 이를 제어하는 차원의 약달러 시도가 수시로 나타날 수 있습니다. 이는 **달러원 환율의 안정보다는 수시로 위아래로 흔들리는 높은 변동성의 흐름을 만들게 되죠. 단기 전망은 환율 변동성 확대라는 말로 정리를 해볼 수 있습니다.**

달러원 환율의 밴드 상향 조정

환율을 전망할 때 보면 '달러원 환율 기준 연내 1200~1300원 사이에서 움직일 것 같다'라는 식으로 달러원 환율의 밴드를 제시하는 경우가 많습니다. 이런 밴드는 코로나19 이전 국면에서 1050~1250원 사이에서 장기 횡보를 해왔던 바 있죠. 저는 앞의 장에서 달러가 약했던 이유와 달러가 강해진 이유를 전해드렸습니다.

달러가 약했다면 달러원 환율의 밴드는 바닥으로 밀려 내려와 있었겠죠. 반대로 달러가 강해졌다면 달러원 환율의 레벨, 즉 말씀드렸던 밴드의 상단과 하단이 올라가게 될 겁니다.

과거 대비 대중 무역 흑자 기조가 상당 수준 약화될 것으로 보입니다. 그리고 국내 투자자들의 외국 투자는 구조적으로 증가하는 모습이죠. 서학개미로 대변되는 개인이나 각종 기업들의 미국 투자 등이 대표적이고요. 이런 추세는 쉽게 꺾이지 않을 것으로 보입니다. 그리고 미국의 기준금리가 한국의 기준금리보다 높은 레벨을 보이는, 한미 간 금리의 역전이 상당 기간 이어질 것인 바 달러원 환율의 하단은 기존보다 올라올 가능성이 높죠. 2010년대 환율의 하단이 1000원 수준이었다면 2020년대에는 그런 환율의 하단이 어느 정도일지를 딱 짚을 수는 없지만 과거의 레벨보다는 확연히 높은 수준에서 형성될 것으로 보입니다.

아울러 미국의 강한 성장과 그런 성장의 그늘에서 생존의 활로를 찾는 다른 국가들, 그 국가들은 생존을 위해 수출에 포커스를 맞추게 되면서 자국 통화 가치를 경쟁적으로 낮추려는 이른바 환율 전쟁을 시도하고 있죠. 다른 국가들의 통화 가치가 달러 대비 약세를 보이는 경우 달러원 환율만 안정을 유지하기 위해 일정 레벨 이상으로의 상승을 막는다면 되려 다른 국가 통화 대비 원화가 강해지는 상황에 처하게 됩니다.

네, 외환위기의 트라우마가 여전히 남아 있기에 우리나라는 환율 상승에 대한 심리적 부담이 상대적으로 큰 편입니다. 조심스럽지만 글로벌 달러 가치(다른 대부분의 나라 통화 대비 달러 가치)가 기존보다 상당히 강해졌기 때문에 **달러원 환율의 상단 역시 과거보다는 유연하게, 일정 수준 높아질 수 있다는 생각을 합니다.**

중장기적으로
달러원 환율 완만한 우상향

마지막으로 중장기적 관점에서의 달러원 환율의 방향성과 기울기역시 봐야죠. 환율은 다양한 요소에 의해 영향을 받곤 합니다. 달러원 환율의 단기 레벨을 예측하는 것이 어려운 이유죠. 다만 중장기적 관점에서는 그 기저에 있는 가장 큰 동력, 결국 양국 간의국가 경쟁력 차이를 반영하게 됩니다. 당장의 경쟁력 차이는 여러 가지 환율에 영향을 주는 이벤트들로 인해 환율을 움직이는 주요인이 되지 못할 수 있지만 결국에는 한국과 미국의 중장기 성장잠재력, 생산성의 격차, 기술력의 격차를 반영하게 되겠죠.

저 역시 지금도 자주 헷갈리지만 금융시장은 현재의 모습보다는 미래의 변화에 주목해야 합니다. '좋은 것과 나쁜 것'이라는 틀보다는 '좋아지는 것과 나빠지는 것'이라는 틀이 미래의 가격 변화를 바라볼 때 훨씬 유용하죠. 당장 미국과 한국의 경쟁력 차이는 상당히 큽니다. 그 차이만큼이 현재의 환율에 오롯이 녹아 있겠죠. 미래 중장기 환율은 중장기 한국과 미국의 경쟁력 변화를반영할 겁니다. 중장기적으로 미국의 기술력을 포함한 생산성, 국가 경쟁력이 한국보다 더 강해질까요? 적어도 지금 미국 빅테크기업들이 보여주는 경쟁력이 흔들리지 않고 유지된다면 미래에는다른 국가들과의 차이를 더욱 크게 벌릴 수 있겠죠. 중장기 관점에서 달러가 꾸준히, 그리고 완만하게 레벨업될 수 있음을 의미합니다.

아울러 전 세계 유일한 패권 통화라는 점은 달러를 이른바 사기 캐릭터로 만들기 충분합니다. 제2차 세계대전 이후 달러는 전 세계로 흘러나갔죠. 화폐는 언어와 비슷합니다. 많은 사람들이 그 사용에 익숙해질수록 가치가 높아지죠. 영어를 쓰는 사람들이 많아지면 이후 영어 사용 인구가 보다 증가하는 것처럼 달러 역시 마찬가지입니다. 한국과 인도가 교역을 할 때는 한국 원화나 인도 루피 대신 달러화를 사용하죠. 많은 사람들이 너무나 익숙하게 달러화를 사용하고 있습니다. 그만큼 많은 국가에서 두루 통용이 되니 달러의 쓰임새가 커지겠죠. 또 외화로 대출을 받아 외국에 투자한다면 당연히 달러로 빌리는 것이 답이 될 겁니다.

전 세계에서 물건을 사줄 수 있는 강한 소비력을 갖춘 나라가 바로 미국입니다. 지금부터 10년 후, 20년 후의 미래에 우리는 어떤 미국을 만나게 될까요? 물론 중간에 휘청거릴 수는 있지만 긴 관점에서 강한 기술 경쟁력과 패권 통화를 갖춘 사기 캐릭터 미국의 차별적인 성장 가능성이 보다 높지 않을까요. 이 책을 쓰면서 미국이 참 부럽다는 생각을 종종 하게 됩니다.

중장기 관점에서 미국의 성장이 한국을 비롯한 다른 국가의 성장보다 더 강해질 수 있다면 현재보다 높은 레벨의 달러원 환율이 자연스러울 수 있겠죠. 단기로는 과거 대비 높아진 밴드 속에서

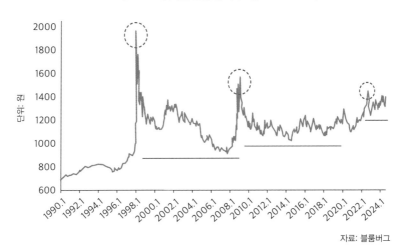

그래프 47 · 달러원 환율 장기 추이(1990~2024년)

달러원 환율은 높은 변동성을 보일 것이라 생각합니다. 다만 과거 대비 높아진 밴드는 현재의 모습이고요, 긴 관점에서 완만한 우상향 기조가 나타날 가능성이 높다는 데 조금 더 무게를 두어봅니다. 앞서 보여드린 1990년대 이후의 달러원 환율 흐름을 그래프와 함께 보시죠.

1997년 외환위기 이전, 국가가 환율을 통제하는 관리변동환율제하에서 800원 수준으로 유지되던 달러원 환율은 외환위기 이후 한 단계 레벨업이 되었죠. 물론 외환위기 당시 2000원까지 솟았던 환율이 중국 관련 기록적인 수출로 달러당 900원까지 꾸준히 하락했지만 이후 금융위기를 거치면서 환율의 하단, 그리고 밴드 전체가 레벨업되는 흐름이었습니다. 실제 2010년 이후 10여 년의 기간 동안 환율의 저점은 1000원이었고, 달러당 1050~1250원 수준에서 안정적인 흐름을 이어갔습니다. 코로나19 이후 현실화된 40년 만의 인플레이션과 그 여파로 인해, 그리고 미국 예외주의에 의해 다시 한번 달러원 환율은 레벨업되는 모습입니다. 이후의 그래프는 지금 그릴 수 없을 겁니다. 다만 앞에서 말씀드렸던 것처럼 환율의 하단과 상단이 높아지고, 그 밴드 내 떨림은 트럼프 제2기 행정부 영향으로 단기적으로 커질 것으로 보입니다. 마지막으로 긴 관점에서 보았을 때 1990년대 이후 이어져 온 것처럼 추가적인 환율의 레벨업도 가능할 것으로 생각해 봅니다.

단기적 관점에서는 변동성의 확대를, 그리고 장기적인 관점에서 달러원 환율의 레벨업 가능성을 말씀드렸습니다. 단기와 장기의 뷰가 서로 엇갈리는 것이 상당히 혼란스럽게 느껴질 수 있습니다. 여기서 저는 '추세'와 '주기'를 구분해야 한다는 말씀을 드리고

그래프 48 · 추세와 주기

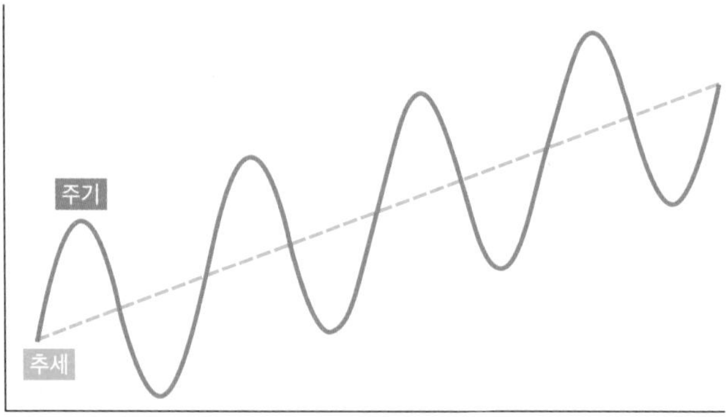

실습니다. 중장기 관점의 방향성을 나타내는 것이 '추세'이고, 단기로 상승과 하락을 순환적으로 반복하는 것이 '주기'입니다. 이해를 돕기 위해 앞의 그래프 48을 보시죠.

그래프에서 파란색 점선은 추세를, 황색 선은 주기를 나타냅니다. 추세는 우상향으로 나타나지만 주기는 계속해서 추세선을 위아래로 오르내리죠. 우상향 추세는 완만하게 나타나지만 그런 완만한 추세 속에서 주기는 장기적인 변화를 미리 당겨서 반영하며 큰 폭 상승했다가, 그 속도가 너무 느리다는 데 실망하며 큰 폭으로 하락해 내려오기도 합니다. 저는 달러원 환율이 긴 호흡으로는 우상향의 가능성이 있다는 말씀을 드렸습니다. 그렇지만 단기로는 언제든지 주기의 상단을 지나고 있을 가능성이 있기에 변동성이 높아질 수 있음을 짚어드렸죠.

14장 '달러와 엔 투자를 위한 조언'에서 보다 자세히 설명해 드리겠지만 **달러원 환율처럼 단기 변동성이 심한 투자 대상에 접근할 때는 순환적인 주기를 따라가는 것보다 긴 호흡의 추세를 바라보는 것이 보다 현명한 선택이 되리라 생각합니다.**

앞에서 1990년대 이후 달러원 환율 레벨이 계단식으로 상승하는 그림을 보여드렸는데요, 마지막으로 다음 페이지의 그래프를 보면서 어렴풋이 떠오른 제 초등학교 때의 얘기를 적어봅니다. 그때 저는 친척 분에게 1달러를 선물로 받았고, 어린 마음에 두근거리는 마음으로 은행에 환전을 하러 갔었죠. 기억이 정확하지는 않

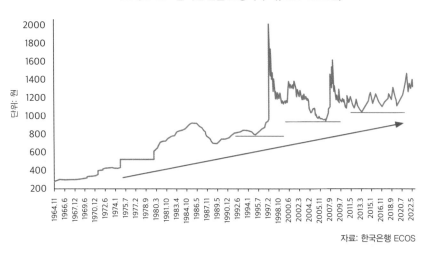

자료: 한국은행 ECOS

지만 당시 550원 정도로 환전을 했던 기억이 있습니다. 1990년대 환율이 700~800원이었고, 1980년대에는 더 낮은 환율이었던 셈이죠. 그럼 그 이전의 환율이 궁금해지지 않나요? 보다 긴 시계열의 달러원 환율 그래프를 살펴보시죠.

위의 그래프는 1964년 11월부터의 달러원 환율 추이를 나타냅니다. 물론 지금과 1960~1980년대를 단순 비교하기에는 화폐 개혁뿐 아니라 경제 체제 및 각종 제도 등을 고려했을 때 매우 어렵습니다. 지금의 한국 경제는 당시와 비교할 수 없을 정도의 성장을 이룩해 냈죠. 그리고 1997년 외환위기를 거치면서 변동환율제로 전환되었습니다. 외환위기 이전의 고정환율제, 혹은 관리변동환율제하의 환율 흐름은 지금과 상당한 차이를 보여줍니다. 순간의 디테일보다는 환율 레벨의 큰 흐름을 보시는 데 참고하셨으면 합니다.

1964년부터의 환율 흐름을 나타낸 앞의 그래프를 보시면 순간 순간 달러원 환율이 제법 하락하는 구간들도 존재하지만 긴 호흡 에서는 달러원 환율 상승 추세가 이어지는 것을 확인하실 수 있습 니다. 이런 장기 그래프에 추세와 주기를 적용해 보면 어떨까요? 이 그래프의 모습이 앞으로도 이어질 것이라는 말이라기보다는 개인이 달러와 같은 외환 투자에 접근할 때의 '긴 호흡'이란 어떤 의미인지를 직관적으로 전해드리고자 초장기 그래프를 참고해 보 았습니다.

네, 중장기 관점에서 바라보면 달러를 포트폴리오에 담아두는 것이 필요합니다. 다만 중간에 수많은 주기가 만들어 내는 변동성 을 견뎌내야 하기에 너무 큰 비중이 아니라 자산의 일부를 정해 두고 접근해야 하겠죠. 이것으로 달러 이야기를 정리하겠습니다. 이제 엔테크로 대변되는 엔화에 대한 조언을 드려보겠습니다.

DOLLAR

YEN

GOLD

2

바닥을 찍고 부상한
엔화의 화려한 부활

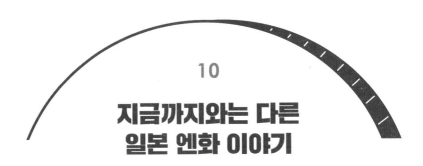

10
지금까지와는 다른
일본 엔화 이야기

엔테크족의 부상

이제 엔화에 대한 이야기를 풀어보겠습니다. 엔화 자체에 대한 설명도 중요하겠지만 한국 원화로 엔화를 사는 비율, 즉 100엔당 얼마 정도의 원화가 필요한지를 나타내는 엔원 환율이 이번 장에서는 핵심이 될 겁니다.

한국과 일본은 상당히 많은 교역을 합니다. 그러다 보니 당연히 환율에 대한 민감도가 높은 편이고요. 예전부터 사업가들 사이에서는 엔원 환율에 대한 관심이 매우 높았습니다. 개인적으로 느끼기에는 달러 다음으로 엔화 환율에 대한 관심이 높으셨던 것 같고 그 다음이 위안화 정도네요.

그런데요, 언제부터인지 구체적으로는 모르겠지만 과거와는 다른 변화가 나타나기 시작했습니다. 기업체에서 엔화에 대한 관심을 갖는 것과 별도로 개인들의 엔화 매입에 대한 문의가 크게 증가하기 시작했죠. 그리고 '엔테크족'이라는 단어가 등장합니다. 잠시 기사 제목 보시죠.

"환차익 챙기자" 지금은 '엔테크' 타이밍

《글로벌이코노믹》, 22. 06. 14

역대급 '엔저'에 늘어난 엔테크족··· 올해도 웃을 수 있을까?

《중앙일보》, 23. 01. 08

"이제 진짜 오르겠지"··· 엔테크족 예금 101억 달러 '사상 최대'

《머니투데이》, 24. 07. 19

포털 사이트 검색창에서 '오래된 순'으로 조회해 보면 '엔테크'라는 단어가 2021~2022년 정도부터 등장합니다. 엔화를 투자 목적으로 사는 것을 일컫는 말이죠. 그리고 투자 목적의 엔화 매입을 하는 사람들을 '엔테크족'이라고 부릅니다. 공식 명칭인지는 잘모르겠지만 하나의 신조어겠죠. 엔화를 사려는 사람들을 가리키는 표현입니다. 그리고 2023년, 2024년을 지나면서 해가 갈수록 엔테크에 대한 관심이 높아지고 있음을 기사 제목에서 확인할 수 있습니다. 2024년 7월 기사에서 엔테크족 예금이 101억 달러로 사상 최대에 달한다고 할 정도니, 상당한 수준이라고 보시면 됩니다.

엔테크족이 새롭게 등장하고 그 규모가 커지는 이유가 무엇일까요? 엔화 투자로 투자 수익을 올릴 수 있다는 기대가 생겨났기 때문이겠죠. 이런 얘기가 나오는 데는 다 이유가 있을 겁니다. 엔원 환율 장기 그래프를 한번 보시죠.

아래 그래프는 2010년 1월부터 2024년 12월까지 엔원 환율의 흐름을 그린 겁니다. 2010년 초반에는 100엔당 1300원 정도의 환율이었죠. 특히 2012년에는 100엔당 1500원을 넘어서면서 엔화 초강세 현상을 보였습니다. 그러나 이후 빠른 속도로 엔화 가치가

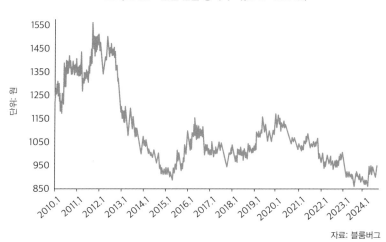

그래프 50 · 엔원 환율 장기 추이(2010~2024년)

자료: 블룸버그

하락하면서 2024년 말에는 940원까지 내려갔습니다. 거의 15년 만에 가장 낮은 수준으로 원화 대비 엔화 가치가 하락한 셈이죠. 지난 2022년 엔원 환율이 1000원을 뚫고 내려오자 엔화가 저렴하다는 인식이 생겨났고, 엔화의 반등을 기대하면서 투자 자금이 몰리기 시작한 겁니다. 네, 엔테크족이 등장한 이유겠죠.

임팩트 있는 엔화의 초강세
(feat. 2024년 8월 5일의 기억)

그리고 이런 엔테크족들이 환호할 만한 일이 하나 발생하는데요, 바로 2024년 8월 5일 발생한 '엔캐리 트레이드 청산'입니다. 단어가 조금 어렵게 느껴지시죠. 풀어서 이야기해 보겠습니다.

우리가 채권에 투자하면, 그리고 그 채권을 만기까지 오랜 기간 가져가면 이자를 받을 수 있죠. 조금 어려운 표현으로 이를 '캐리(Carry) 수익'이라고 합니다. 일본은 1990년대 버블 붕괴 이후로 매우 긴 기간 저금리의 늪에서 헤어나지 못했죠. 특히 2022년~2023년 즈음 40년 만의 인플레이션으로 다른 국가들이 기준금리를 인상할 때도 일본은 마이너스 금리에서 쉽게 발을 빼지 못했습니다. 다른 국가보다 금리가 매우 낮은 편이었죠. 그럼 일본에서 매우 낮은 금리에 자금을 빌려서, 이렇게 빌린 자금을 외국의 높은 이자를 주는 채권에 투자할 수 있지 않을까요? 그럼 저금리 엔화로 자금을 차입해서 고금리 달러 표시 채권에 투자할 수 있을 겁니다. 그럼 낮은 금리에 돈을 빌려서 높은 금리에 투자했으니 그런 금리차만큼 고수익을 기대할 수 있죠. 네, 앞서 말씀드린 캐리 수익이 커질 겁니다.

이런 아름다운 수익 구조가 있다면 너도나도 투자하지 않을까요? 그래서 많은 사람들이 엔화로 돈을 빌렸고, 그렇게 받은 엔화를 팔고 달러를 사서 외국으로 나갑니다. 그리고 고금리의 달러 채권에 투자했죠. 상당수가 엔화를 팔면서 달러를 사들이는 환전을 일으키자 '달러 강세 및 엔화 약세' 현상이 일어납니다. 약해지는 엔화를 팔아서 강해지는 달러를 사들이니, 달러가 강해질수록 환차익도 함께 기대할 수 있게 되었죠. 고금리의 수혜와 환차익의 기쁨까지 받게 되니 너무 좋은 꿀팁 아닐까요? 네, 엔화를 베이스로 캐리 수익 및 환차익을 얻기 위해 외국으로 나가는 투자, 이게 바로 '엔캐리 트레이드(Yen Carry Trade)'입니다.

그런데요, 갑자기 이상한 일이 벌어집니다. 계속해서 약해지던 엔화가 갑자기 강해지기 시작한 것이죠. 너도나도 엔화는 약해지고 달러는 강해질 것이라 생각해서 엔캐리 트레이드 자금이 물밀 듯이 미국을 향했는데, 기대와 달리 달러가 약해지고 엔화가 강해진다면 분위기가 크게 바뀌지 않을까요? 엔캐리 트레이드가 성공하기 위해서는 이자 수익뿐 아니라 환차익 역시 중요합니다. 내가 사려는 달러가 약해지고, 내가 팔려는 엔화가 강해질 것 같다면 엔캐리 트레이드는 그 매력을 잃게 될 겁니다. 그럼 엔캐리 트레이드에 참여하는 투자자들이 크게 줄어들겠죠.

투자는 내가 산 것을 뒤에서 누군가 더 비싼 가격에 사주는 게임입니다. 추가로 투자자들이 유입되지 않는다면, 즉 내가 진행한 엔캐리 트레이드가 멈출 것이라 예상된다면, 기존에 이미 외국에 투자했던 사람들은 어떻게 움직일까요? 뒤에서 더 이상 사줄 사람이 없다면 빠르게 빠져나와야 하지 않을까요?

네, 기존에 사들였던 달러를 팔아 엔화를 다시 사야겠죠. 그리고 그렇게 받은 엔화를 가지고 일본으로 돌아와서 빌렸던 대출을 갚으면 되는 겁니다. 엔캐리 트레이드와 반대로 일어나는 거래, 이를 엔캐리 트레이드 청산이라고 합니다. 엔캐리 트레이드 청산이 일어나면 외국에서 사들인 달러 표시 자산을 매각하는 과정에서 해당 자산(예를 들어 수식 등)의 가격이 하락하고, 달러 등 엔화 이외 통화들의 가치가 큰 폭으로 밀리면서 엔화가 독보적인 강세를 나타내게 되죠. 엔캐리 청산이 임팩트 있게 진행되었던 2024년 8월 5일 전후의 그래프를 보시죠.

파란색 선은 달러엔 환율을 의미합니다. 달러엔 환율이 하락한다는 것은 1달러를 사들일 때 더 적은 엔화를 지불해도 된다는 뜻으로 '달러 약세 및 엔화 강세'를 의미합니다. 제가 점선으로 표시한 박스 부분을 보면 달러엔 환율이 드라마틱하게 하락하는 것을

그래프 51 · 니케이225 지수 및 달러엔 환율 추이(2024년)

자료: 블룸버그

확인할 수 있습니다. 참고로 해당 일에 전 세계 자산시장이 큰 폭으로 하락했는데요, 그중 가장 직격탄을 맞은 것이 일본의 코스피 지수라고 할 수 있는 니케이225였습니다. 2024년 8월 5일 하루에만 12퍼센트 하락하면서 투자자들의 간담을 서늘하게 했죠.

엔캐리 트레이드에는 이자 차익 및 환차익을 동시에 누릴 수 있는 투자의 꿀팁이 존재합니다. 그럼 정말 많은 투자자들이 몰려들지 않았을까요? 많은 사람들이 몰려 있을 때 "엔 캐리가 청산된다!"라는 절규가 들려옵니다. 그럼 그 많은 사람들이 어떻게든 빠져나가려고 하겠죠. 최대한 낮은 가격에 투자 자산을 팔아버리고, 어떻게든 조만간 더 오를 것으로 보이는 엔화를 사려는 움직임을 보였을 겁니다. 엔캐리 트레이드의 규모가 컸던 만큼 순식간에 찾아온 청산으로 인한 충격은 비례해서 커질 수밖에 없겠죠. 순식간에 엄청나게 많은 투자자들이 엔화를 사려고 달려옵니다. 그럼 단숨에 원화 대비로도 엔화가 뛰어오르지 않았을까요?

2024년 8월 5일 당일 아침, 외환시장이 개장하자마자 910원 수준에 머물던 엔원 환율이 965원으로 상승했습니다. 단숨에 55원 가까이 엔화가 강세를 보였으니 말씀드렸던 엔테크족들은 상당한 짜릿함을 느꼈을 겁니다. 물론 이후에 엔화 환율이 다시 숨을 죽이면서 안정세를 보이긴 했지만 엔화 가치가 바닥에서 계속 꿈틀거리는 것을 투자자들이 느끼지 않았을까요? 야수의 심장이 발동한다면 우리도 하루라도 빨리 엔테크족이 되어야 하는 것 아닐까요? 이 주제를 본격적으로 다루어 보겠습니다.

엔캐리 트레이드 청산은
왜 일어났을까?

대규모 엔캐리 트레이드 청산이 발생했던 2024년 8월 5일의 상황을 설명드렸습니다. 여기서 '왜 큰 문제 없이 이어지던 엔캐리 트레이드가 갑자기 청산되었을까'라는 궁금증이 생깁니다. 예상 외로 엔화가 갑자기 강세를 보였기 때문이라고 했지만 그것만으로는 설명이 부족하죠. 좀 더 이어가 보겠습니다.

앞서 언급했던 것처럼 엔캐리 트레이드는 저금리 일본에서 엔화로 돈을 빌려 고금리 외국, 특히 미국 같은 지역에 달러로 투자하는 겁니다. 그럼 일본과 미국의 금리차가 수익의 한 축이 될 것이고요, 엔화를 팔고 달러를 사는 과정에서 발생하는 환차익이 다른 한 축이 될 겁니다. 그리고 마지막으로 너도나도 내가 산 자산을 계속해서 사들이니 기존에 매입했던 자산 가격이 오르면서 나타나는 자산 가격 상승 역시 수익의 마지막 한 축이 되겠죠. 그럼 엔캐리 트레이드가 청산되려면 이런 세 가지 축 중에 무언가는 흔들려야 할 겁니다.

예를 들어 미국과 일본의 금리차가 줄어든다거나, 엔화가 돌발 강세를 보이거나(달러 약세), 마지막으로 예기치 못한 이슈로 자산 가격이 급락하는 게 여기에 해당되겠죠. 핵심은 이미 이전부터 진행되었던 일본의 금리 인상에 있었습니다. 2024년 3월 19일의 뉴스가 시발점이었죠.

일본은행, 17년 만에 금리 인상… 마이너스 금리서 8년 만에 탈출

《연합뉴스》, 24. 03. 19

네, 2024년 3월 일본은 장고 끝에 마이너스 금리에서 탈출했습니다. 17년 만의 금리 인상이라는 얘기가 나오는데요, 2007년 이후 처음으로 금리 인상을 단행한 겁니다. 히스토리를 잠깐 말씀드리면요, 일본은 2007년 금리 인상을 단행하자마자 불행히도 이듬해에 글로벌 금융위기를 만나게 됩니다. 그러면서 일본 경제는 그야말로 침체 일로에 놓이게 되었죠. 1990년 초부터 시작된 일본의 장기 침체는 2010년대까지 이어졌습니다. 그런 침체의 늪에서 벗어나는 게 우선이었던 일본에게 금리 인상은 감히 상상조차 할 수 없는 일이었죠.

2007년 이후 계속해서 금리 인하를 하거나 돈을 풀 수밖에 없었던 일본이 17년 만에 금리를 올리게 된 겁니다. 금리 인하의 클라이맥스는 장기 침체 기간이었던 2016년 1월 기준금리를 마이너스 0.1퍼센트로 낮췄을 때였습니다. 전격적으로 마이너스 금리를 도입했던 것인데요, 2024년 3월에 마이너스 금리를 폐지했으니 8년 만에 마이너스에서 탈출한 것이죠! 일본은 드디어 금리가 있는 세상으로 나오게 됩니다.

일본의 금리 인상이 주는 효과는 무엇이었을까요? 일단 일본의 금리가 인상됩니다. 그리고 단지 이번 한 번의 인상으로 마이너스 금리를 폐지하는 데 그치는 것이 아니라 금리 인상의 사이클, 즉 추가적인 후속 금리 인상이 기다리고 있겠죠. 어느 정도까지 금리를 올릴지는 알 수 없지만 일본이 금리 인상의 포문을 열어젖힌 겁니다.

이를 앞서 보셨던 엔캐리 트레이드에 연결시켜 생각해 보죠. 엔캐리 트레이드가 활성화되는 환경은 일본의 금리가 낮고 미국의 금리가 높은, 즉 양국 간의 금리차가 확대되어 있을 때죠. 여기서 좀처럼 움직이지 않던 일본이 금리를 끌어올리기 시작하면 일본에서 저금리로 돈을 빌리려던 투자자들을 주춤하게 만들 수 있습니다. 그리고 이후 지속될 일본 금리 인상으로 미국과 일본 사이의 금리 차이를 좁혀버릴 수 있습니다.

하나 더, 일본 금리가 높아지게 되니 엔화 보유의 매력이 높아지면서 엔화에 대한 수요가 증가, 엔화 강세로 이어지게 되겠죠. 그럼 높은 달러엔 금리차, 엔 약세 기조라는 엔캐리 트레이드의 가장 중요한 두 가지 축을 다 흔들어 버리게 됩니다. 네, 그럼 엔캐리 트레이드 청산이 빨라질 수 있겠죠. 긴장감이 높아지는 순간입니다.

금리 인상에도 불구하고
엔화는 약세

그런데요, 이상한 일이 벌어집니다. 2024년 3월 일본 중앙은행이 전격 금리 인상을 선언했음에도 엔화는 강세로 전환되지 않고 약세 기조가 더욱 심화되는 방향으로 치닫기 시작했던 겁니다. 잠시 그래프를 보고 가시죠.

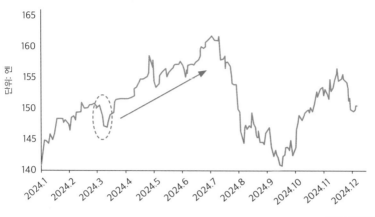

그래프 52 · 달러엔 환율 추이(2024년)

자료: 블룸버그

　이 그래프처럼 환율이 우상향하게 되면 달러 대비 엔이 약세를 나타냅니다. 점선으로 원을 그려 놓은 부분이 일본이 2024년 3월 마이너스 금리를 철폐했던 시점이죠. 금리 인상 이후 일시적으로 달러엔 환율이 하락(달러 대비 엔 강세)했지만 이후에는 되려 엔 약세 기조가 심화되면서 2024년 7월 중순에는 달러당 160엔을 넘는 초약세 기조를 보였습니다. 일본이 금리 인상을 하면 엔화가 강해지는 것은 시간 문제라고 생각했던 투자자들은 당황할 수밖에 없었을 겁니다. 그래서 다음과 같은 언론 보도가 나오죠.

엔화 모은 보람 있네… 일본 마이너스 금리 해제에 엔테크족도 "호호"

《이투데이》, 24. 03. 19

8년 만에 금리 인상에도 '요지부동' 엔화값… '엔테크족' 기대는 계속

《헤럴드경제》, 24. 03. 24

금리 올렸는데 엔화는 왜 약세?… 엔테크족 속 타네

《아시아경제》, 24. 03. 25

금리 인상 직후 엔화가 잠시 강세를 보이자 활짝 웃는 엔테크족을 묘사했던 기사(19일)가 나온 지 불과 5일 만에 엔화가 요지부동이거나 되려 엔이 약세를 보인다는 기사(24~25일)가 나옵니다. 무언가 생각대로 일이 진행되지 않는 느낌이죠. 금리 인상에도 약세기조가 더욱 심화되는 엔화, 왜 이런 현상이 나타난 것일까요?

두 가지 이유를 찾을 수 있을 겁니다. 하나는 생각보다 강한 미국 경제입니다. 경기 침체가 올 것이라는 세간의 전망을 비웃으며 미국 경제는 계속 서프라이즈 성장을 이어갔죠. 2024년 연초에는 미국의 경기 침체 우려 때문에 미국 연준이 경기 침체를 방어하고자 기준금리를 빠르게 인하할 것이라는 예상이 지배적이었습니다. 하지만 의외로 호경기가 이어지면서 미국 금리 인하는 계속해서 미뤄지고, 금리 인하 폭에 대해서도 대폭이 아닌 소폭 인하 기대 정도로 바뀌게 됩니다. 네, 미국 금리가 많이 낮춰질 것으로 예상되는 상황에서 일본이 전격 금리 인상을 단행하면 미국과 일본의 미래 금리차는 크게 좁혀질 것이라는 기대가 커지게 되고 엔화

강세로 직결될 겁니다.

　그러나 많이 낮출 것이라던 미국 금리가 생각보다 많이 내려오지 않으면 그런 기대치는 계속해서 약해지겠죠. 생각보다 강한 미국 경제, 그로 인해 여전히 고공비행을 이어가는 미국 금리는 일본 금리 인상에도 불구하고 엔화가 강세로 전환되는 것을 막았죠.

　다음은 일본 내부의 상황을 보실 필요가 있습니다. 앞서 말씀드린 것처럼 일본은 17년 만에 기준금리를 처음으로 인상했죠. 장기간 이어지던 무제한 돈 풀기 정책을 반대로 되감는 것인데 일본 당국에서도 이런 정책 전환이 주는 충격에 대해 걱정하지 않았을까요? 17년 만의 금리 인상, 8년 만의 마이너스 금리 탈출이라는 정책을 결정하기가 쉽지 않았을 겁니다. 그렇기에 2022년, 40년 만의 인플레이션을 맞아 각국 중앙은행들이 너도나도 기준금리를 인상할 때도 일본은 마이너스 금리에 머물러 있었죠. 다만 무언가 일본 당국이나 중앙은행 입장에서 마이너스 금리를 유지하면서는 더 이상 견딜 수 없는 상황에 몰리게 되니 2024년 3월에 변화를 준 것으로 해석할 수 있을 겁니다. 껄끄러운 상황에서 그리고 예측이 어려운 상황에서 금리 인상이라는 한 수를 과감하게 던진 겁니다. 그리고 시장은 이번 인상이 시작이고, 이후의 추가 금리 인상이 있을 거라는 기대를 키우기 시작하죠. 불안불안한 금리 인상인 만큼 일본은행은 추가 인상을 적극적으로 진행하고 싶을까요? 아니면 최대한 천천히, 그리고 신중하게 진행하고 싶을까요? 네,

당연히 후자일 겁니다. 이런 속내를 반영하면서 일본은행 총재와 주요 인사들은 과감한 추가 긴축을 예상하는 시장을 앞에 두고 우물쭈물하는 모습을 보입니다.

금융시장은 미래를 반영합니다. 당장의 금리 인상보다는 향후에 어느 정도 추가로 금리가 인상되느냐가 향후 엔화의 방향을 결정할 겁니다. 그런데 시장이 기대했던 것만큼 일본 중앙은행이 과감한 금리 인상을 하는 것은 어려울 것이라는 느낌을 '꽉' 주게 되죠. 워낙 오랜 기간 장기 침체를 겪었던 나머지 일본은행은 신중할 수밖에 없고, 그런 소극적 일본은행을 보면 추가 금리 인상은 어쩌면 아주 먼 미래의 얘기가 될 수도 있으리라는 예상까지 나오게 됩니다.

시장의 이런 예상은 금리 인상에도 불구하고 엔 강세가 아닌 엔 약세를 만들어 내는 요인이 됩니다. 금리라는 강력한 무기를 가진 일본은행조차 이를 통해 엔화 약세를 조절할 방법이 없다는 생각이 앞에 보셨던 그래프처럼 달러엔 환율을 2024년 7월 중순까지 마구잡이 약세로 밀어 올리게 됩니다(달러 대비 엔화 약세). 이쯤 되면 엔 약세는 되돌릴 수 없는 옵션이 되는 것 아닐까요? 그런데요, 일본 당국 입장에서는 어떻게든 엔 약세를 막아야 할 겁니다. 그 이유는 바로 물가 때문인데요, 다음 장에서 이어가겠습니다.

11

디플레이션의 나라에 찾아온
인플레이션

엔 약세가 불러온 인플레이션

엔 약세 기조는 인플레이션을 자극하여 일본 경제에 치명적인 충격을 줄 수 있죠. 특정 국가 통화가 약세를 나타내고, 그런 약세가 장기간 이어진다고 가정해 보겠습니다. 그럼 해당 국가 통화는 다른 나라 통화보다 약하기 때문에 다른 나라 통화로 표시된 제품을 사들일 때(수입할 때) 더 많은 돈을 지불해야 할 겁니다. 네, 엔화가 약세 기조를 강하게 나타내면 일본이 외국에서 제품을 수입할 때 더 많은 엔화를 지불해야 하는, 즉 수입 물가가 올라가는 문제에 직면하게 되죠. 엔화 약세의 장기화 기대가 강해지면 수입 물가는 계속해서 오를 것이라는 논리에 힘을 더해주게 되고요. 사람들은 미리 물건을 사들이려는 모습을 보이면서 수요가 크게 증가해 현재의 물가 상승, 즉 인플레이션을 보다 강화시키게 됩니다.

일본 경제에 찾아온 인플레이션은 다른 어떤 국가보다 큰 충격이었습니다. 일본은 1990년대 버블 붕괴 이후 30여 년 이상 장기 불황을 거치면서 디플레이션의 늪에서 헤매고 있었죠. 만성적인 돈 부족으로 물건을 구매할 수 있는 수요가 약해지며 물가가 꾸준히 하락하는 디플레이션 불황을 오랜 기간 겪었습니다. 그러나 최근 들어 너무나 약한 엔화로 인해, 그리고 전 세계적으로 찾아온 거대한 물가 상승의 영향으로 일본도 인플레이션을 겪게 됩니다. 잠시 달러 대비 엔화 환율을 그래프로 만나보시죠.

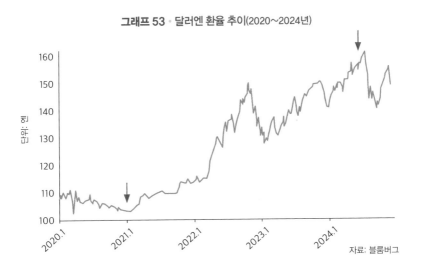

그래프 53 · 달러엔 환율 추이(2020~2024년)

자료: 블룸버그

2021년 달러엔 환율은 달러당 105엔 정도를 기록합니다. 그러나 4년여가 지난 2024년 7월, 달러당 162엔까지 50퍼센트 이상의 급등이 있었습니다. 엔 약세 속도가 워낙 가팔랐기에 외국에서 수입되는 물가 역시 높아졌겠죠. 그래프상에는 나타나지 않지만 2022년 2월 러시아-우크라이나 전쟁이 발발하면서 국제유가는 배럴당 135달러까지 치솟았습니다. 국제유가 상승 및 미국의 거대한 인플레이션, 그리고 엔 약세까지 겹치면서 일본은 과거 30여년간 볼 수 없던 이례적인 인플레이션을 만나게 됩니다.

다음 그래프는 1980년대 이후 일본의 소비자물가 추이를 보여줍니다. 1980년대에는 높은 물가상승률을 보이던 일본이었지만 1990년대 초반 부동산 버블 붕괴 이후 뚜렷한 물가상승세, 즉 인

그래프 54 · 일본 소비자물가 장기 추이(1980~2024년)

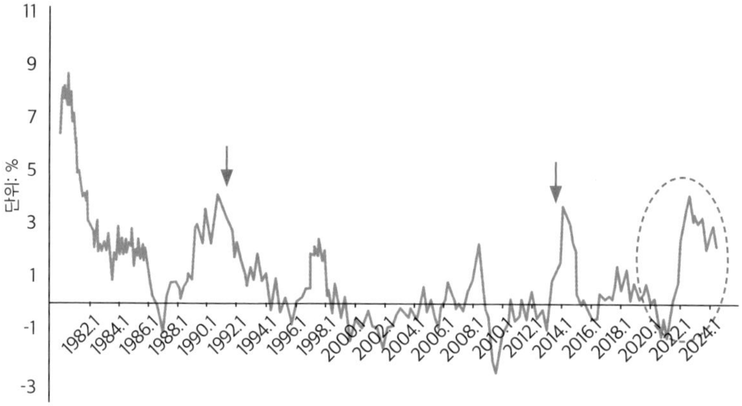

자료: 블룸버그

플레이션을 만날 수 없었죠. 2014년에 일회성 이벤트로 소비세 인상이 단행되었을 때 소비자물가 상승률이 높아진 것을 제외하면 저물가 기조를 유지했고요. 가로축인 0퍼센트를 하회하는 경우도 종종 나타나면서 디플레이션의 위험을 보다 크게 느꼈습니다.

그러나 2021년을 바닥으로 소비자물가 상승세가 심상치 않게 진행되고 있죠. 그야말로 30여 년 만에 찾아온 인플레이션입니다. 30년간 디플레이션을 겪은 일본이 강한 인플레이션에 시달리게 됩니다.

지금 일본의 30대는 인플레이션을 전혀 경험하지 못한 세대일 텐데요, 이들 앞에 물가 상승이라는 망령이 나타난 겁니다. 수시로 인플레이션을 겪으면서 시달린 다른 국가들과 비교하면 디플레이션의 나라 일본이 겪는 인플레이션은 사뭇 다르게 느껴지겠죠. 당연히 일본 서민 경제에 충격을 주기 시작합니다. 잠시 기사를 인용하겠습니다.

日 작년 소비자물가 3.1%↑… "식품 가격 상승에 41년 만 최대폭"

《연합뉴스》, 24. 01. 19

40년 전통 '100엔 스시' 사라졌다… 일본에 무슨 일이?

《매일경제》, 22. 10. 19

일본, 치솟는 물가에 표심 변화… 여야, 앞다퉈 지원책 내놔

《내일신문》, 24. 10. 22

네, 특히 식료품 가격의 급등이 일본 서민 경제에 충격을 주고 있다는 뉴스가 나오고요, 마지막 기사를 보면 치솟는 물가에 표심 변화가 나타난다는 보도까지 이어지죠. 먹고사는 문제가 불거지니 사람들의 불만이 커지면서 정치적인 이슈로 확대되고 있는 겁니다. 다만 물가가 오르더라도 경기가 좋아져서 기업들이 급여를 많이 인상해 주면, 그래서 물가가 오른 만큼 소득이 늘었다면 그 충격이 최소화될 수 있죠. 그렇지만 다음 기사를 보면 그조차 쉽지 않아 보입니다.

日 노동자 실질임금 다시 마이너스 행진… 2개월 연속 감소

일본 후생노동성이 7일 발표한 '9월 근로통계조사'(속보치)에 따르면 직원 5명 이상 업체의 노동자 1인당 평균 명목임금은 월 29만 2551엔(약 262만 원)으로 작년 같은 달보다 2.8% 늘었다. 명목임금 증가세는 33개월째다. 그러나 물가 변동을 고려한 실질임금은 1년 전보다 0.1% 줄어 2개월 연속 감소세를 나타냈다. 《연합뉴스》, 24. 11. 07

명목임금은 월급으로 받는 금액, 그 자체를 말합니다. 기사를 보면 받는 월급 자체는 지난해 대비 2.8퍼센트 늘어났습니다. 이건 좋은 소식입니다만 물가가 지난해 대비 2.9퍼센트가 오르면 어떤 일이 벌어질까요. 급여가 올랐지만 그 이상으로 물가가 올랐

으니, 실질임금은 마이너스를 기록하게 될 겁니다. 위 기사를 보면 일본의 실질임금은 2개월 연속 감소했다고 하죠. 물가 상승으로 인해 일본 서민 경제가 더욱 팍팍한 삶을 견뎌야 함을 의미합니다. 그럼 당연히 이렇게 물가가 올라가도 이를 좌시하는 정부에 대한 대중의 불만도 생겨날 수밖에 없겠죠. 그래서 이런 기사들이 나오게 됩니다.

'디플레의 나라' 일본 덮친 인플레 쓰나미에… 기시다 지지율도 꺾였다

《서울경제》, 22. 06. 20

물가는 정부 지지율에도 직격탄을 날리고 있다. 최근 기시다 내각의 지지율은 10%대까지 떨어졌다. 오는 9월 기시다 내각의 수명 연장이 어려울 것으로 보는 시각도 높다. 국민이 먹고사는 문제에 실패한 총리의 재선 사례는 드물다.

《매일경제》, 24. 06. 18

네, 디플레이션의 나라 일본에 찾아온 인플레이션, 그 충격으로 3년여 간 일본을 이끈 기시다 후미오(Kishida Fumio) 총리는 자리에서 물러날 수밖에 없었죠. 기시다 전 총리 입장에서는 상당히 억울한 점이 많았을 겁니다. 아베 신조 이후 3년여 간 일본의 총리를 맡으면서 경제적으로 큰 성과를 만들어왔기 때문이죠.

참고로 최근 일본 경제는 엔 약세와 수출 호조, 그리고 일본 내 경기 반등 기조로 강한 회복세를 나타냈고, 30여 년 이상 이어졌던 디플레이션에서도 벗어날 수 있었습니다. 일본 경제 개선에 대한 기대감은 일본 대표 주가 지수인 니케이225를 밀어 올리는 큰 동력이 되었습니다. 니케이225 지수는 30여 년 만에 초강세를 나타내며 버블 경제 당시 기록했던 고점을 넘어서는 데 성공합니다. 일본 니케이225 지수 장기 추이를 잠시 보시죠.

1990년대 초반 3만 9000 선까지 뛰어오르면서 고공비행을 했던 니케이225 지수는 이후 장기 침체를 겪으면서 상당 기간 부진했죠. 하지만 기시다 내각 3년 동안 일본 주식시장은 재차 호황을 맞이하면서 전 고점을 넘어서는 데 성공했습니다. 디플레이션 불

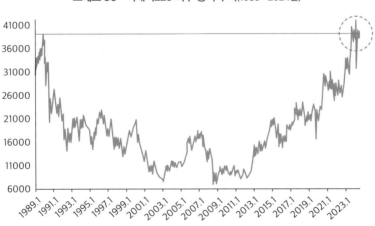

그래프 55 · 니케이225 지수 장기 추이(1989~2024년)

자료: 블룸버그

244

황이 가장 큰 문제이고, 고착화되어 있기에 그 늪에서 빠져나올 수 없을 것이라는 비관론을 깨고 인플레이션을 만들어 낸 것 역시 성과 중 하나였죠. 그러나 되려 그로 인해 만들어진 물가 상승이 일본 서민들의 삶에 부정적 영향을 미치자 기시다 총리는 물러날 수밖에 없었던 겁니다. 이렇듯 일본 내 물가 상승 문제는 상당히 큰 사회적 문제, 그리고 정치적인 이슈로 불거지고 있죠. 그렇다면 이걸 그대로 놓아둘 수 있을까요?

인플레이션에 대응하는
일본의 오락가락 금리 인상

일본 내에서는 인플레이션 문제를 더 이상 좌시할 수 없는 상황이 되었습니다. 그리고 그런 인플레이션은 엔 약세에서 기인한 바가 큽니다. 그렇다면 엔 약세를 해결하는 것이 가장 큰 지상 과제가 되겠죠. 엔 약세는 일본의 낮은 금리와 상대국, 특히 미국의 높은 금리로 인한 금리차에 기인합니다. 3월 금리 인상을 했음에도 이후 자신 없이 우물쭈물하는 모습을 보이며 국민들의 신뢰를 잃어버린 일본 중앙은행입니다. 시장은 금리 인상에 더욱 강한 엔 약세로 화답했죠. 이런 흐름이 이어지면 안 되기에 강한 태클이 필요하지 않을까요? 네, 그래서 일본 중앙은행은 2024년 7월 말 시장의 예상을 깨고 두 번째 금리 인상에 나섭니다.

일본은행 기준금리 0.25%로 인상 단행 "2008년 이후 가장 높은 수준"

《한경비즈니스》, 24. 07. 31

워낙 소극적인 일본 중앙은행을 보면서 시장 참여자들은 추가 금리 인상이 매우 늦게 이뤄질 것이라고 전망했습니다. 그런데 3월 금리 인상 이후 4개월 만에 허를 찌르는 금리 인상을 단행한 것입니다. 0.25퍼센트로 기준금리가 인상되면서 2008년 이후 가장 높은 수준을 기록했습니다. 중요한 것은 두 번째 금리 인상 자체가 아니죠. 금융시장은 미래를 반영합니다. 향후 추가 인상이 어느 정도 속도로 나와줄 것인지가 관건인데 일본은행은 기존의 소심한 스탠스를 뒤로한 채 강경한 모습을 보입니다. 기사 제목 두 개 인용해 보죠.

우에다 日銀 총재 "추가 금리 인상, 경기에 강한 제동 안 걸려"

《뉴시스》, 24. 07. 31

일본은행 총재 "실질금리 큰 폭 마이너스"… 추가 인상 여지 시사

《연합뉴스》, 24. 07. 31

일단 첫 번째 기사에서는 추가로 금리를 인상해도 그 충격으로 인한 일본 경기의 침체 우려가 크지 않다는 점을 강조하고 있습니다. 더 인상해도 된다는 얘기죠.

두 번째 기사에서는 조금 어려운 단어가 나옵니다. '실질금리'라는 단어인데요, 우리가 만나는 금리는 명목금리입니다. 정기예금금리가 4퍼센트라고 가정합니다. 이건 어디까지나 명목금리입니다. 4퍼센트면 높다고 느낄 수 있지만 만약 물가가 매년 10퍼센트씩 오른다면 어떨까요? 물가를 감안한 금리, 즉 실질적 금리라고 할 수 있는 실질금리는 명목금리 4퍼센트에서 물가상승률 10퍼센트를 차감한 마이너스 6퍼센트가 됩니다.

실질 금리가 이렇게나 낮은 수준을 기록한다는 얘기는 금리가 더 올라도 물가상승률만큼은 따라가지 못한다는 거겠죠. 네, 추가로 금리를 더 인상해야 한다는 얘기입니다. 더욱 중요한 단어가 보이네요. 실질금리가 '큰! 폭!' 마이너스라고 합니다. 추가 금리 인상을 더욱 가열차게 한다는 의미로 읽을 수 있겠죠. 여기서 금융시장은 강한 긴장감을 느끼게 됩니다. '우리 일본은행이 달라졌어요'로 대변되는 긴장감이 커지면서 금융시장에서는 빠른 추가 금리 인상을 고려하게 되죠. 그럼 일본 내 시장 금리가 상승하게 되겠죠. 엔캐리 트레이드의 핵심은 금리차입니다. 일본의 금리가 제법 오를 것 같다면 양국 간의 금리차가 미래에는 더욱 축소될 수 있다는 기대를 자극하게 되겠죠.

여기서 그치지 않습니다. 일본은행은 금리를 인상해야 할 시점을 계속해서 늦춰왔죠. 문제는 이제야 등 떠밀려서 이 악물고 금리를 인상해 보려고 하는데 미국에서 다시금 경기 침체에 대한 얘기가 흘러나오는 겁니다. 미국 경기가 둔화될 것으로 보여 미국 연준이 지난 3월과는 달리 빠른 금리 인하를 준비하고 있다는 소식이 일본의 7월 금리 인상 직후에 들려오기 시작합니다.

일본이 금리를 예상보다 빠르게 인상하는데 미국이 예상보다 빠르게 금리 인하를 단행하면 양국 간의 금리차가 큰 폭으로 줄어들지 않을까요? 미국과 일본의 금리차가 신속히 좁혀진다면 당연히 일본에서 낮은 금리로 돈을 빌려서 미국의 높은 금리에 투자를 하려는 수요가 크게 줄어들 겁니다. 또 일본은 금리를 인상하고 미국은 금리를 낮추니 달러 대비 엔화 가치가 높아지겠죠. 네, 달러당 162엔까지 치솟았던 달러엔 환율이 고점을 형성한 후 빠르게 하락하기 시작(달러 대비 엔 강세)합니다.

금리차가 좁아지고 달러 대비 엔화가 강해집니다. 엔캐리 트레이드 투자에는 최악의 조건이죠. 추가적인 엔캐리 트레이드가 진행을 멈추면 기존 투자자들은 빠르게 빠져나오고자 할 겁니다. 그럼 미국에서 자산을 매각하고, 그렇게 받은 달러를 팔고, 엔화를 사서 본국으로 되돌아가겠죠. 이 과정에서 자산시장은 크게 흔들리고 엔화를 사려는 수요가 단기에 급속도로 늘어나는 만큼 엔 강세는 삽시간에 진행됩니다. 2024년 8월 5일 달러엔 환율은 달러당 140엔 초반 수준까지 큰 폭으로 하락했죠. 100엔당 910원 정도를 나타내던 엔원 환율 역시 크게 뛰어오르면서(원화 대비 엔 강세) 순식간에 965원을 기록했습니다. 그리고 글로벌 금융시장에서 주식이나 부동산 등의 자산 매각이 빠르게 나타나면서 전 세계 주식시장이 강한 조정을 받았고, 일본 주식시장 역시 그 파고를 피하지 못하고 하루 만에 12퍼센트 하락하면서 패닉 상황을 맞이했죠.

금융시장이 크게 흔들리고 엔화 강세가 너무나 빠르게 진행됩니다. 엔 강세가 강화될수록 엔캐리 트레이드 청산이 더욱 빨라지고 과감해지겠죠. 엔 강세가 엔캐리 청산을 낳고, 엔캐리 청산은 엔 강세를 강화합니다. 그리고 더욱 강해진 엔은 엔캐리 청산을 또 자극하는 이런 악순환의 고리가 형성되죠.

여러분이 일본 중앙은행이라면 어떤 선택을 할까요? 2024년 3월 금리를 인상한 이후 소심한 플레이를 하다가 시장 참여자들에게 무시를 당했죠. 결국 더 이상의 엔 약세를 좌시할 수 없어 이를 악물고 금리 인상에 돌입합니다. 그런데 이번에는 공포에 제대로 질려버린 시장이 엔 초강세를 만들어 내죠. 8월 5일의 거대한 쇼크가 시장을 뒤흔들고 난 여진이 남아 있던 8월 7일에 일본 중앙은행의 우치다 신이치(Uchida Shinichi) 부총재는 기자회견에서 이런 얘기를 남깁니다.

일본은행 부총재 "시장 불안정한 상황서 금리 인상은 안 할 것"

《연합뉴스》, 24. 08. 07

"금융시장 불안하면 금리 인상 안 해" 발언에 日 증시 환호

《이데일리》, 24. 08. 07

네, 사실상 일본은행의 항복 선언이라고 보시면 됩니다. 7월 31일 추가 금리 인상의 기치를 들어올린 일본은행입니다. 그러나 8월 5일의 충격에 놀란 나머지 7일 만에 꼬리를 내리고 말았죠. 이에 금융시장은 이런 평가를 내리면서 안도의 한숨을 쉽니다.

'오락가락' 일본은행 금리 정책… "연내 추가 인상 가능성 줄어"

《연합뉴스》, 24. 08. 09

'오락가락'이라는 단어, 일본은행의 일관된 정체성 같은 느낌을 주네요. 일관되게 오락가락하는 행보라니 자존심 상하는 비판이겠지만 일본은행이 2024년 1년간 보여준 행보는 이런 비난에서 자유롭지 못할 듯합니다. 그렇지만 이런 비난을 듣더라도 극도의 혼란을 보이는 금융시장을 안정시킬 수 있다면 나름 의미 있는 대응 아니었을까요? 일본은행이 기준금리 인상을 멈추면서 엔캐리 트레이드 청산이라는 큰 충격은 해프닝 정도로 마무리되었지만 여전히 해결된 문제가 없습니다. 엔캐리 청산을 촉발한 것은 일본은행의 강한 금리 인상 의지였습니다. 금리 인상은 엔 약세를 꺾어버리기 위함이었죠. 엔 약세는 인플레이션의 근본 원인입니다. 인플레이션 제압을 위해서 시작한 금리 인상인데, 제압하기도 전에 금융시장이 크게 흔들리니 이를 포기한 셈이죠.

그렇다면 일본은행은 인플레이션을 잡을 수 있을까요? 인플레이션도 오랜 기간 이어지면 하나의 심리로 자리잡게 됩니다. 이를 인플레이션 고착화라고 하죠. 일본은 30년간의 디플레이션을 겪으면서 디플레이션 고착화에 빠졌던 바 있죠. 이 늪에서 끌어올리기 위해 마이너스 금리까지 가는 극단적인 돈 풀기를 할 수밖에 없었던 겁니다. 그런데 디플레이션의 늪에서 나오자마자 인플레이션의 늪에 빠졌고, 그런 인플레이션을 조속히 제압하지 못하고 계속 질질 끌고 있는 셈이죠. 그럼 인플레이션이 장기화되면서 새로운 고질병으로 자리잡게 되지 않을까요? 여기서 새로운 변수가 등장하죠. 바로 트럼프입니다.

2024년 11월 트럼프 후보가 미국 대통령에 당선되면서 일본 역시 셈법이 복잡해졌습니다. 트럼프는 전 세계 성장을 미국으로 가져오고 싶어합니다. 이로 인해 미국의 나 홀로 성장, 혹은 이기적 성장은 미국 경제를 활활 타오르게 하고 그로 인해 미국 내 물가 상승 압력을 높일 수 있습니다. 물가 불안이 남아 있는 만큼 미국 연준은 시장이 기대했던 것처럼 빠른 금리 인하에 나서지 못할 가능성이 높죠. 트럼프 당선 직후 금융시장 참가자들은 미국 금리 인하 속도가 매우 늦춰질 것이라는 전망에 힘을 실어줍니다. 미국 금리가 빠르게 내려올 것이라는 기대가 다시 약해진 셈이죠.

일본이 금리를 인상하지 않는데 미국 금리가 높은 수준을 계속 유지한다면 미국과 일본의 금리차가 다시금 벌어지게 될 겁니다. 실제로 미국 10년 국채금리와 일본 10년 국채금리의 차이는 다시 크게 벌어졌죠. 미국 금리가 높은 만큼 달러는 엔화 대비 강세를 보이게 되면서, 재차 엔화 약세 기조가 형성됩니다. 엔 약세가 심해진다면 물가를 또 자극할 수 있습니다. 그럼 금리 인상 카드를 고려해야 하지 않을까요? 그래서 또 이런 기사가 흘러나옵니다.

일본은행 총재 '금리 인상, 물가 안정에 도움'… 日 12월 금리 또 올리나

《파이낸셜뉴스》, 24. 11. 18

우에다 日은행 총재 '금리 추가 인상' 가능성 언급… "임금·국제 상황 고려할 것"

《파이낸셜뉴스》, 24. 11. 30

이 글을 쓰면서도 마치 무한궤도를 도는 것처럼 지겹다는 느낌을 받습니다. 또 오락가락이 시작되는 걸까요? 큰 충격으로 금리 인상은 멈췄지만 그 자체가 미봉책이었던 거죠. 인플레이션이라는 근원의 병을 치료하지 못하니 멈춰선 지 불과 3개월이 지났는데 다시 금리 인상 카드를 검토하고 있습니다. 이쯤 되면 상당히 답답하다는 느낌도 드실 겁니다. 인플레이션이 장기화되면 고착화로 이어지고, 나중에는 그런 인플레이션을 제압하기 훨씬 힘들어질 텐데 물가 상승이라는 병을 키우는 셈이죠.

왜 이렇게 일본은 오락가락하며, 중심을 제대로 잡지 못하는 걸까요? 그런데 일본은행이 겪어왔던, 그리고 일본 경제가 겪어왔던 과거의 이야기들을 들어보시면 왜 저런 행동이 나오는지 어느 정도 공감하실 수 있을 겁니다. 사람은 누구나 자신이 살아온 과거로부터 결코 자유로울 수 없죠. 경제도 마찬가지입니다. 경제를 조절하려는 일본 중앙은행 등의 기관도 비슷하리라 생각합니다. 오락가락하는 데는 이유가 있다는 점, 이는 일본 경제의 과거를 보면 알 수 있을 것이라는 점을 말씀드렸습니다. 지금부터 그 과거로 가보겠습니다.

12

일본은행의
트라우마

일본 경제가 겪어온 힘들었던 과거, 그런 과거의 트라우마들이 일본은행에게는 적시 금리 인상, 혹은 엔화 약세 제어를 하는 데 상당한 걸림돌이 되고 있습니다. 우선 일본 경제는 엔 강세에 대한 좋지 않은 기억을 가지고 있습니다. 엔 강세 시기마다 일본 경제가 매우 고전했기 때문이죠. 또한 일본 중앙은행은 섣부른 금리 인상으로 경제를 무너뜨리거나 실물경기 회복의 싹을 잘라냈던 실수도 해왔습니다. 우선 엔 강세에 대한 일본의 어려웠던 기억부터 시작해 보겠습니다.

엔 강세에 대한 두려움

엔 약세는 수입 물가의 상승을 자극해 인플레이션을 낳게 되죠. 반대로 엔 강세는 수입 물가를 찍어 누르면서 전반적인 물가의 하락, 즉 디플레이션을 만들어 내곤 합니다. 일본은 1990년대 버블 붕괴 이후 장기 디플레이션으로 신음하고 있었죠. 여기에 엔화 강세 때문에 디플레이션이 더욱 강해지자 사람들은 계속해서 물가가 더 하락할 것이라는 기대를 하면서 당장의 소비를 먼 미래로 미루게 됩니다. 물가가 하락할 것 같으면 지금 살 것을 가격이 하락한 미래에 사들이는 게 더 낫다는 심리가 작용하기 때문이죠. 엔 강세 디플레이션은 이렇게 디플레이션의 늪에 빠진 일본의 소비에 부정적 영향을 미쳐왔습니다.

또한 엔화가 강세 기조를 형성하면 일본 엔화 표시 수출 제품의 가격이 높아지면서 수출 경쟁력이 낮아지게 되죠. 장기 침체와 디플레이션 기대 심리로 일본의 내수 소비 수요는 쉽게 회복되지 못했습니다. 그런 상황에서 엔 강세 때문에 수출까지 부진하면 일본 경제는 그야말로 사면초가에 처하게 되겠죠. 네, 그래서 일본은 엔 강세, 그로 인한 디플레이션에 대해 경계하는 면이 상당히 강합니다. 실제 대표적으로 엔이 강했던 두 번의 국면을 짚어보겠습니다. 우선 달러엔 환율의 장기 그래프를 보시죠.

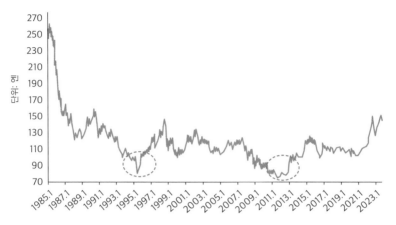

그래프 56 • 달러엔 환율 장기 추이(1985~2023년)

자료: 블룸버그

1985년 1월부터 2023년까지 달러엔 환율의 장기 추이를 그려 보았습니다. 1985년 중반 이후 빠른 속도로 달러엔 환율이 하락 했는데요(달러 대비 엔 강세), 그런 환율 하락 추세는 1995년 4월까 지 이어졌죠. 당시 달러당 80엔을 하회할 정도로 큰 폭의 엔화 환 율 하락이 진행되었습니다. 1985년 초 달러당 250엔이었던 환율 이 1995년 초 달러당 80엔까지 하락한 것이죠. 달러원 환율로 빗 대어 설명하면 1985년 초 달러원 환율이 1000원이었는데, 거의 300원 수준까지 하락한 겁니다. 달러 대비 원화가 초강세를 보인 셈이죠. 1980년대부터 시작되어 10년 이상 이어졌던 엔 강세의 끝자락이었던 1995년에 일본 경제는 매우 힘든 시기를 지내야 했 습니다. 엔 강세에 대한 트라우마가 남을 만하죠.

이후 1995년 기록했던 달러엔 환율의 저점은 쉽게 깨지지 않았는데요, 2011년~2012년을 거치면서 달러당 75엔 수준까지 무너져 내리게 됩니다. 1995년보다 더한 엔화 강세였죠. 당시 동일본 대지진으로 일본 경제가 매우 힘들었는데요, 때마침 찾아온 엔화 강세로 인해 그 충격이 배가되면서 일본에 대한 비관론이 극에 달했던 바 있습니다.

다음 그래프는 1990년부터 1997년 초까지 일본 대표 주가 지수인 니케이225 지수와 달러엔 환율의 흐름을 보여줍니다. 버블 붕괴 이후 일본 경제는 어려운 상황에 처했는데요, 그럼에도 엔화는 지속적인 강세(파란색 선, 달러엔 환율의 하락)를 보였죠. 그래프 끝에 나타난 원을 보면 달러엔 환율이 큰 폭으로 하락하는 모습이

그래프 57 · 니케이225 지수 및 달러엔 환율 추이(1990~1997년)

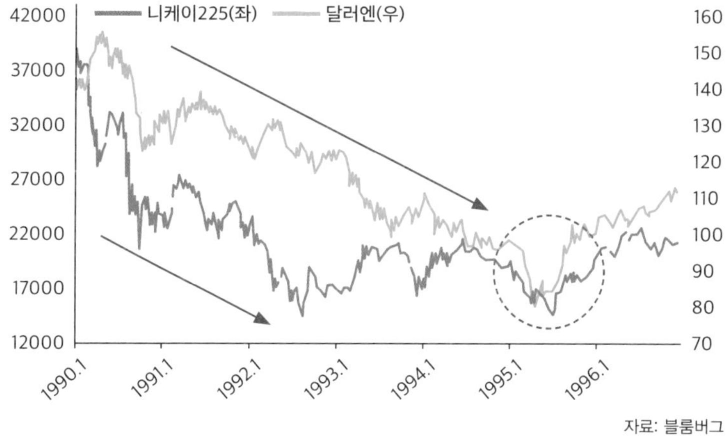

자료: 블룸버그

그려져 있습니다. 1995년 1월 발생한 고베 대지진입니다. 이 지진으로 일본 손해보험사들은 대규모 보험금을 지급해야 하는 상황에 처하게 됩니다. 이에 외국에 투자했던 자산을 매각하고, 그렇게 받은 달러를 팔고 엔화를 사서 본국으로 돌아오죠. 네, 엔캐리 트레이드 청산이 여기서도 일어났던 겁니다.

엔화 강세가 더욱더 심해지는 모습을 그래프에서 보실 수 있습니다. 당시 일본은 이미 버블 붕괴로 인해 내수 소비가 휘청이고 있었습니다. 그런 상황에서 지진까지 발생했으니 소비 성장 쪽에서는 답을 찾을 수 없었겠죠. 내수가 안 되면 수출로 활로를 찾아야 하지만 10여 년 이상 이어진 기록적인 엔 강세는 일본의 수출 성장에 걸림돌이 되었죠. 수출과 내수, 모두가 부진하자 당시 니케이225 지수에서 볼 수 있는 것처럼 일본 주식시장 역시 극도로 부진한 모습을 보였습니다.

1995년의 슈퍼 엔고를 넘어서는 더욱더 강한 엔고가 2011년에 있었습니다. 혹시 2011년 3월 일본이 겪었던 거대한 쓰나미를 기억하시나요? 당시 일본 열도의 동북쪽을 쓰나미가 휩쓸었고 일본 경제가 받은 충격은 어마어마한 수준이었습니다. 우리는 이를 '동일본 대지진'으로 기억하죠. 그렇다면 1995년 고베 지진과 마찬가지로 보험사들의 보험 지급 이슈가 재차 불거졌을 겁니다. 외국의 자산을 팔고 달러를 받은 후, 그 달러를 팔고 엔을 매입해서 돌아오는 플랜이 이어집니다. 엔캐리 트레이드 청산이 여기서도 나타

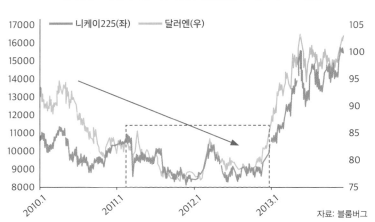

그래프 58 · 니케이225 지수 및 달러엔 환율 추이(2010~2013년)

자료: 블룸버그

났던 겁니다. 엔캐리 트레이드 청산에 따른 극단적 엔 강세가 이어지면서 달러엔 환율은 1995년 기록했던 저점을 깨고 내려가면서 달러당 75엔도 위협했던 바 있습니다. 당시 그래프를 보시죠.

위 그래프를 보면 1995년 당시처럼 달러엔 환율의 하락(엔화 강세) 국면에서는 니케이225 지수가 힘을 쓰지 못합니다. 2011~2012년에 일본 경제는 금융위기의 상흔이 여전히 남아 있기에 매우 느린 속도의 회복세를 보이고 있었습니다. 그런 상황에서 치명적인 자연재해를 맞으면서 더욱 어려운 상황에 처하게 되죠. 재난으로 인한 내수 소비 위축과 함께 엔화 초강세가 만들어 낸 수출의 부진이 겹치면서 일본 니케이225 지수는 7000~8000 수준까지 하락합니다. 1989~1990년 버블 붕괴 직전 고점이 3만 8000~3만 9000이었던 점을 감안하면 20여 년이 지난 시점에서

7000~8000 수준에 머물러 있는 일본 경제가 상당히 암울하게 느껴졌을 겁니다. 그리고 그런 엔 강세 및 일본 주식시장과 경기 부진 이슈는 2년여 더 이어졌죠.

그런데 그래프의 후반부에는 달러엔 환율이 큰 폭으로 상승(엔약세)하고 일본 주가 역시 빠른 반등세를 보이는 모습입니다. 바로 아베노믹스의 힘입니다. 아베 총리는 장기 침체에 빠진 일본 경제를 되살리기 위해서는 시장의 기대를 뛰어넘는 무제한의 엔화 살포가 필요하다는 점을 강조했죠. 과감한 재정 지출, 구조 개혁, 그리고 무제한 돈 풀기까지. 아베노믹스는 엔화의 공급을 크게 늘려 엔 약세를 유도했고 이에 일본의 수출이 개선되고 주식시장도 반등의 실마리를 찾았던 바 있습니다.

하지만 달러엔 환율의 하락, 즉 엔화 강세 기조가 두드러지게 나타났던 1995년과 2012년의 기억이 일본은행 인사들에게 생생하게 남아 있다면 엔 약세 기조가 너무 강하다 해도 갑자기 엔 강세로 넘어갈 것을 두려워할 수밖에 없을 겁니다. 엔 강세에 대한 트라우마는 끝없이 진행되는 엔 약세를 제어하기 위한 과감한 엔 강세 정책을 다소 어렵게 만드는 요인이 될 수 있겠죠. 이런 점을 감안한다면 2024년 8월 5일 엔캐리 트레이드 청산으로 인해 엔화가 초강세를 보이던 시점에서 일본은행이 얼마나 놀랐을지 대충 짐작이 가실 것입니다.

이왕 아베노믹스 얘기가 나왔으니 이후의 상황까지 조금 더 다

그래프 59 · 니케이225 지수 및 달러엔 환율 추이(2010~2024년)

자료: 블룸버그

루어 보죠. 위 그래프는 2010년부터 2024년까지 달러엔 환율과 니케이225 지수의 추이를 그린 겁니다. 앞선 동일본 대지진 케이스에서 살펴본 2011~2012년은 ①번 국면으로 보실 수 있죠. 이후 아베노믹스의 등장과 함께 무제한 엔화 공급이 이루어지면서 엔화 약세와 함께 일본 주식시장의 기록적인 강세가 시작되었습니다. 그런데요, 그 이후 과정이 순탄하지는 않았습니다. 아베노믹스가 본격화된 2013년 이후 빠른 엔 약세와 주가 상승세를 보이던 일본 금융시장은 2014년 들어 태클에 걸리게 됩니다. 우선 아베노믹스가 과연 어느 정도 효과를 보일 수 있을지에 대한 의구심이 있었고, 너무나 과격한 아베노믹스식 돈 풀기에는 한계가 있을 것이라는 냉소도 함께 작용했습니다. 그 상황을 나타낸 시기가 바로 ②번 국면이죠. 그러나 이런 냉소와 의구심에도, 일본은행은 2014년 11월 초 기습적인 제2차 양적완화를 단행하면서 돈 풀기가 이어질 수 없을 것이라던 시장의 예상을 보기 좋게 깨버렸습니다. 이후 큰 폭으로 상승하는 달러엔 환율과 니케이225 지수를 보실 수 있죠. 이후의 상승세는 ③번 국면이 시작되기 전까지 이어졌습니다.

③번 국면에서는 우선 중국 경제가 상당히 고전 중이었죠. 중국 경기의 부진이 전 세계, 특히 아시아 지역 국가들의 성장에는 부정적인 영향을 줄 가능성이 높았습니다. 그런 상황에서도 수출 성장을 위해 일본은 아베노믹스의 기치를 높게 들면서 엔화 공급을 늘리고 있었습니다. 그런데요, 언제까지 무제한으로 엔화를 풀 수 있겠는가에 대한 근본적 회의론이 급부상합니다. 이후 일본은행도 무제한으로 엔화를 푸는 것이 아니라 2016년 1월 마이너스 금리 도입이라던지, 2016년 9월 수익률곡선통제(YCC, 장기 채권이 수익률이 정해진 범위를 이탈할 시 중앙은행이 매입 또는 매도하여 원하는 수준의 수익률을 통제하는 정책, 권말 22쪽 참고)의 도입으로 문제를 해결하려는 움직임을 보이면서 어렵사리 ③번 국면을 극복할 수 있었죠. ④번 국면은 미중 무역전쟁으로 글로벌 경제 불확실성이 극대화되었던 상황에 미국이 금리를 인하하면서 일본과 미국과의 금리차가 큰 폭으로 축소되며 엔화가 강세로 전환되었던 시기죠. 코로나19 사태를 전후로 과감한 돈 풀기가 이어지면서 엔 약세 기조가 막히는

순간순간마다의 난맥상을 해결했던 바 있습니다. ①~④ 과정을 보면 일본에게 엔화 강세 전환은 상당히 부담스럽다는 점, 그리고 완연한 엔 강세가 나타날 때 일본은행은 그런 강세 기조를 꺾기 위해 부단히 노력한다는 점을 알 수 있죠.

일본의 계속된 금리 인상 실수

일본은행이 엔 약세를 제어하는 데 상당히 조심스러워하는 이유를 과거의 트라우마를 통해 살펴보았습니다. 엔 약세를 꺾으려다 자칫 빠른 엔 강세로 치닫게 되면 일본 경제에 상당한 충격을 줄 가능성이 있기 때문입니다. 또 하나, 일본은행이 소극적으로 행동하는 점이 바로 금리 인상이죠. 일본은 금리 인상을 할 때 상당한 신중함을 보입니다. 마치 향후 금리 인상을 빠르게 지속할 것처럼 말하다가도 시장이 조금이라도 부담을 느끼면 바로 주춤하는 모습을 보이죠. 과거 설부른 금리 인상으로 거대한 자산시장에 충격을 준 경험, 실물경기 회복의 싹을 잘라버린 경험이 일본은행의 행동에 큰 제약을 주고 있습니다. 먼저 1989년으로 가봅시다.

1989년 하반기에 일본 주식시장은 뜨겁게 달아오르면서 연일 사상 최고치를 경신하고 있었습니다. 주식시장보다 뜨거웠던 곳이 바로 부동산시장이었죠. 일본의 부동산 가격은 쉴 새 없이 급등세를 이어갔습니다. 부동산, 주식을 비롯한 자산 가격의 버블은 일본의 소비를 자극하게 되고, 시차를 두고 물가를 끌어올릴 수 있습니다. 네, 인플레이션 문제가 현실화될 수 있는 것이죠.

이에 1989년 하반기 일본은행 총재로 임명된 미에노 야스시(Mieno Yasushi) 총재는 자산 버블을 막고자 매우 과격한 금리 인상에 돌입합니다. 당시 2.5퍼센트로 장기간 머물러 있던 일본 기준금리(공정금리)를 1년여 만에 6퍼센트까지 인상해 버린 것이죠. 부동산시장 버블이 더욱 그 열기를 더하면서 빚을 내서 부동산을 사려는 투자자들이 크게 늘어 있었는데, 당시 진행되었던 과감하고 과격한 금리 인상은 큰 빚을 내서 비싼 집을 사려는 투자자들에게 큰 부담을 전가합니다. 금리 급등으로 이자 부담을 감당할 수 없었던 일본 투자자들은 사들였던 집을 매각해서 대출을 갚고자 했는데요, 문제는 막상 집을 매각하려니 사려는 사람이 사라진 상태였던 것이죠. 주택시장에서 공급은 크게 늘어나는데, 수요가 사라지면서 주택 가격은 큰 폭으로 하락합니다. 잠시 다음 페이지의 당시 그래프를 보고 가시죠.

그래프에 표시된 점선 박스에 주목해 보시죠. 일본의 금리 인상 초기에는 워낙 과열되어 있던 일본 주식시장이 되려 상승세를 보였지만 금리 인상 속도가 빨라지자 방향을 크게 바꾸어 1990년도 초부터 급락세로 전환되는 것을 보실 수 있죠. 당시 일본의 부동산 매입을 위해서 일본 국민들은 상당한 빚을 냈다고 합니다. 일

자료: 블룸버그

본 부동산 가격의 빠른 하락 역시 일본의 버블 붕괴 및 잃어버린 30년의 서곡이 되었던 겁니다.

참고로 일본 니케이225 지수는 1990년 기록한 전 고점을 넘어서는 데까지 34년이라는 아주 긴 시간이 필요했습니다. 당시에는 과격한 금리 인상이 이 정도로 일본 경제에 큰 상흔을 만들어 낼 줄 몰랐겠지요. 1989년 미에노 일본은행 총재의 과격한 금리 인상을 '미에노의 실수'라고 말하기도 합니다.

다음의 금리 인상 케이스를 보시죠. 1990년 초 버블 붕괴를 겪은 이후 일본 경제는 여러 가지 경기 부양책을 총동원해도 쉽게 불황의 늪에서 빠져나오지 못했습니다. 다만 일본 경제는 1990년대 후반부 진행된 일본 금융 기관에 대한 대규모 구조조정, 엔화 약세 유도 정책 등의 영향으로 2000년으로 넘어오면서 조금씩 회복의 싹을 틔웠죠. 그리고 이런 회복 과정에서 사람들의 소비가 늘어나며 미약하나마 회복의 시그널이 나타나고 있다는 주장이 힘을 얻기도 했습니다.

그러나 소비가 늘어나게 되면 물가 상승 압력이 높아질 수 있습니다. 일본은 불과 10여 년 전인 1980년대 말, 물가 상승세가 두드러질 때 선제적으로 제압하지 않고 놓아두었다가 버블 경제를 맞이했던 아픈 기억이 있습니다. 이에 버블을 막기 위한 사전 긴축이 단행됩니다. 그러나 이런 사전 긴축은 과도하게 빠른 선제적 긴축이었죠. 오히려 회복의 씨앗을 망가뜨리는 악재가 되었던 겁니다. 잠시 그래프 61을 통해 확인해 보시죠.

파란색 선은 일본 기준금리, 황색 선은 니케이225 지수를 나타냅니다. 1997년 한국을 비롯한 동아시아 외환위기의 파고를 일본 역시 비껴가지 못했습니다. 그 충격을 완화하고자 일본은 1998~1999년 기준금리 인하를 단행하죠. 이후 일본 주식시장도 빠른 회복세를 보였고, 미국은 닷컴 기업들의 생산성 혁신에 힘입어 기술주를 중심으로 자산시장 초강세 및 소비의 확장이 나타나고 있었습니다. 이에 1999년에는 일본 니케이225 지수가 재차 2만 선을 넘는 기염을 토하기도 했죠.

그러나 2000년 하반기에 있었던 성급한 금리 인상(왼쪽 점선 박스)이 일본 경제에 충격으로 작용했죠. 일본 경제는 다시 위축되었

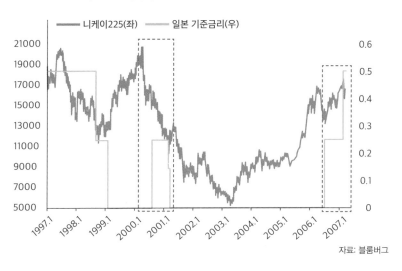

자료: 블룸버그

고, 이를 반영하면서 주식시장 역시 큰 폭으로 하락합니다. 순식간에 찾아온 경제 부진에 대한 대응으로 일본은행은 불과 수개월 만에 기준금리를 제로로 낮추게 되죠. 이전의 금리 인상이 실수였음을 반증했다고 할 수 있습니다. 일본에게 있어 운이 좋았다면 '잃어버린 10년'으로 끝날 가능성도 있었던 기회였는데요, 성급한 조기 금리 인상으로 인해 실패하며 '잃어버린 30년'으로 치닫게 되었던 겁니다. 당시 금리 인상을 단행한 일본은행 총재는 하야미 마사루(Hayami Masaru)였는데요, 1990년대 초 미에노의 실수처럼 2000년에는 하야미의 실수가 일본 경제에 악재가 되었습니다.

　마지막으로 2007년 일본은행의 기준금리 인상을 체크해 볼 필요가 있습니다(오른쪽 점선 박스). 2003년 일본은 부실 금융기관에 대한 전격적인 구조조정을 완료했고요, 1998년 동아시아 외환위기가 가져다준 충격에서도 서서히 벗어날 수 있었죠. 2000년대 중반 일본 총리로 취임한 고이즈미 준이치로(Koizumi Junichiro)는 우정국 민영화를 비롯한 과감한 개혁뿐 아니라 엔 약세를 동반한 통화 완화에도 초점을 맞췄죠. 이에 일본 주식시장은 초강세를 보였고, 외신에서는 아시아의 거인이 이제야 깨어나고 있다는 희망의 메시지를 쓰게 됩니다.

그러나 문제는 2006년과 2007년이었죠. 그래프 62를 보면서 이어가도록 하죠. 버블 붕괴 이후 전 세계에서 가장 빠른 회복세를 나타내는 일본 경제를 보면서 중국이나 미국처럼 인플레이션 압력이 커질 것을 우려한 일본 중앙은행이 기준금리 인상 카드를

그래프 62 · 니케이225 지수 및 기준금리 추이(2006~2011년)

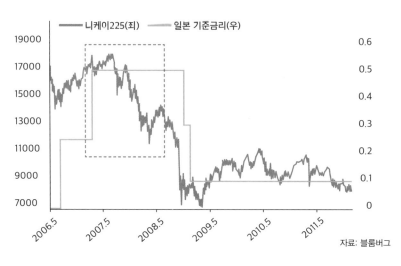

자료: 블룸버그

고려하게 됩니다. 2006년 4월 금리 인상이 단행된 이후 2007년 초에도 후속 금리 인상을 단행했죠. 그러나 점선 박스 안에 위치한 니케이225 지수의 추이에서 볼 수 있듯이 일본은행의 두 번째 금리 인상 이후 일본 경제는 가파른 하락세와 함께 장기적인 부진의 늪에 빠지게 됩니다. 앞서 2000년 금리 인상 실수 케이스에서 보셨던 것처럼 일본은행은 2007년 초 추가 금리 인상을 단행한 이후 무너지는 금융시장과 흔들리는 일본 경제를 보면서 2008년 하반기에 다시금 제로에 가깝게 기준금리를 낮추었죠. 네, 마찬가지로 그리 바람직하지 않았던 금리 인상이라고 보셔도 됩니다.

지금까지 일본이 겪어왔던 몇 가지 흑역사들을 살펴보았습니다. 엔 강세 시기에 큰 고생을 했던 경험들과 그런 엔 강세에서 벗어나려 애썼던 매우 어려웠던 기억들은 이후에도 나타날 엔 강세를 부담스럽게 느끼게 하는 주요 요인이 됩니다. 아울러 인플레이션을 제압하기 위해 조기 금리 인상에 나섰다가 버블을 심각하게 무너뜨리거나 회복의 씨앗을 꺾어버렸던 실수의 경험 역시 가지고 있죠.

급격한 엔 강세에 대한 부담과 금리 인상에 대한 부담, 이 두 가지를 가지고 있는 일본은행에게 엔 약세를 막기 위한 금리 인상 고민은 상당히 부담스러울 겁니다. 큰 부담을 안고 행동에 나서야 하는 일본은행입니다. 그럼 실수를 최소화하기 위해서라도 성큼성큼 움직이지 않고 신중하게 행동할 필요가 있겠죠. 그리고 무언가 선제적으로 나서서 행동하기보다는 하나하나 정책의 효과가 어떻게 나타나는지를 보면서 조금은 늦더라도 천천히 움직이려 할 겁니다. 이런 내용들을 토대로 향후 엔화의 전개 방향을 이야기해 보겠습니다.

13

엔화의 향방 및
투자 방향 고찰

일본은 디플레이션의 늪에서 빠져나오기 위해 2012년 하반기부터 과감한 돈 풀기에 돌입했고, 장기적인 통화 완화를 이어가면서 장기 침체에서 완벽하게 벗어날 방법을 찾았죠. 그러나 이 과정에서 과도한 엔 약세가 진행되며 일본 내 인플레이션 압력이 생각보다 훨씬 커지는 문제가 발생했다는 점을 확인했습니다.

저금리에 기반한 대규모 통화 완화로 엔 약세를 유도하는 정책이 장기화되면서 나타난 인플레이션입니다. 그 부작용이 너무 크다면 당연히 저금리에서 벗어나(금리 인상) 엔 강세로의 전환을 시도할 필요가 있겠죠. 그러나 일본은행이 과거에 겪어왔던 성급한 금리 인상으로 인한 흑역사들 그리고 혹독한 엔화 강세 시기에 너무나 고전했던 일본 경제에 대한 기억들은 인플레이션임에도 저금리 및 엔 약세 기조에서 과감한 전환을 하는 것을 주저하게 만들고 있습니다.

한 번 늪에 빠지면
나오기가 쉽지 않다

그러나 이런 주저함에도 불구하고 엔 약세를 계속해서 이어가기는 쉽지 않을 것으로 보입니다. 저금리와 엔 약세의 장기화는 결국 추가적인 물가 상승 압력의 확대를 낳습니다. 이미 3년 이상 이어진 물가 상승으로 일본의 서민 경제는 상당한 부담을 느끼고 있죠. 또한 고물가가 장기적으로 이어지면 인플레이션 심리 고착화가 나타나면서 인플레이션의 늪에서 빠져나오는 것이 매우 어려워집니다.

아베노믹스를 바탕으로 한 돈 풀기를 장기적으로 이어왔음에도, 잃어버린 30년으로 대변되는 디플레이션의 늪에서 빠져나오기까지는 최소 10년 이상의 시간이 필요했습니다. 그리고 단순히 돈 풀기만으로 끝난 것이 아니라 중간에 시장의 예상을 뒤엎는 제2차 양적완화, 장기 국채금리 통제, 마이너스 금리 도입 등의 다양한 후속 정책들이 필요했죠. 디플레이션과 인플레이션 모두 고착화되었을 때는 그 늪에서 벗어나는 데 상당한 희생이 따릅니다. 일본은행 역시 이 점을 충분히 고려할 것으로 보이고요. 엔화 약세 기조가 계속해서 이어지는 데 대해서는 경계의 메시지를 던질 것이라 생각합니다.

관건이 될
트럼프 제2기와의 무역 관계

대내적인 이슈도 있지만 대외적인 부분도 봐야겠죠. 트럼프 제2기 행정부는 상대국과의 교역, 특히 대미 무역 흑자를 대규모로 기록해 온 국가에 대한 견제를 기본으로 합니다. 잠시 2023년 말 기준으로 대미 무역 흑자를 기록하고 있는 국가들의 순위를 살펴보겠습니다. 다음 페이지의 그래프 63을 보시죠.

우선 대미 무역 흑자가 큰 국가 1위는 단연 중국입니다. 그리고 바이든 행정부에 들어서면서 멕시코가 빠르게 부상했죠. 일본 역시 베트남, 독일 등에 이어 712억 달러로 5위를 기록했습니다. 한국은 514억 달러로 8위를 기록했습니다. 과거 2017년 트럼프 제1기 행정부 취임 당시 200억 달러가 채 되지 않던 무역 흑자가 2023년 말 2배 이상으로 확대된 바, 관세 등의 통상 압박이 들어올 것이라 우려하고 있죠. 일본은 한국보다도 순위가 높습니다.

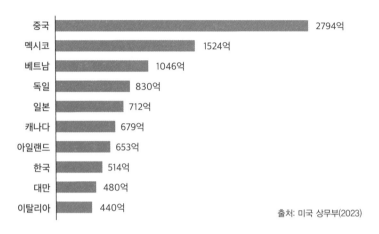

그래프 63 · 국가별 대미 무역 흑자(단위: 달러)

중국	2794억
멕시코	1524억
베트남	1046억
독일	830억
일본	712억
캐나다	679억
아일랜드	653억
한국	514억
대만	480억
이탈리아	440억

출처: 미국 상무부(2023)

당연히 무역 갈등이 존재할 겁니다. 참고로 트럼프 제1기 행정부 당시였던 2017년부터 2020년 말까지 일본과의 무역 관계에 대해 트럼프가 언급했던 내용들을 잠시 살펴보고 가시죠.

비즈니스 야성 드러낸 트럼프, "日과의 무역, 공평하지 않다"

《매일경제》, 17. 11. 06

트럼프 대통령은 "미국은 거의 모든 국가로부터 오랫동안 이용당해 왔다" 며 상황을 더 두고 볼 수 없다고 강조했다. 그는 무역 적자와 관련해 중국, 멕시코, 유럽연합(EU), 일본, 한국을 언급하며 "(무역 문제를) 바로잡을 것"이라고 말했다.

《연합인포맥스》, 18. 04. 17

"중국 다음은 너, 일본" … 트럼프, '새 무역전쟁' 예고

《머니S》, 19. 07. 06

2017년 초 취임 직후부터 트럼프는 일본과 중국이 환율 조작 (엔과 위안화 약세)으로 대미 무역 흑자를 늘리려 한다는 비난을 가했죠. 또 공평하지 않은 일본 등 국가와의 무역 관행을 바로잡겠다는 코멘트를 계속해서 이어갔습니다. 2018~2019년 미중 무역전쟁이 한창이던 시기에 중국과의 협상이 끝나면 다음 타겟은 일본이라는 말도 서슴지 않았죠.

일본을 견제할 때는 환율에 대한 언급이 항상 따랐습니다. 참고로 트럼프 행정부 제1기 당시의 엔화 환율 대비 제2기 행정부를 시작하는 2025년 즈음의 달러엔 환율 레벨은 한층 높은 상황(엔 약세 심화)입니다. 일본에게는 2024년 11월 환율관찰대상국으로 지정되었다는 다음과 같은 뉴스가 상당한 부담으로 느껴지겠죠.

미국 재무부는 14일(현지시간) 의회에 보고한 '주요 교역 대상국의 거시경제 및 환율 정책' 반기 보고서에서 중국, 일본, 한국, 싱가포르, 대만, 베트남, 독일 등 7개국을 환율관찰대상국으로 지정했다.

《연합뉴스》, 24. 11. 15

한국을 비롯한 7개국이 환율관찰대상국으로 지정됩니다. 일본도 이 리스트에 꾸준히 올라오고 있는데요, 여기서 추가적으로 과도한 엔 약세를 추구하는 데는 부담이 따를 것으로 보입니다. 결국 대내적으로는 인플레이션 고착화의 리스크가, 대외적으로는 과도한 통화 약세에 대한 미국의 압박 등을 고려하여 엔 약세를 억제할 것으로 보입니다. 대신에 엔 약세를 막는 과정에서 뜻하지 않게 나타날 수 있는 엔 강세 역시 막으려고 하겠죠. 네, 일본 입장에서 가장 바람직한 방향은 엔화 환율의 과격한 상승이나 하락이 아니라 안정일 겁니다. 그런데요, 어찌 보면 상승이나 하락보다 '안정'이라는 것이 가장 어려운 미션이겠죠.

무엇이든 안정이 가장 어렵다

공중에 풍선이 떠 있다고 가정해 봅니다. 풍선을 위로 보내려면 밑에서 풍선을 쳐올리면 되겠죠. 반대로 풍선을 바닥으로 밀어내리려면 풍선을 위에서 내리치면 됩니다. 그런데요, 풍선을 일정한 높이에 그대로 머물게 하려면, 특정 높이에 고정(안정)시키려면 어떻게 해야 할까요? 그냥 놓아두면 천천히 가라앉을 겁니다. 그럼 밑에서 위로 쳐서 올려줘야겠죠. 너무 강하게 치면 원하는 높이보다 풍선이 더 올라갈 수 있습니다. 그때는 위에서 살포시 눌러주면서 원하는 위치에 최대한 맞춰야 할 겁니다. 여기서 끝이 아니죠. 여전히 중력은 밑으로 작용하기에 놓아두면 계속해서 풍선이 떨어지려 하니 끊임없이 밑에서 풍선을 위로 밀어 올려줘야 하고요. 언제든 원하는 높이 위로 풍선이 올라갈 수 있으니 과도하게 오르는 것을 막기 위해 계속해서 위에서 눌러줘야 합니다. 네, 특정 위치에서 안정시키려면, 혹은 안정적으로 아주 천천히 내려가게 하려면 훨씬 손이 많이 갑니다.

엔화 역시 비슷할 것이라 생각합니다. 급격한 엔화 가치 절상 및 절하가 모두 어렵다면 안정을 원하겠죠. **그리고 그런 안정 속에서 인플레이션을 천천히 제어하기 위해, 통상 갈등을 완화하기 위해 아주 느린 속도의 안정적인 절상(달러엔 환율 하락)을 원할 것이라 생각합니다.** 특정 레벨에 엔화 환율을 머물게 하거나, 안정적으로 하락하게 만들려면 계속해서 일본 외환 당국이 위아래에서 마사지를 해줘야 하지 않을까요? 천천히 낮춰야 할 것 같으면 금리를 인상하고요, 그러다가 너무 빨리 환율이 하락(엔화의 빠른 강세)하려 하면 추가 금리 인상을 늦추면서 속도를 조절해야 하겠죠. 어디서 많이 읽던 내용 아닌가요? 네, 엔캐리 트레이드 청산을 전후해서 일본 당국이 보여주는 오락가락 행보가 여기에 해당됩니다.

아울러 투자자들 역시 고려해야 하겠죠. 코로나19 사태 이후 글로벌 금융시장 전체에 걸쳐 투자자들의 숫자가 크게 증가했습니다. 이들은 어디든 수익이 날 수 있는 곳으로 빠른 속도로, 그리고 대규모로 쏠리곤 하죠. 일본 당국이 과도한 엔화 약세에 대해 고심한다는 얘기는 이미 전 세계 투자자들 대부분이 알고 있습니다. 시간의 문제일 뿐 그리고 정도의 문제일 뿐, 엔 강세 전환 가능성이 더 높다는 데 베팅하려는 움직임은 계속 남아 있죠.

이런 상황에서 일본 당국이 움직일 것 같다는 시그널이 나올 때 시장 참여자들은 상당히 민감하게 반응할 겁니다. 보다 강한 금리 인상으로 엔 강세 의지를 강하게 드러내면 엔화 강세에 대한 베팅이 순식간에 확대되면서 엔 강세의 속도가 빨라지게 되겠죠.

반대로 예상보다 엔 강세 의지가 약하다면 되려 엔 약세로 빠르게 방향을 바꾸게 될 겁니다. 일본 당국이 의도하는 방향으로 보다 강한 시장의 움직임이 나타나는 것이죠. 쉽게 생각하면 엑셀이나 브레이크가 너무 민감한 자동차를 운전한다고 보시면 됩니다. 브레이크를 밟는 순간 갑자기 차가 확 서버리는 것이죠. 그런 급정거에 차량에 탑승한 사람들은 크게 휘청이게 되죠. 반대로 엑셀을 밟으면 엄청난 속도로 튀어 나가버립니다. 그럼 엑셀이나 브레이크를 편하게 밟을 수 있을까요? 아마도 매우 조심스럽게 움직일 것이고, 엑셀을 밟은 후에도 너무 빠르게 튀어 나갈까 두려워 브레이크를 언제든 살짝 밟을 준비를 하게 되겠죠. 엑셀을 밟으면서도 브레이크를 고려해야 하는 이런 상황은 일본은행이 처해 있는 상황과 매우 비슷합니다. 긴축을 하면서도 완화를 고려해야 하고, 완화를 하면서도 긴축을 신경 써야 하죠.

278

일본은행이 오락가락하는 이유는, 그들의 능력이 너무 부족해서라기보다는 일본은행은 통제 가능한 수준에서 물가와 환율을 안정시키길 원하지만, 시장은 강한 쏠림으로 그런 안정과는 배치되는 모습을 지속적으로 보여줬기 때문입니다. **이상의 내용을 종합해 보면 엔화는 느린 속도로, 안정적인 레벨에서, 천천히 강해질 것이라 생각합니다.** 이는 달러 대비 엔화(달러엔 환율)뿐 아니라 엔화 대비 원화 환율(엔원 환율)에서도 유효하다고 생각합니다.

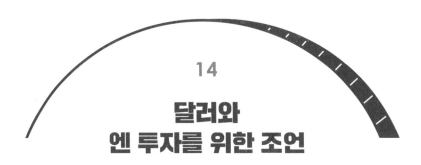

달러와
엔 투자를 위한 조언

앞서 달러와 엔화의 향후 흐름을 함께 살펴봤습니다. 결국 미국의 차별적인 성장이 이어질 것이라고 본다면 장기적 관점에서 달러에 투자할 필요가 있습니다. 일본 엔화는 다소 결이 다릅니다. 일본의 중장기 성장보다는 2012년 아베노믹스 이후 과도하게 진행되어 온 엔화 약세의 부작용이 어느 정도 한계에 달했기 때문에 완만한 엔화 강세를 고려할 필요가 있다는 점을 강조했죠. 엔화역시 긴 호흡으로 강세의 가능성을 바라보면서 포트폴리오에 반영할 필요가 있습니다.

그런데요, 항상 악마는 디테일에 있죠. 일반적으로 투자라고 한다면 주식 혹은 채권을 떠올립니다. 주식 투자는 과거부터 하셨던 분들이 꽤 많지만 개인의 채권 투자가 활성화된 건 불과 2~3년 전부터입니다. 주식과 채권을 전통자산이라고 하는데요, 그만큼 과거부터 익숙하게 투자의 대상으로 쓰였다는 의미입니다. 전통 자산인 채권에 대한 투자에서도 어색함을 느끼는데요, 이런 메인 디쉬가 아닌 사이드 디쉬 같은 성격의 외화 자산, 즉 달러 및 엔화 자산에 대한 투자는 더더욱 생소하지 않을까요? 중장기적 관점에서 달러와 엔에 대한 투자를 고려해야 한다는 이야기의 디테일을 하나하나 짚어보겠습니다.

환율 관련 뉴스를
따라가지 말자

모순적인 말씀을 드려보겠습니다. 앞서 투자 포트폴리오에 달러와 엔 같은 외화 자산을 편입할 필요가 있다고 했었죠. 그런데요, 경험적으로 보면 이런 외환에 대한 투자는 정말 난이도가 높습니다. 금융시장에는 '환율은 귀신도 모른다'라는 얘기가 있죠. 저 역시 환율에 대한 공부를 시작할 때 들었던 얘기인데요, 환율을 공부하는 초기에는 쉽게 공감하지 못했지만 경험을 쌓을수록 정말 공감이 많이 됩니다. 금리나 주가와는 또 다른 맥락에서 환율의 움직임을 봐야 할 필요가 있더군요. 왜 환율이 어려운 것일까요?

이런 질문을 드려보죠. 한국 코스피 지수가 큰 폭으로 오르내린다고 가정해 봅니다. 그런 움직임을 미국 혹은 일본 정부나 중앙은행이 신경 쓸까요? 아마 크게 관심이 없을 겁니다. 한국 시중은행의 주택담보대출 금리가 오르내리는 것을 중국이나 유럽 정부가 신경을 쓸까요? 관심 가질 이유가 전혀 없겠죠. 마치 우리 투자자들이 일본이나 미국의 주택담보대출 금리에 거의 신경을 쓰지 않는 것과 비슷한 이치일 겁니다. 네, 그냥 논외의 주제겠죠. 그런데요, 질문을 이렇게 바꾸어 보겠습니다. 달러원 환율이 크게 오르거나(달러 대비 원화 큰 폭 약세), 위안화 환율이 크게 오르내리면 미국이나 일본 정부가 신경을 쓸까요? 네, 당연히 관심을 가지고 일방적인 쏠림에 대한 경고 메시지를 던지겠죠.

환율은 분배를 말합니다. 자국 통화 가치를 낮추면 자국 통화 표시 제품의 수출 가격을 낮출 수 있죠. 글로벌 국가들이 치열한 수출 경쟁을 하는 상황에서 통화 약세로 가격 경쟁력을 확보할 수 있다면 그야말로 천군만마겠죠. 유리한 지위를 확보한 만큼 다른 국가 대비 더욱 양호한 수출을 할 수 있을 겁니다. 그런데요, 우리나라가 수출을 많이 하면 우리와 경쟁을 하는 다른 국가들은 당연히 수출이 안 되는, 직접적인 피해를 보게 되겠죠. 전 세계적인 저성장 기조가 이어지는 상황에서 내수 성장이 쉽지 않기에 수출 성장에 포커스를 두는 국가들이 많습니다. 이런 민감한 상황에서 특정 국가가 자국 통화 가치를 함부로 낮추면 당연히 이런 환율 변동에 국제 사회의 태클이 들어올 수밖에 없을 겁니다.

비슷한 맥락에서 혹시 '주가조작국' 혹은 '금리조작국'이라는 단어를 들어보신 적 있으신가요? 아마 거의 없으실 겁니다. 반면 '환율조작국'이라는 단어는 뉴스에서 쉽게 확인할 수 있죠.

美 재무부, 中 환율조작국 지정…"통화 가치 절하 오랜 역사 있어"

《뉴시스》, 19. 08. 06

美, 대만 환율조작국 지정… 한국 · 중국 관찰대상국 유지

《연합인포맥스》, 21. 04. 17

美, 환율 관찰대상국에 한국 다시 포함

《서울경제》, 24. 11. 15

지난 2019년 미중 무역전쟁이 확전 일로에 있을 때 트럼프 행정부가 중국을 환율조작국으로 규정하면서 선공을 가했던 기억이 있죠. 2021년에는 대만 달러 가치가 낮은 수준을 유지하자 대만을 환율조작국으로 지정하면서 환율에 강한 압박을 가했던 바 있습니다. 만약 환율조작국 지정과 같은 공격을 받게 되면 해당 국가는 환율의 방향성에 대해서 상당한 고민을 하게 되지 않을까요? 지속적인 통화 약세로 이런 경고를 받았다면 적어도 추가적인 통화 약세에 대해서는 상당히 신중한 행보를 보이게 될 겁니다. 주가나 금리에서는 보기 힘든 국제 사회에서의 견제라는 것이 환율에는 고려 대상이 되는 겁니다.

특히 미국은 「반기 환율 보고서」라는 것을 통해 특정 국가 통화가 인위적으로 가치를 낮추면서 해당국의 수출에 유리한 여건을 조성하는지를 모니터링합니다. 앞에서 한국이 지정되었던 것처럼 환율조작국의 전 단계로 '환율관찰대상국' 등을 지정하면서 꾸준히 경고를 주곤 하죠. 미국만 이런 경고 메시지를 주는 것이 아닙니다. G20 회의에서도 특정 국가 환율의 쏠림에 대해서는 강한 경고를 줍니다. 그리고 그런 환율의 쏠림이 해당 국가가 수출을 하기 위해 의도한 것이 아니라 무언가 투기 자본의 움직임에 의해 만들어진 것이라면 그런 쏠림을 막기 위해 G20 국가들이 공조에 나서기도 합니다. 기사 몇 개 보면서 가시죠.

日 재무상 'G20, 환율 쏠림에 필요한 조치 허용할 것'

《연합인포맥스》, 16. 04. 12

G20 "과도한 환율 변동 우려⋯ 경쟁적 통화 절하 회피"

《이데일리》, 16. 04. 16

日 재무상 "환율 안정 중요⋯ G20에서 적절히 대응"

《연합인포맥스》, 22. 04. 18

G20에서 환율 관련으로 자주 이슈가 되는 국가는 미국, 일본, 중국입니다. 특히 최근에는 일본 엔화가 종종 회자되었죠. 2012년에는 엔화의 일방적 강세가 해소되지 않았기에 이를 해소하기 위한 공조의 움직임을 보였고요. 앞서 인용한 기사처럼 2016년 4월에는 마이너스 금리 도입 이후 안정을 찾지 못하는 엔화 가치를 조절하기 위해 G20 차원의 대응을 고민했던 바 있습니다. 그리고 2022~2024년에도 일방적인 엔화 강세를 일본 당국이 쉽게 컨트롤하지 못하자 G20 차원의 이슈가 된 적이 있었죠. 이런 외환 당국 혹은 국가들의 개입은 과연 어떤 효과를 만들어 낼까요? 달러원 환율 케이스로 살펴보겠습니다.

아래 그래프는 2022년 1월부터 2024년 말까지의 달러원 환율

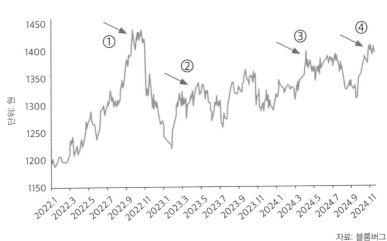

그래프 64 · 달러원 환율 추이(2022~2024년)

자료: 블룸버그

추이를 그린 것입니다. ①~④번 상황은 모두 달러원 환율이 급격하게 상승하던 시기입니다. 환율 상승의 이유는 각각 조금씩 다르지만 공통점은 말씀드린 것처럼 일방적인 달러원 환율 상승, 즉 달러 강세였죠. 환율에서는 일방적 쏠림이 나타날 때 G20 같은 국제 사회 혹은 외환 당국에서 이에 대한 경고 메시지를 보내거나 실제 액션을 취하기도 합니다. ③번을 보시면 2024년 4월 미국의 고금리 기조가 장기간 이어질 것이라는 두려움에 달러원 환율이 폭발적으로 상승하여 1400원을 넘어섰던 시기입니다. 당시 나왔던 뉴스입니다.

외환 당국 "외환 수급에 각별한 경계심… 쏠림 현상 바람직 않아"

《연합뉴스》, 24. 04. 16

'더는 쏠림 용인 안 한다' 기재부·한은 2년 만에 공동 구두 개입

《연합인포맥스》, 24. 04. 16

한일 재무장관 "환율 과도한 변동·무질서한 움직임에 적절 조치"

《연합뉴스》, 24. 06. 25

네, 모두 외환시장에서의 쏠림에 대해 강한 경계감을 드러내고 있죠. 이를 구두 경고 혹은 구두 개입이라고 합니다. 그리고 당시에는 달러원 환율뿐 아니라 달러엔 환율도 계속해서 상승 추세를

이어가며 극심한 쏠림을 나타내고 있었기에 2024년 6월에는 한일 재무장관이 공동 개입을 시사했던 기억도 있습니다. 그렇다면 외환시장의 쏠림을 제어하기 위한 무언가 실질적인 액션도 필요할 텐데요, 무엇이 있을까요? 외환 당국이 쓸 수 있는 여러 가지 방법이 있겠지만 그중 대표적인 것이 한국은행과 국민연금의 외환 스와프입니다. 이렇게 나오죠.

외환 당국-국민연금, 외환 스와프 500억 달러로 확대… "수급 불균형 완화"

《한국경제》, 24. 06. 21

외환 스와프라는 단어가 기사에 생생하게 나오죠. 그리고 뒤에 보시면 수급 불균형 완화라는 단어까지 나옵니다. 생각보다 어렵지 않으니 설명을 꼼꼼히 읽어보시죠. 스와프(Swap)는 '바꾼다'는 의미입니다. 국민연금이 가지고 있는 원화를 한국은행이 보유하고 있는 달러로 교환한다는 얘기인데요, 왜 이런 스와프를 하는 것일까요?

달러원 환율이 계속해서 상승한다고 가정합시다. 그럼 달러가 더 강해질 것이라는 시장의 기대가 커질 겁니다. 거기에 이런 소문까지 돌죠. 국민연금이 외국 투자를 늘려야 하는데, 그러려면 달러를 사서 외국으로 나가야 한다는 겁니다. 그리고 그런 외국 투자의 규모가 만만치 않게 크다는 것이죠. 그럼 가뜩이나 달러가 강한 상황에서 국민연금이라는 큰손이 대규모로 달러를 더 사는 셈이 됩니다. 그럼 기존 달러 보유자들은 더욱 큰 수요의 등장으로 달러 가치가 더 오를 것이라는 합리적 기대를 갖게 됩니다. 그럼 외환시장에서 달러원 환율이 더욱더 높게 치솟을 것이라는 전망이 눈덩이처럼 강화되겠죠.

이를 제어하기 위해 외환 당국이 나섭니다. 국민연금은 외환시장에서 달러를 사들이기 위해 준비한 원화가 있겠죠. 그만큼의 원화를 한국은행에 예치합니다. 그리고 거기에 상응하는 달러를 한국은행이 외환보유고에서 빼서 국민연금에게 일정 기간 동안 빌려주죠. 그 기간이 지나면 그 계약을 연장하거나 혹은 달러가 더 필요 없는 상황이라면 계약을 해지하면서 빌려온 달러를 한국은행에 되돌려주고 예치했던 원화를 돌려받을 수 있죠.

여기서 중요한 점은 국민연금이 달러가 가뜩이나 모자란 외환시장에서 대규모로 달러를 사들이지 않고, 한국은행에서 달러를 빌린다는 겁니다. 앞의 인용 기사에서는 500억 달러만큼을 빌린다고 나오죠. 외환시장에서 500억 달러의 큰 금액을 큰손 국민연금이 사들일 것이라는 부푼 기대를 안고 있던 달러 보유자들에게는 힘이 쫙 빠지는 얘기 아닐까요? 이 소식이 나오는 순간 외환시장에서 너무 강하게 형성되었던 달러 수요에 대한 기대가 크게 약해지면서 달러원 환율이 안정되는 모습을 보였죠. 실제 ③번 국면을 보시면 1400원을 넘어서던 환율이 상승세를 멈추고 주춤하는 것을 확인하실 수 있습니다. 다른 ①, ②, ④번에서도 비슷한데요, 한국은행과 국민연금 통화 스와프 관련 기사 모음을 보고 가시죠.

한국은행-국민연금 '100억 달러' 통화 스와프 실시 합의… 14년 만에 재개

《아주경제》, 22. 09. 23

외환 당국, 국민연금과 350억 달러 외환 스와프… "외환시장 안정 도모"

《이데일리》, 23. 04. 13

'환율 1400원대'에 외환 당국 긴장… 국민연금 활용 카드 '만지작'

《조선비즈》, 24. 04. 17

첫 기사는 2022년 9월 말에 나온 겁니다. 2008년 이후 14년 만에 한국은행과 국민연금의 통화 스와프를 재개했다고 나오는데요, 2008년은 금융위기 상황이었죠. 달러원 환율이 1600원 가까이 올랐던 시기였습니다. 당시에 썼던 통화 스와프 카드를 다시 한번 활용한 겁니다. 100억 달러를 한도로 도입했죠. 이후 2023년 4월 달러원 환율이 크게 뛰자 100억 달러 한도를 350억 달러로

올렸고요, 2024년에도 환율이 다시 뛰자 앞선 기사에서 보셨던 것처럼 500억 달러로 그 한도를 또 높였습니다. 2024년 말 트럼프 당선 이후 환율이 다시금 상승 압력을 보이면서 1400원 선이 위협을 받던 당시 500억 달러의 스와프 한도를 더 높일 수 있다는 소식이 들려왔습니다. 외환시장에서 환율의 안정을 유도할 때 외환 당국이 쓰는 대표적 도구 중 하나로 국민연금과의 스와프를 들 수 있겠죠.

한국 외환 당국뿐 아니라 미국, 일본 혹은 G20와의 공조를 통해 외환시장을 안정시키는 경우도 있죠. 앞의 그래프 ①번 상황에서 달러원 환율은 1450원 선을 위협하고 있었습니다. 환율 레벨 자체도 부담스럽지만 1180원 수준이었던 환율이 매우 빠른 속도로 쉬지 않고 오르는 흐름이 매우 부담스러웠죠. 당시 이를 조절하기 위해 G20에서는 발표 성명에 다음의 내용을 반영합니다.

G20 정상들은 16일 공동 성명을 통해 "많은 통화(currencies)들이 올해 크게 움직였다"고 인지하면서 과도한 환율 변동성을 피하기 위해 노력을 기울일 것을 재확인했다.

공동 성명은 "G20 중앙은행들은 기대 인플레이션에 가해진 물가 압력의 영향력을 면밀하게 살펴보고 있다"며 "통계 의존적이며 명확한 소통 방식으로 통화정책 긴축의 속도를 계속해서 적절하게 보정할 것"이라고 적시했다.

또 중앙은행들은 긴축에 따른 파급효과를 제한할 필요성도 염두에 둘 것이

《뉴스1》, 22. 11. 16

2022년 당시 달러원 환율이 큰 폭으로 상승한 이유 중 핵심이 미국의 빠르고 과도한 금리 인상이었죠. 1980년대 이후 가장 빠른 속도의 금리 인상을 단행하며 일방적 달러 강세를 만들어 냈던 겁니다. 이런 일방적 달러 강세의 충격으로 다른 국가들이 매우 어려운 상황에 처하게 되었고, G20 국가들도 부담을 크게 느꼈죠. 이에 미국의 공격적 금리 인상이 다른 국가들에게 미치는 영향도 고려해야 한다는 코멘트를 성명에 반영합니다. G20에는 미국도 포함되어 있습니다. 이 성명 발표 이후 미국 연준은 금리 인상 속도를 조절하면서 일방적 달러 강세를 제어하기 위한 노력을 하게 되죠. 이를 전후해서 그래프 64의 ①번 국면에서 환율이 크게 하락, 달러당 1214원까지 무너지는 것을 확인하실 수 있습니다. 달러가 한쪽 방향으로 쏠리면 외환 당국뿐 아니라 미국, G20와 같은 국가 연합에서 강한 쏠림 방지 의지를 보여주는 것을 확인할 수 있죠.

여기서 개인적인 기억을 되살려봅니다. 2022년 9월에서 10월 사이 달러원 환율이 1450원에 육박했던 ①번 시기, 다시 환율이 1400원 선을 넘어섰던 ③번 시기, 트럼프 당선 직후 국내 정정 불안이 겹쳤던 ④번 시기에 달러원 환율의 상승세가 이어지자 달러를 사고 싶다는 질문을 정말 많이 받았습니다. 특히 2022년 10월에 달러당 1440원을 넘어섰을 때 달러를 사겠다는 문의가 가장 강했던 것 같습니다. 그런데요, 만약 ①번 시기 당시 달러를 사들였다면 그 이후의 기분은 어땠을까요? 불과 2개월여 후에는 환율이 1214원까지 무너졌습니다. 순식간에 달러당 200원의 손실이 발생한 셈이죠. 외환 투자가 익숙하지 않은 투자자라면 순간적으로 나타나는 이런 환율의 변화에 아마도 상당한 충격을 받았을 겁니다. 그리고 1440원을 넘는 환율을 그 이후 2년여 간 만나기 어려웠죠. 전형적으로 환율이 한쪽 방향으로 쏠리는 시기에 투자를 하게 된 셈입니다.

이 외에도 외환시장에서의 쏠림이 강할 때, 그 쏠림을 제어하기 위해 외환 당국이 쓸 수 있는 여러 가지 정책이 있죠. 2024년 11월 트럼프 당선 및 12월 국내 비상 계엄 등의 정정 불안으로 달러원 환율이 급등하는 시기에 발표된 뉴스를 하나 체크해 보겠습니다. 조금 어렵지만 꼼꼼히 읽어보시죠.

외환 당국이 외환 수급 균형과 시장 안정을 위해 외환 유입 관련 규제를 완화하기로 했다. 강화된 외화 유동성 스트레스 테스트 규제 시행 시기는 올해 말에서 내년 6월로 늦춰진다. 외환 당국과 국민연금 간 외환 스와프 한도는 500억 달러에서 650억 달러로 늘고 만기도 내년 말로 연장된다.(중략)

외환 당국은 현재 국내 은행 50%, 외은 지점 250%인 선물환 포지션 한도를 각각 75%, 375%까지 상향하기로 했다. 또 외화 유동성 스트레스 테스트의 정합성을 제고하고, 강화된 규제는 유예하기로 했다. (중략)

외국환은행의 거주자에 대한 원화 용도 외화 대출 제한도 완화하기로 했다. 현재는 거주자 원화 용도 외화 대출이 원칙적으로 금지되지만 중소·중견기업 국내 시설 자금에 한해 일부 허용 중이다.

앞으로는 대·중견·중소기업(소상공인 제외) 시설 자금 용도로 대출을 허용한다는 방침이다. 다만 필요 시 차주의 환리스크 부담 여력을 고려해 부담이 낮은 수출 기업으로 제한해 추진한다. (중략) 아울러 이미 구축된 결제 체계를 통해 달러 환전 없이 가능한 상대국 통화 결제를 확대해 나갈 계획이다. (중략)

《뉴스1》, 24. 12. 20

기사가 상당히 어렵게 느껴지실 수도 있습니다. 2024년 12월 20일 기사인데요, 당시 달러원 환율이 1450원을 넘어서자 외환 당국이 발표한 정책 대응을 담고 있습니다. 세부 내용은 워낙 난해한 관계로 전체적인 뉘앙스만 보시죠.

우선 첫 번째 문단에는 한국은행과 국민연금 간의 외환 스와프 한도를 상향했다고 나오죠. 달러원 환율의 일방적인 상승세를 제어하는 정책입니다. 이것만 봐도 그 이전의 무언가 어려운 정책들이 대부분 달러원 환율의 급격한 상승을 제한하기 위한 것이라는 느낌을 받으실 겁니다.

두 번째 문단에서는 국내 은행들의 선물환 포지션 한도를 높였다는 얘기와 함께 외환 관련 규제 강화를 연기하겠다는 내용이 나옵니다. 은행의 선물환 포지션 한도 확대는 단기로는 국내 외환시장의 달러 공급을 늘리는 효과가 있죠. 그리고 외환 규제가 강화되면 은행들이 달러를 더 많이 확보해야 하는데, 달러가 강해지는 상황에서 강화된 규제로 인해 은행들마저 달러를 사려 한다면 달러 강세 현상이 보다 심화되는 문제가 생길 겁니다. 네, 단기 달러 공급 확대와 규제 강화로 인한 은행권의 달러 수요 급증을 막는 데 포커스를 맞추고 있죠.

원화 용도 외화 대출을 일정 수준 허용한다는 내용이 이후 문단에 나오는데요, 달러로 대출을 받아서 그 달러를 외환시장에 팔고 원화로 환전해서 대출금을 사용하게 하는 겁니다. 이 과정에서 외환시장에 달러 공급이 늘어나는 효과가 생기죠.

전반적으로 달러원 환율이 상승하는 시기에 외환시장에 달러 공급을 늘려주고, 달러 강세 상황을 악화시킬 수 있는 규제를 조절해 주는 정책들이 담겨 있음을 말하는 기사입니다. 외환 당국이 환율의 쏠림을 막을 수 있는 다양한 도구들이 있다는 점을 알 수 있습니다.

환율의 쏠림 현상은 비단 달러에서만 나타나는 것이 아닙니다. 엔화에서도 종종 보이곤 합니다. 앞의 일본 엔화 이야기에서 다루었던 2024년 8월 5일 엔캐리 트레이드 청산 시기가 대표적인 사레라고 할 수 있습니다. 당시 미국과 일본의 금리차가 급격하게 좁혀질 것이라는 기대에 엔화 강세 및 달러 약세를 예상한 엔캐리 트레이드 투자자들이 빠르게 빠져나가기 시작했습니다.

그럼 미국의 자산을 대규모로, 신속하게 매각하고 그렇게 받은 달러를 팔고 엔화를 사서 미국을 떠나게 될 겁니다. 당시 미국은 계속해서 뜨겁게 달아오르던 경기가 빠르게 식을 수 있다는 두려 움에 금리 인하까지 고민하던 때였습니다. 그런 시기에 미국에서 대규모로 자금이 유출된다면 미국 내 경기 둔화 속도가 훨씬 빨라 지게 되겠죠.

반대로 일본은 걷잡을 수 없는 엔화 강세로 인해 수출 경쟁력까 지 무너질 것이라는 두려움에 휩싸이게 될 겁니다. 그렇기에 미국 과 일본이 양국의 이해관계가 맞는 만큼 빠른 속도로 오르는 엔화 가치를 꺾어줄 필요를 느끼지 않았을까요?

앞의 사례를 보시면 일본은행 우치다 부총재가 엔 강세 이후 이 틀 만에 금리 인상 중단 선언을 하면서 엔화 강세를 제어하러 나 섰죠. 이후 엔화 가치가 빠르게 하락하면서 엔원 환율도 큰 폭으 로 하락했던 기억이 있습니다. 잠시 당시의 그래프를 보시죠.

다음 페이지의 그래프 65는 2024년 1월부터 2024년 말까지 엔 원 환율의 흐름을 나타냅니다. 원으로 표시한 시기가 엔캐리 청산 의 공포가 커졌던 바로 그날이었고요, 그 이후 엔원 환율이 크게 뛰어올라서 정점을 형성하는 것을 보실 수 있습니다. 당시 엔캐리

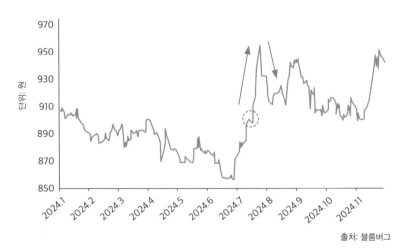

그래프 65 · 2024년 엔원 환율 추이

(단위: 원)

출처: 블룸버그

청산 공포가 현실화되며 엔원 환율이 순식간에 100엔당 965원까지 뛰어올랐죠. 그러나 이후 보시는 것처럼 일본은행의 대응이 나오자 100엔당 900원 레벨까지 빠르게 되돌려지는 모습입니다.

당시 엔화 환율이 크게 오르던 시기에 당연히 엔 강세가 향후에도 이어질 것이라는 기대에 엔에 투자하고자 하는 외환 투자자들이 늘어나지 않았을까요? 그런데요, 만약 당시 엔화를 100엔당 965원에 사들였다면 이후 수개월이 지나도록 960원을 넘는 환율로 쉽사리 복귀하지 못했으니 외환 투자에서 손실을 보았을 겁니다. 그래서 이런 기사가 나옵니다.

'엔화 반등' 투자한 엔테크족 속 탄다… 엔 선물 ETF 10% 내려

《뉴스핌》, 23. 08. 22

엔화 가치를 반영하는 엔화 ETF가 고점 대비 10퍼센트 이상 하락했다는 기사입니다. 8월 22일 뉴스인데, 직전인 8월 5일 엔화를 사들인 투자자들이 느끼는 초조함을 반영한 기사로 보입니다. 이외에도 17년 만에 마이너스 금리를 폐지하면서 본격 금리 인상의 가능성을 시사했던 2024년 3월 엔화를 사들였던 투자자들의 상황을 나타내는 다음과 같은 기사들도 있었죠.

日 금리 올라도 엔저 그대로? "엔테크족, 인내심이 필요해"

《헤럴드경제》, 24. 03. 21

"일본 믿었다가 '벼락 거지' 됐다" 바닥 뚫는 엔저에 환전액 절반으로 뚝

《헤럴드경제》, 24. 05. 05

엔화에서도 비슷한 케이스를 보았죠. 급격한 엔캐리 청산, 일본의 금리 인상 등은 엔화 강세를 지지하는 요인입니다. 그렇지만 이런 이슈들에 시장이 민감하게 반응하면서 과도한 엔화 강세 쏠림이 나타나게 된다면 외환시장에서는 외환 당국 혹은 국제 공조에 의한 조절 움직임이 따르곤 하죠. 그런 조절의 움직임이 나타나는 시기는 당연히 예측할 수 없을 겁니다. 다만 '특정 국가의 환율이 일방적인 쏠림을 보일 때' 나타난다는 점을 통해 그 시기를 미루어 짐작할 수 있습니다.

그런 '일방적인 쏠림'을 보이는 시기는 언제일까요? 아마도 많은 사람들이 엔화 혹은 달러화가 지속적 강세를 나타낼 것이라는 기대, 이런 통화에 투자했을 때 상당한 환차익을 낼 수 있다는 기대가 너무 강해질 때가 될 겁니다. 만약 이런 시기가 된다면 엔화나 달러 투자에 큰 관심을 가지지 않던 투자자들이 갑작스레 달러나 엔을 사야 한다는 생각을 하게 되겠죠. 그런 기대감이 커지면서 지금이라도 외화를 사야 한다는 생각을 많은 사람들이 하는 시기, 그때가 쏠림의 대표적인 사례가 될 겁니다. 이런 시기에 성급하게 엔화 매입 같은 투자를 하게 되면 말씀드린 것처럼 되려 환차손을 볼 수 있겠죠.

만약 엔화나 달러가 많이 오를 것 같다는 강한 분위기가 형성될 때, 그래서 달러나 엔화의 수요자가 아님에도 이런 통화를 사고자 하는 사람들이 주변에 갑작스레 늘어날 때, 그리고 그런 외화 가치가 오를 것이라는 너무나 완벽한 이유가 존재하고 그로 인해 환율이 큰 폭으로 상승하고 있을 때가 쏠림이 강해지는 시기일 겁니다. 적어도 외환시장에서는 개인이 그런 시기에 묻지마식으로 투자하는 것은 상당한 리스크를 만들어 낼 가능성이 높습니다.

그럼 언제 사들여야 하는 걸까요? 적어도 위의 내용을 통해 알 수 있는 것은 쏠림의 시기는 피해야 한다는 겁니다. 중장기적 관점에서 조금씩 외화를 포트폴리오에 담아 나간다면, **쏠리는 시기에 황급히 따라가면서 사들이는 것이 아니라 다들 큰 관심을 보이지 않는 약간은 지루한(?) 시기에 조금씩 포트폴리오에 해당 자산의 비중을 늘리는 전략이 유효합니다.**

직설적으로 말씀드리자면 내가 너무나 사고 싶은 시기에 달러나 엔을 큰 규모로 사들이면 안 된다는 얘기가 되겠죠. 오히려 투자자 본인 역시 "달러가 진짜 오를 수 있을까"라는 의구심이 드는 시점에 중장기 관점에서 사들이는 것이 답이라는 말씀을 드리고 싶습니다.

외환시장에서는 수많은 외환 딜러와 트레이더, 외국인 투자자들 같은 이른바 선수들이 즐비합니다. 거기서 개인이 환율의 순간순간 움직임을 보면서 환차익을 기대하는 투자를 해서 성공하기는 매우 어렵습니다. 나보다 훨씬 뛰어난 적들이 대부분이죠. 이들 사이에서 수익을 창출하기 위해서는 긴 호흡의 투자뿐 아니라 자기 스스로를 통제할 줄 알아야 할 겁니다. 네, 적을 속이려면 아군을 먼저 속여야 하는 법입니다.

추세의 변화에는
상당한 시간이 필요하다

단기적인 관점에서 묻지마로 따라가는 투자를 경계하라는 말씀을 드렸죠. 개인이 달러나 엔에 투자한다면 말씀드린 것처럼 중장기적인 달러나 엔의 강세, 그 확률을 믿고 긴 호흡으로 접근하는 것이 답입니다. 보통 세미나 때도 이런 말씀을 드리면 바로 나오는 질문이 "길다는 것이 어느 정도의 기간인지"입니다. 미국의 압도적인 경쟁력, 그런 성장이 미래에도 강하게 나타날 것이라는 확신으로 달러를 사들이지만 이를 제대로 반영하면서 달러가 폭발적으로 오르는 시기, 바로 그 시기를 알고 싶은 것이죠. 과도한 약세 추세에서 벗어나 강세 추세로 전환하는 엔화의 본격적인 상승 시기를 알고 싶은 것도 포함됩니다. 그런데요, 그 시기를 예단하는 것은 사실 불가능하다고 보시면 됩니다. 엔화의 방향 전환 케이스를 토대로 이야기를 이어가 보죠.

금융위기 직후 미국은 경기 불황에서 빠르게 탈출하고자 양적 완화라는 대규모 돈 풀기 프로그램을 진행했죠. 달러의 공급이 크게 늘면서 달러가 약세를 보이기 시작했습니다. 달러 약세가 극단적으로 진행되면서 다른 국가 통화는 상대적인 강세를 보이게 되었는데요, 그런 통화 중에 엔화의 강세가 특히 두드러졌습니다. 앞에서 말씀드린 것처럼 2011년 3월 동일본 대지진이 발생한 이후 극단적인 엔 강세가 이어졌죠. 지진으로 인해 내수가 초토화된 상태에서 엔화가 강세를 보이니 수출 역시 어려워진 상황이었습니다. 이에 일본은 G8 정상회의(지금의 G7정상회의+러시아)에서 엔화의 일방적 강세 쏠림이 심하다는 점을 어필합니다. 그리고 엔화의 초강세, 즉 슈퍼 엔고를 막기 위해 여러 가지 수단을 강구했죠. 과거처럼 제로금리로 이자율을 낮췄을 뿐 아니라 기존에도 진행했던 양적완화를 재개하면서 엔화 공급을 늘리는 전략도 함께 구사합니다. 그리고 최근 엔 약세 때문에 경고하는 것처럼 엔 강세 쏠림에 대한 외환 당국의 경계감을 지속적으로 시장에 경고했죠. 당시 일본 외환 당국의 정책 관련 보도 기사들을 몇 개 인용합니다.

G7 '엔고 저지' 공조… 엔화 가치 81엔대 급락

《한국경제》, 11. 03. 18

美 유럽 유탄 맞은 엔, 16개 통화 대비 '강세'

《머니투데이》, 11. 04. 19

엔 강세에 日 정부 나선다

《파이낸셜뉴스》, 11. 08. 02

日 제조업, 엔 강세로 '침몰'

《아시아경제》, 11. 11. 11

달러당 78엔대 엔 강세에 일 재무상 "시장 개입하겠다" 엄포

《아시아경제》, 12. 07. 24

그냥 기사 타이틀의 흐름만 봐도 참 많은 정책이 나왔다는 느낌을 받으실 겁니다. 동일본 대지진이 일어났던 2011년 3월 중순 이후부터 G7 국가들 차원에서 엔 강세를 저지하기 위한 지지 성명을 발표했죠. 그렇지만 그런 노력에도 계속해서 이어지는 엔 강세 기조를 막지 못했죠. 2011년 내내 일본 정부가 나서서 갖은 정책을 발표해도 한번 엔 강세의 늪에 빠져버린 엔화 환율의 향방을 쉽사리 반대로 틀지 못했습니다. 그런 흐름은 2012년 여름까지도 이어졌죠. 엔 강세를 막기 위한 노력을 계속했음에도 2년 이상의 시간이 필요했던 것입니다. 그 끝에 등장한 인물이 바로 아베 신조입니다. 아베노믹스로 대변되는 무제한 돈 풀기 시그널은 엔화의 향방을 바꾸게 되었는데요, 이후 달러엔 환율은 큰 폭으로 상승하기 시작하면서 무려 14년 간 이어지는 엔 약세장의 시작을 알렸습니다. 잠시 다음 페이지의 그래프를 보고 가시죠.

제가 동그라미 표시를 한 곳이 2011~2012년 약 2년 간 이어졌던 엔화 강세 구간입니다. 그래프에는 2010년 이후의 달러엔 환율이 그려져 있지만 실제로는 그 이전인 금융위기 때부터 엔화는 강세 기조를 이어오고 있었죠. 네, 엔 강세 추세가 형성되면 그 추세를 단번에 뒤집기 정말 어렵습니다. 그리고 그런 추세를 더욱 강화했던 동일본 대지진이라는 이슈 때문에 일본 외환 당국뿐 아니라 G7의 공조가 있었음에도 꽤 많은 시간이 필요했죠. 시장이 예상했던 엔화 돈 풀기의 정도를 훨씬 넘어서는 아베노믹스가 도입

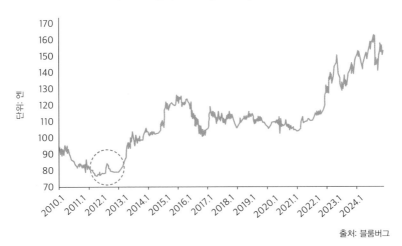

출처: 블룸버그

되지 않았다면 어쩌면 당시의 엔 약세 전환(달러엔 환율의 상승) 시기
가 더욱 늦춰졌을 가능성도 있다고 봅니다. 슈퍼 엔고로 일본 경
제가 너무나 어려운 상황이었고, G7을 비롯한 전 세계 국가들도
엔화의 강세 쏠림을 막아야 한다는 공감대가 폭넓게 형성되어 있
었습니다.

　일본 당국의 엔 약세 시도는 계속해서 이어졌지만 실제 엔 약세
전환까지는 2년여의 시간이 걸렸습니다. 반면 최근 10년 이상 이
어져온 엔 약세의 부작용에서 벗어나기 위한 일본 당국의 노력을
보면 엔 강세 전환은 매우 빠른 속도로 나타날 것이라는 기대감이
크죠. 다만 앞서 2011~2012년의 사례에서 보신 것처럼 엔화 환율
의 큰 방향 전환에는 예상보다 많은 시간이 필요할 수 있습니다.

엔 강세로의 전환을 기다리면서 엔화를 큰 규모로 사들이게 되면 2011년의 경우처럼 자칫 기다림에 지쳐버릴 수 있습니다. 방향 전환의 가능성을 염두에 두면서 조금씩 소액으로 포트폴리오에 엔화 자산을 늘려가는 전략으로 접근한다면 긴 인고의 시간을 보다 효율적으로 견뎌내는 데 큰 도움이 될 것입니다.

달러 역시 비슷한 시각에서 바라봐야겠죠. 미국의 압도적인 성장세를 보면 매일매일 달러가 오를 것 같습니다. 다만 일방적인 달러 강세가 나타나면서 달러 강세 쏠림이 생기면 말씀드린 것처럼 미국이나 국제 사회에서도 그 속도 조절 혹은 쏠림에 대한 제어 움직임이 나타날 수 있죠. 미국의 무역 및 재정 적자는 엄청난 수준입니다. 계속해서 달러가 강세를 보인다면 미국의 대규모 무역 적자는 더욱 더 커져버리는 문제에 봉착하게 되겠죠. 트럼프 행정부하에서 무역 적자를 줄이려는 시도를 하게 될 텐데요, 그 과정에서도 일방적인 달러 강세는 상당히 불편한 이슈일 겁니다.

앞서 파트 1 '달러'에서 중간중간 달러는 상당한 위아래 변동성을 보일 수 있다는 점을 강조했죠. 다만 이런 단기적인 변화 가운데에서도 미국의 압도적 경쟁력 차이가 확대된다면 긴 호흡에서는 달러의 추가적인 강세가 현실화될 겁니다. 긴 호흡의 투자는 추세를 바라봅니다. 단기 투자는 주기의 변화를 바라보게 되죠. 단기적인 달러 강약세의 주기는 수시로 순환하겠지만 긴 호흡에서의 달러 강세 추세는 유효할 가능성이 높다고 봅니다.

다만 중간에 나타나는 달러 강약세의 변동성과 너무 긴 호흡을 요구하는 달러 투자를 감안한다면 마찬가지로 큰 금액을 한꺼번에 투자했을 때 상당한 인내가 필요할 것입니다. 이런 상황에 내몰리지 않기 위해서는 소액 적립식 달러 자산 투자가 핵심이라고 할 수 있습니다. 그리고 이런 **소액 적립식 투자는 포트폴리오 보험으로써의 엔과 달러 투자 접근에도 상당히 효율적입니다.**

달러와 엔, 궁극의 안전자산

글로벌 경기 침체 우려가 불거질 때, 글로벌 금융시장이 불안할 때 안전자산으로의 자금 쏠림이 뚜렷해진다는 얘기를 들어보신 적 있으실 겁니다. 그리고 그런 안전자산으로 거론되는 것이 달러, 금, 엔이죠. 이런 말씀을 드릴 때 엔화는 해당되지 않는다고 하시는 분들도 계시는데요, 이번 장의 뒷부분에서 엔화가 안전자산으로 기능한 이유를 설명해 드리겠습니다.

포트폴리오를 구성할 때 다양한 자산들을 포함시키곤 하죠. 주식 같은 위험 투자 자산뿐 아니라 예금 같은 안전자산도 거기에 해당이 됩니다. 다른 자산이 무너질 때 예금은 본래의 그 가치를 유지시킨다는 점에서 안전자산이라고 할 수 있을 겁니다. 다만 궁극의 안전자산은요, 다른 자산이 무너져내릴 때 오히려 큰 폭으로 강세를 보이면서 내 투자 자산 포트폴리오의 일방적인 손실 확대를 막아서곤 합니다.

달러는 전 세계의 기축통화입니다. 전 세계가 달러를 사용하고 있죠. 신흥국이 무언가 다른 국가에 제품을 수출해서 성장을 도모하려 합니다. 그러려면 그런 제품을 만들 수 있는 기계 설비가 필요하겠죠. 그런 기계 설비는 기술력이 부족한 그 신흥국에서는 구할 수 없을 겁니다. 당연히 선진국에서 사들여야 할 텐데요, 문제는 그런 설비를 사들이기 위해서는 전 세계에서 통용되는 통화, 즉 달러가 필요하죠. 그런 달러를 차관의 형태로 빌려온 다음에 설비를 사들이고, 제품을 만들어서 수출을 합니다. 필연적으로 신흥국들은 성장의 초기 단계에 달러 부채가 늘어날 수밖에 없는 구조입니다.

그리고 달러는 국제통화입니다. 글로벌 금융시장 어디서나 통용이 되고요, 그만큼 다른 통화보다 접근이 수월한 편이죠. 만약 달러가 꾸준한 약세를 보인다면 투자자들은 어떤 선택을 하게 될까요? 약세 통화인 달러로 돈을 빌려서, 그런 달러를 팔고 강세 통화인 원화로 환전을 합니다. 그리고 공장을 짓거나 주식이나 채권 투자에 나서는 것이죠. 달러 약세 추세가 이어지면 내가 판 달러는 계속해서 하락하고, 내가 사들인 원화는 달러 대비 계속 강한 흐름을 이어갑니다. 마지막에는 달러를 저렴한 가격에 사서 달러 빚을 갚아야 하는 상황인데요, 달러가 계속 약세를 보이면 달러 빚을 낸 투자자 입장에서는 편안함을 느낄 수 있죠. 때문에 달러가 약세를 보이면 달러 부채가 더욱 크게 늘어나고, 그로 인해 달러가 글로벌 금융시장으로 더욱 많이 쏟아져 나옵니다. 그럼 달러는 약해지고, 그렇게 늘어난 달러로 사들인 투자 자산들의 가격이 오르게 되죠. 항상 그런 것은 아니지만 달러가 약세를 보일 때 미국 이외 지역, 특히 신흥국의 주식, 채권, 부동산 등의 가격이 오르는 이유를 여기서 찾을 수 있습니다.

그런데요, 문제는 너무 많이 풀린 달러 때문에 자산시장의 버블 우려가 커지는 케이스겠죠. 그리고 그렇게 만들어진 버블이 경기 과열을 자극하여 소비가 크게 늘면서 물가 상승 우려, 즉 인플레이션 압력이 높아지게 됩니다. 고물가를 잡기 위해서는 급격한 금리 인상이 필요하겠죠. 미국의 금리 인상은 달러로 돈을 빌린 투자자들에게는 상당한 타격이 됩니다. 우선 달러 대출 금리가 상승하고요, 미국 금리 인상 때문에 생긴 달러 강세로 환차손도 커지게 됩니다. 그럼 추가로 달러 대출을 받으려는 수요는 크게 줄어들고 기존에 달러 대출을 받은 투자자들은 부담을 느끼는 상황에 내몰리게 되죠. 신규 유동성 투자가 줄어들면 과열 상황의 자산시장과 경기가 빠른 속도로 식어버리게 됩니다. 그리고 불황이 찾아오죠.

여기서 중요한 점은, 불황은 몇몇 사람들에게 선별적으로 찾아오는 것이 아니라 모두에게 한꺼번에, 동시에 찾아온다는 겁니다.

만약 달러 약세 상황에서 달러 빚을 많이 가진 투자자들이나 기계 설비를 사들이기 위해 달러 부채를 대규모로 낸 신흥국은 어떻게 될까요? 평시에는 달러 대출이 만기가 되어도 계속해서 대출 연장이 가능할 겁니다. 그런데요, 지금은 시절이 하수상할 때입니다. 대출 연장이 어렵죠. 그럼 그 많은 사람들이 비슷한 시기에 모두 달러 빚을 갚아야 하는 상황에 처하게 됩니다. 그럼 너도나도 자산을 매각하고 달러를 사들여서 빚을 갚는 데 매진해야겠죠. 그 과정에서 코스피 같은 위험 자산의 가격은 큰 폭으로 하락하고, 달러의 수요가 급증하는 만큼 달러원 환율은 크게 튀어오르게 됩니다. 이런 로직으로 극단적 위험 구간에서 달러원 환율이 폭등하고 코스피가 급락하는 그림을 설명할 수 있죠.

달러는 안전자산이지만 예금과는 성격이 다릅니다. 주가가 오르건 내리건 예금은 원금과 함께 정해진 이자를 지급하죠. 그러나 달러는 주가 오르내림과는 반대로 움직이는 경향을 보입니다. 달러원 환율과 코스피 지수는 거의 정확히 반대 방향을 가리키곤 하죠. 제가 이 말씀을 드리는 이유는 코스피 지수 같은 위험 자산이 강세를 보일 때에는 달러가 약세를 보일 가능성이 높다는 겁니다. 예금처럼 원금이 고정되어 있는 게 아니라 언제든지 환차손을 통한 손실을 기록할 수 있다는 것이죠. **그렇기 때문에 안전자산이라고 해서 예금처럼 큰 금액을 일시에 밀어 넣는 달러 투자 방법은 매우 위험합니다.**

달러는 투자 포트폴리오에서는 보험과 같은 역할을 합니다. 홍길동이라는 인물이 사고를 겪게 되면 엄청난 불행이 시작되겠지만 상해 및 손해 보험을 가지고 있다면 그런 불행을 일정 수준 제약해 주는 역할을 하죠. 평시에 그런 보험들은 큰 가치를 나타내지 못할 겁니다. 그러나 불행이 찾아왔을 때 그 가치가 크게 오르면서 빛을 발하게 되는 것이죠. 달러 역시 비슷합니다. 글로벌 경기 침체 같은 예상치 못한 돌발 악재로 자산 가격이 크게 하락할 때 혼자 크게 뛰어오르면서 포트폴리오를 방어해 주는 역할을 하는 것이 바로 달러입니다. 네, 포트폴리오 보험의 성격이 강하죠.

그럼 답은 간단합니다. 보험과 같은 성격의 달러, 어떻게 투자하면 좋을까요? 보험을 큰 금액으로 한 번에 가입하는 사람은 많지 않습니다. 대부분 여유 자금으로 소액 보험을, 혹시 모를 미래를 위해서 가입하곤 하죠. 달러 역시 마찬가지입니다. 포트폴리오를 지켜주는 안전자산의 특성을 살리고 싶다면 마찬가지로 긴 호흡으로 조금씩 달러 자산을 사 모으는 것이 중요합니다.

달러 얘기를 한참 했는데요, 엔화는 어떨까요? 엔화 역시 안전자산의 성격을 가지고 있습니다. 그런데 최근 그런 안전자산의 성격에서 조금씩 벗어나는 듯한 모습을 보이면서 사람들의 의구심을 사고 있죠. 언론에서는 이를 '안전자산 엔의 굴욕'이라는 다소 선정적인(?) 타이틀로 안내하고 있습니다. 관련 기사 잠시 보시죠.

무역 긴장 한창인데 안전자산 엔화 '시들'… 이상 신호 배경은

- WSJ, '해외 증시 매수 늘린 연기금 탓… 美와 금리차도 한몫'

《뉴스핌》, 18. 07. 17

위기 시에는 안전자산 엔화 사라? 올해는 아니다

《뉴스핌》, 18. 07. 27

안전자산의 굴욕? 강달러에 금값 · 엔화 하락세

《아주경제》, 18. 10. 01

2018년 7월부터 10월 사이에 보도된 기사들입니다. 당시 미국이 빠르게 금리를 인상하면서 글로벌 금융시장이 휘청였죠. 일본 금리는 마이너스 수준이었는데요, 미국이 나홀로 금리를 인상하니 미국 달러 대비 엔화의 매력이 계속해서 낮아지면서 달러 대비 엔화 약세가 두드러졌던 겁니다. 그래서 7월 17일 기사를 보면 《월스트리트저널(WSJ)》에서 이제 엔화는 안전자산의 기능을 하기 어려울 것 같다는 보도를 냈습니다. 미국 금리가 일본 금리보다 워낙 높아서 미국 금리 인상으로 자산시장이 흔들리고 있음에도 엔화는 약세를 보였기 때문입니다.

그런데요, 불과 수개월 후 너무 빠른 금리 인상으로 인해 전 세계 금융시장이 크게 무너지면서 위기의 강도가 강해지자 전 세계에 풀려 있던 엔화가 빠르게 본국으로 빨려 들어가면서 초강세를

나타내게 되죠. 2019년 1월 기사 인용합니다.

글로벌 경기 침체 우려에 日 엔화 초강세… 외환시장 '플래시 크래시'

《조선비즈》, 19. 01. 04

투자 심리 냉각… 美 국채·엔화·금으로 '러시'

《한국경제》, 19. 01. 06

금융시장 불안에… 금·엔화 등 안전자산에 돈 몰린다

《한국일보》, 19. 01. 10

이런 현상, 즉 엔화가 안전자산의 성격을 나타내는 이유를 잠시 생각해 보죠. 일본은 1990년대 초 버블 붕괴 이후 이미 전 세계에서 가장 빠르게 제로금리를 도입했고요, 2000년 초부터 다른 국가들보다 빠르게 양적완화 등을 통해 엔화 공급을 늘려왔습니다. 낮은 금리에 엔화 공급이 늘어나면서 엔화는 약세를 보였고, 이런 약세 통화인 엔화를 팔고 달러를 사서 다른 나라 자산을 매입하기 시작했죠. 1990년대 초부터 지금까지면 거의 30년 이상의 기간인데요, 장기간 엔캐리 트레이드가 계속해서 이어지면서 일본 투자자들의 외국 자산 매입이 늘어났던 겁니다.

앞서 달러 편에서 한국이 2014년부터 대외순채권국의 지위를 이어오고 있다고 했던 것 기억하시나요? 다른 나라에 갚아야 하는 대외채권보다, 기존에 다른 나라에 투자했고 나중에 그 자산을 팔고 돌아올 수 있는 대외자산이 더 많은 경우 대외순채권국이 될 수 있습니다. 한국은 2014년 대외순채권국의 지위를 확보한 이후 계속해서 그 비중을 늘려가고 있죠. 그렇다면 일본은 어떨까요? 상당 기간 다른 나라에 투자를 이어왔다면 당연히 대외순채권이 엄청나게 많겠죠. 그 엄청난 규모를 보여주는 기사를 읽어보시죠.

일본의 대외순자산이 5년 연속 사상 최대를 기록했다. 33년 연속 세계 최대 순채권국 지위도 유지했다. 28일 일본 재무성에 따르면 지난해 말을 기준으로 일본 정부, 기업, 개인의 해외 자산에서 외국인 투자자가 일본에 보유한 자산인 대외부채를 뺀 대외순자산 평가액은 471조 3061억 엔(약 4085조 원)으로 집계됐다. 이는 전년보다 12.2%(51조 3000억 엔) 늘어난 규모로 5년 연속 사상 최대를 경신했다. 엔화 약세로 인해 해외 주식과 채권 등을 엔화로 환산했을 때 금액이 커지면서 증가 폭도 예년보다 확대됐다. 여기에 일본 기업의 해외 사업, 주가 상승 등도 증가 요인으로 작용했다고 니혼게이자이 신문은 덧붙였다.

《아시아경제》, 24. 05. 28

일본의 대외순자산이 5년 연속 사상 최대를 기록했다고 나오죠. 계속해서 대외순자산이 늘어난다는 얘기일 겁니다. 더욱 놀라운 것은 33년 연속 세계 1위의 대외순채권국이 바로 일본이라는 겁니다. 세계 1위 대외순채권국이 5년 연속으로 그 크기를 더욱 늘려가고 있는 겁니다. 대외순자산 평가액이 471조 엔이라고 하는데요, 달러로 환산하면 달러당 150엔 정도의 환율을 적용했을 때 3.2조 달러입니다. 2023년 기준 한국 GDP가 약 1.7조 달러가 조금 넘는 수준인데요, 이를 감안하면 3.2조 달러의 대외 순자산이 엄청나다는 것을 아실 수 있을 겁니다.

대외순자산이 많다는 것은 필요한 경우 외국에서 자산을 매각하고, 그렇게 받은 달러를 팔고 엔화를 사서 본국으로 돌아오는 이른바 엔캐리 트레이드의 청산이 대규모로 나타날 수 있음을 의미하죠. 미국과 일본의 금리차가 높을 때는 미국의 압도적으로 더 높은 금리를 받아야 하니 엔캐리 트레이드 청산이 좀처럼 나타나지 않을 겁니다. 그런데요, 그럼에도 불구하고 그런 금리차의 이점을 상쇄시킬 정도의 큰 리스크가 나타나면 엔캐리 트레이드 청산은 현실화될 수 있죠. 잠시 다음 페이지의 달러엔 환율 그래프를 보고 가시죠.

2018년 1월부터 2024년 말까지 달러엔 환율을 그린 그래프입니다. 동그라미는 글로벌 위기 국면과 함께 엔화가 초강세를 보이는, 즉 엔캐리 청산으로 인해 엔화가 안전자산의 힘을 보여준 국면이라고 보시면 됩니다. 앞서 보신 2019년 1월의 엔화 강세뿐 아니라 미중 무역전쟁, 코로나19 사태, 미국 은행 파산 사태, 2024년

그래프 67 · 달러엔 환율 추이(2018~2024년)

미 과도한 금리 인상에 따른 충격 때문에 안전자산 선호

미중 무역분쟁 확산에 따른 안전자산 선호

코로나19 충격으로 인한 엔 초강세

일본 금리 인상에 따른 엔캐리 청산

SVB은행 파산에 따른 안전자산 선호

자료: 블룸버그

8월 5일 있었던 엔캐리 트레이드 청산에 이르기까지 궁극적인 위험 국면에서 엔화는 어김없이 힘을 발휘하곤 했죠. **결론은, 엔화는 여전히 안전자산이라는 겁니다. 달러처럼 내 포트폴리오의 위험을 줄이는 보험 효과를 얻고자 한다면 적립식으로 조금씩 엔화를 담으면 되겠죠.**

안전자산으로 달러, 엔화 투자에 대한 이야기를 전해드렸습니다. 이를 장기적 관점에서의 엔화, 달러 투자와 연계시켜서 생각해보면 좀 더 흥미롭습니다. 장기적 관점에서 달러나 엔의 우상향을 기다리면서 포트폴리오에 이런 외화 자산을 조금씩 늘려가는 것이 필요합니다. 다만 이런 우상향의 그림이 현실화되는 시기를 예단할 수가 없죠. 어쩌면 진짜 긴 시간과의 싸움이 될 수 있습니다.

다만 달러와 엔이 안전자산이라는 점을 고려한다면, 그 긴 시간의 흐름 속에서 나타날 수 있는 예상치 못한 위험을 커버할 수 있는 보험을 확보한 것이라고 생각할 수 있을 겁니다. 중장기적 강세와 함께 돌발 위험을 커버할 수 있는 안전자산의 특성을 둘 다 가지고 있다면 이런 자산에 대한 투자 매력이 배가되는 것 아닐까요? 달러와 엔을 포트폴리오에 일부 담아야 하는 이유입니다.

그럼 어떻게 투자하는 것이 좋은가?

네, 적은 금액으로 포트폴리오의 일부 비중을 채워 가실 것을 긴 호흡으로 조언드렸습니다. 이번 장을 마무리하며 이런 외화에 실제로 투자할 수 있는 자산에는 무엇이 있는지를 간단히 이야기해 보겠습니다.

우선 달러 표시 주식이 가장 일반적으로 활용됩니다. 서학개미의 상당수는 달러 표시 미국 주식에 투자하고 있죠. 다만 미국 주식의 경우 달러를 사들일 뿐 아니라 그 달러로 미국 주식을 사는 것이기 때문에 전체 수익 구조에 달러의 환율 변동뿐 아니라 주가 변동까지 포함이 됩니다. 예를 들어 위기 상황이 찾아오면 안전자산인 달러 가치가 뛰면서 달러에서는 환차익을 낼 수 있지만 위험 자산인 미국 주가가 크게 하락하면서 환차익 이상의 주식 손실로 달러 투자의 의미를 일정 수준 희석시킬 수 있죠. 그렇기 때문에 달러 투자 효과를 극대화하면서 미국 주식에 투자하려면 변동성이 낮은 기업의 주식을 찾을 필요가 있습니다. 빅테크 같은 성장주나 중소형주의 경우 의외의 상황 변화에 따라 높은 변동성을 보일 수 있죠. 그보다는 풍부한 현금을 바탕으로 안정적인 배당을 해주는 기업들이나, 그런 배당을 매년 꾸준히 늘려갈 수 있는 미국의 배당 성장주에 투자하는 펀드나 ETF에 관심을 가져보시길 추천드립니다.

물론 앞서 말씀드린 것처럼 달러 투자의 효과 중 안전자산으로써의 방어 효과에는 악영향을 미칠 수 있지만, 반대로 미국의 강한 성장성을 반영하며 달러가 중장기적 강세를 보인다면 그런 미국의 우량주식의 주가 역시 강세를 보일 겁니다. 긴 호흡에서 미국의 성장에 베팅하는 관점에서 유효한 달러 투자 방법이라고 생각합니다.

다만 엔화는 달러와는 약간 결이 다르죠. 일본의 중상기적인 입도적 성장을 보면서 투자하는 것이 아니라 과도한 엔 약세의 되돌림에서 기회를 찾는 겁니다. 그리고 엔화가 강세를 보인다면 수출기업이 중심이 되는 일본 주요 주가 지수가 다소 부진한 모습을 보이는 경향이 있죠. 그렇기에 긴 호흡으로 보아도 엔화 표시 일본 주식을 사는 투자 방식은 엔화의 특성을 살리는 투자 컨셉으로는 다소 적절치 않은 것으로 보입니다.

다음으로 달러 예금이나 채권에 투자하는 방법을 고려해 볼 수 있죠. 달러 표시 단기 채권 펀드는 매우 양호한 투자 옵션이라고 생각합니다. 미국의 기준금리는 한국의 기준금리 대비 높은 수준이죠. 또한 향후에도 미국의 압도적인 성장을 반영한다면 한국과 미국의 금리 역전은 일정 기간 유지될 것으로 보입니다. 이런 흐름이 중장기적으로 이어진다면 미국의 달러 단기채에 투자했을 때 시간이 지날수록 쌓아갈 수 있는 채권의 이자 수익이 원화 표시 채권의 이자 수익보다 높을 수 있겠죠. 긴 호흡에서 달러에서 얻는 환차익뿐 아니라 보다 큰 이자 수익까지 감안한다면 양호한 투자 옵션이 될 수 있습니다.

조금 복잡한 얘기일 수 있는데요, 여기서 이런 상황을 가정해 볼 수 있죠. 지금 당장은 미국 기준금리가 높은 편이지만 이후에 미국 기준금리가 매우 빠른 속도로 낮춰질 가능성이 바로 그겁니다. 이 경우 달러 단기 채권에서 받는 이자도 줄어들 수 있고, 너무 빠른 미국의 금리 인하 때문에 달러 역시 약세를 보일 수 있죠. 네, 이자 매력도 낮아지고 달러에서도 환차손이 발생하는 이른바 최악의 투자가 될 수도 있습니다. 물론 단기적으로 말씀드린 상황이 현실화될 가능성도 있습니다. 다만 그렇게 빠른 속도로 미국 중앙은행이 기준금리를 인하하려면 무언가 미국 경제 전반에 상당한 충격이 찾아왔다는 전제가 필요하겠죠.

미국의 급격한 경기 둔화는 대미 수출 의존도가 높은 국가들의 성장에는 악영향을 미칩니다. 한국의 대미 수출은 대중 수출 수준으로 크게 증가했습니다. 금리를 빠르게 인하할 정도의 미국 경기 침체라면 한국의 수출에도 타격이 가해질 수 있겠죠. 금리 인하로 인한 달러의 약세 이상으로 한국의 수출 둔화 우려로 인한 원화 약세가 나타날 가능성이 있습니다. 이 경우 달러의 약세만큼 원화의 약세가 나타나게 되니 달러원 환율의 하락폭은 그렇게 크지 않을 수 있죠. 하나 더, 안전자산으로써 달러의 특성을 감안할 필요도 있습니다. 미국의 빠른 금리 인하를 요할 정도의 충격이라면 안전자산 선호 현상을 자극할 수 있죠. 이 경우 일시적으로 안전자산인 달러가 맹위를 떨칠 수 있습니다. 달러 표시 단기 채권 투자에서 손실이 발생할 확률을 일정 수준 낮춰주는 효과가 있는 겁니다.

달러 표시 미국 장기 채권은 단기 채권과 나누어 투자할 필요가 있습니다. 달러 자체의 효과뿐 아니라 장기 채권의 가격 변동까지 감안해야 하기 때문이죠. 장기 채권의 만기가 길면 길수록 금리 변동에 따른 수익률 변동이 크기 때문에 달러 자체의 투자 효과를 희석시키는 문제를 만들어 낼 수 있습니다. 그렇기에 달러 단기채의 비중을 보다 높게 가져가는 방법이 달러 자체 투자의 효과를 극대화하는 데 보다 적절하다고 생각합니다. 달러 예금의 경우 다양한 만기에 따라 적용되는 금리가 다릅니다. 다만 국내 원화 예금금리보다 조금 더 높은 수준을 기록하고 있기 때문에 달러를 사서 그냥 현금 유동성으로 가지고 있는 것보다는 단기 달러 예금 등에 불입하여 이자 수익도 함께 노리는 방법이 현명할 것으로 보입니다.

달러 보험 역시 외화 투자 방법 중 하나의 옵션으로 고려해 봄직합니다. 긴 호흡으로 투자한다면 과세에서 유리한 점도 있고, 상대적으로 높은 금리를 적용받을 수 있는 장기 달러 보험이 좋은 선택지가 될 수 있죠. 다만 중간에 혹여나 자금을 써야 하는 경우 보험은 유동성이 묶이는 단점이 있다는 점을 감안해야 합니다.

엔화는 그 선택지가 보다 좁은 편입니다. 엔화 채권이나 예금은 금리가 워낙 낮은 편이어서 달러처럼 이자 수익을 얻기에 좋은 방법이라고 하기는 어렵죠. 엔화 가치의 상승이나 엔캐리 청산을 대비한 안전자산으로써의 특성을 살리는 점에 초점을 맞춘다면 엔화 유동성이나 엔화 예금 혹은 단기 채권에서 큰 차별화 포인트를 찾기는 어렵습니다. 엔화의 투자 성격을 담아낼 수 있고, 소액 적립식 투자가 가능한 예금이나 ETF 등에서 찾아보시길 조언드립니다.

간단하게 달러나 엔에 투자하는 상품군에 대해서도 짚어보았습니다. 워낙 다양한 펀드나 ETF가 있기에 간단히 다룬 것들 이상의 옵션들을 찾아내실 수 있을 겁니다. 다만 선택을 할 때, 긴 호흡으로 달러나 엔이 가진 특성을 살릴 수 있는 옵션을 고르실 것을 당부드리면서 이번 장을 마무리하겠습니다.

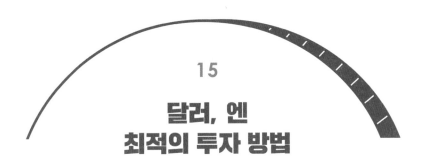

15
달러, 엔
최적의 투자 방법

달러와 엔 모두 긴 호흡으로 접근하시기를, 그리고 약간의 금액으로 포트폴리오의 일부 비중을 지속적으로 채워 가실 것을 앞서 조언해 드렸습니다. 이번 파트의 마지막으로 실제로 외화에 투자할 수 있는 금융 상품에는 무엇이 있는지를 간단하게 비교하며 말씀드리겠습니다.

달러 현찰 보유 vs. 달러 예금

우선 달러 투자부터 시작해 보죠. 가장 직관적인 방법으로 달러 현찰을 사서 보유하는 것과 달러 예금을 비교해 볼 수 있을 겁니다. 달러 현찰의 경우 실제 보유를 하다가 외국 여행을 갈 때 쓸 수도 있죠. 다만 집에 보관하는 게 성가실 수 있다는 불편함 외에도 꽤 많은 단점이 있습니다. 우선 달러 현찰을 은행에서 환전할 때 꽤 많은 환전 수수료가 부과됩니다. 은행 입장에서는 달러 현금을 확보해서 은행 내에 보관해야 하는 만큼 달러 현찰을 직접 지급하지 않고 통장에다가 기록으로만 남기는 달러 예금에 비해 비용이 많이 들 수밖에 없죠. 그래서 달러 예금 통장에 달러를 쌓는 것과 비교해서 달러 현찰을 모아갈 때는 보다 높은 환전 수수료를 감내해야 합니다.

그리고 달러 현찰은 이자를 받을 방법이 없습니다. 지금 미국 경기가 워낙 탄탄하고 기준 금리도 높은 만큼 달러 예금의 경우 일정 기간으로 묶어두면 국내 원화 예금 대비 높은 이자를 확보할 수 있습니다. 환전할 때의 수수료는 당연히 달러 현금 보유나 달러 예금이나 둘 다 부과되는 것은 맞지만 달러 현금이 보다 불리하다는 말씀을 드렸죠. 그리고 예금에 부과되는 이자 면에서도 달러 예금이 보다 유리합니다. 투자의 관점에서만 본다면 달러 현찰보다는 달러 예금이 양호하다고 할 수 있죠.

달러 예금과 비슷한 것 중 증권사의 달러 RP도 고려 대상이 될 수 있습니다. 마찬가지로 달러예수금으로 환전할 때 환전 수수료가 발생하지만 달러 현찰 거래보다는 이자 면에서 유리한 점이 있죠. 달러 예금과 금리나 수수료 등을 비교하시면서 접근하시면 좋습니다.

달러 ETF:
환전 수수료가 부담스러울 때

"환전 수수료가 꽤 많이 부담되는데……"라는 생각이 드실 수도 있습니다. 맞는 얘기입니다. 원화로 달러를 구입할 때도 환전 수수료가 부과되는데요, 반대로 달러 투자에 성공해서 크게 불어난 달러를 원화로 다시 환전할 때도 환전 수수료는 피할 수 없습니다. 물론 은행에서 환율 우대 등의 수수료 할인 혜택 등을 받는 것이 필요하겠지만 우리가 각종 인터넷 사이트 등에서 보는 달러원 기준 환율과 비교하면 수수료만큼의 차이는 피할 수 없죠.

그런 수수료 부담을 크게 낮춰준 것이 바로 달러 ETF입니다. 달러 ETF는 환전 수수료 없이 바로 달러 가치에 연동해서 수익을 발생시키는 증권을 사들이는 것과 같죠. ETF를 매입할 때 부과되는 약간의 거래 수수료를 제외하면 달러 가치 움직임을 그대로 반영해 주는 장점이 있습니다. 다만 달러 예금이나 현찰과 비교했을 때 단점은 과세 부분에서 찾을 수 있죠. 달러 예금이나 현찰의 경우 환율이 상승해서 환차익이 발생해도 해당 환차익에 대해서는 세금이 부과되지 않습니다. 반면 달러 ETF의 경우 달러 환율이 상승해서 환차익이 발생하면 달러 자체를 거래한 것이 아니라 달러 가치를 반영하는 증권을 거래하여 수익을 낸 만큼 해당 수익에 대한 세금(배당소득세)이 부과되는 단점이 있습니다. 그리고 장기간 보유해서 수익을 낸다고 가정했을 때 수익이 늘어난 만큼 보다 많은 이익에 대한 세금을 내야 할 수 있죠. 달러 ETF는 수수료 면에서 달러 예금보다 우위에 있지만, 환차익에 대한 과세 부분에서는 달러 예금보다 열위에 있습니다.

마지막으로 예금 이자 부분인데요, 달러 ETF는 달러 가치 상승과 하락을 반영합니다. 달러 예금은 그 외에도 앞서 달러 현찰과의 비교에서 말씀드렸던 것처럼 예금에 대한 이자가 존재합니다. 미국 금리가 높은 만큼 상당히 큰 장점이라고 할 수 있는데요, 다만 이렇게 이자로 받은 예금의 이익에 대해서는 세금이 부과됩니다(이자소득세).

단기로는 소액 투자겠지만 긴 호흡으로 중장기 적금처럼 쌓아가는 투자를 했을 때 향후 투자 금액과 환차익 등의 수익 금액이 꽤 커질 수 있습니다. 말씀드렸던 것처럼 ETF의 배당소득과 달러 예금의 이자 소득 부담에 대해서 종합적으로 고려하는 것이 필수입니다. 참고로 연금 계좌에는 달러 예금을 담을 수는 없지만 달러 ETF는 가능하죠. 연금 포트폴리오 운용 시 좋은 고려 대상이 될 수 있습니다.

달러 채권 ETF : 시장 금리에 유의

달러 투자가 가능한 상품 중 달러 채권 펀드 혹은 ETF 역시 충분히 고려할 만합니다. 채권 투자는 단기와 장기 채권 투자로 나눠볼 수 있죠. 단기 채권 펀드나 ETF는 달러 표시 미국 단기 채권의 움직임을 따라가는 상품이죠. 달러 가치가 상승했을 때의 환차익과 함께 단기 채권에서 발생하는 이자 수익을 함께 기대할 수 있습니다. 참고로 말씀드리면 미국의 기준금리는 한국보다 높은 상태로 꽤 오랜 기간 이어지고 있습니다. 그리고 미국의 성장이 압도적으로 유지된다면 미국 중앙은행의 기준금리 대폭 인하까지는 상당한 시간이 필요할 수 있죠. 오랜 기간 단기 채권의 이자도 쌓고 긴 호흡에서의 달러 환차익까지 기대할 수 있는 달러 단기 채권 펀드 혹은 ETF는 달러 투자에 좋은 자산으로 생각됩니다.

그럼 당연히 달러 예금과 비교될 수밖에 없을 텐데요, 달러 예금보다는 부과되는 이자가 조금 더 높고, 따로 만기가 정해져 있지 않기 때문에 편리한 면도 있습니다. 그리고 환전 수수료도 부과되지 않는 장점이 있습니다. 반면 달러 예금은 달러 환차익에 대해 비과세가 적용되지만 ETF나 펀드의 경우는 환차익에도 세금이 부과되고, 운용사가 해당 펀드를 운용하면서 소액의 보수를 부과하는 면을 고려하실 필요가 있죠. 결국 이 둘의 비교에서도 환차익에 대한 세금이 어느 정도 적용되는지가 핵심일 듯합니다. 세금 부담을 제외한다면 달러 단기 채권 펀드나 ETF는 충분히 달러 투자에 대한 장점이 있다고 생각합니다.

반면 달러 표시 미국 장기 채권 투자를 원하신다면 보다 많은 고민을 해야 합니다. 가장 큰 이유는 장기 채권 ETF의 경우 미국의 국채 금리가 상승할 때 채권의 가격이 하락하거나 채권의 자본 손실이 발생하는 문제가 생깁니다. 단기 채권에서도 이런 현상이 일부 나타날 수 있지만 장기 채권의 경우 그런 자본 손실의 크기가 매우 클 수 있습니다. 달러에서 환차익이 발생하더라도 미국 시장 금리가 크게 뛰어올라서 장기 채권에서 자본 손실이 발생한다면 애매한 투자가 되는 것 아닐까요?

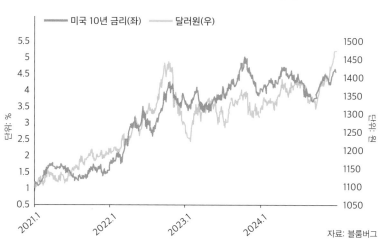

그래프 68 · 미국 10년 금리 및 달러원 환율 추이

자료: 블룸버그

잠시 앞의 그래프를 보고 가시죠. 미국 시장 금리의 대표격인 미국 10년 국채금리(황색 선)와 달러원 환율(파란색 선)을 나타낸 겁니다. 미국 10년 금리가 하락하면 장기 채권 투자에서 이익이 발생하고요, 반대로 금리가 상승하면 장기 채권 투자에서 손실이 발생하게 되죠. 달러 투자와 장기 채권 투자를 병행하는 셈이기에 파란색 선인 달러원 환율도 함께 보셔야 하는데요, 당연히 달러에 투자한 만큼 파란색 선이 우상향(상승)하면 달러에서 환차익이 발생한 것이라 볼 수 있습니다.

그런데요, 황색 선과 파란색 선이 전반적으로 함께 움직이는 느낌이 들지 않으시나요? 미국 10년 금리가 상승하면 달러원 환율도 오르고, 반대로 10년 금리가 하락하면 달러원 환율도 하락하는 모습입니다. 금리와 환율이 함께 움직이게 되면 금리가 올라서 채권에서 손실이 날 때 달러원 환율이 올라 환차익이 발생하고요, 반대로 금리가 하락해서 채권에서 이익이 발생하면 달러원 환율이 하락하면서 환차손이 발생합니다. 환차익이 날 때 장기 채권의 금리 상승(채권 가격 하락)이 발목을 잡는 그림을 만들어 낼 수 있는 겁니다.

미국 10년 국채 금리가 한국의 10년 금리보다 높아지면 달러원 환율이 상승(달러 강세)하곤 합니다. 한국 10년 금리라는 변수를 제외하더라도 미국 10년 금리가 높으면 미국으로 자금이 몰리면서 달러 강세를 만들어 낼 가능성이 높죠. 반면 금리가 낮아지면 달러 약세의 가능성이 높아지게 됩니다. 반대 방향을 가리키는 투자가 될 수 있는 만큼 달러 투자에 미국 장기 채권을 이용하는 것은 그리 좋은 방법은 아닌 것으로 생각됩니다.

여기서 오해하시면 안 되는 것은 미국 장기 채권이 나쁘다는 의미가 전혀 아니라는 점입니다. 순수하게 달러 투자의 관점에서만 본다면 달러 예금이나 달러 ETF, 혹은 달러 단기 채권 ETF나 펀드는 괜찮은 투자 대안이 될 수 있지만 달러 장기 채권의 경우는 단점이 있다는 점을 말씀드린 겁니다. 이제 엔화로 넘어가 봅니다.

엔화 현찰 vs. 엔화 예금 vs. 엔화 ETF

엔화 투자도 상품 구성은 달러와 크게 다르지 않습니다. 엔화 현찰과 엔화 예금 그리고 엔화 ETF가 대표적일 겁니다. 그런데요, 달러와 달리 엔화는 예금 금리가 거의 제로에 가깝죠. 금리가 높지 않다는 점에서 엔화 예금과 엔화 현찰은 큰 차이를 보이지 않을 수 있습니다. 네, 물론 엔화 현찰이 엔화 예금보다 환전 수수료 면에서 불리한 점이 있죠. 엔화 ETF는 이런 환전 수수료의 부담에서는 자유롭지만 엔화 가치가 뛰어올라서 수익이 발생했을 때 환차익 부분도 과세가 된다는 점은 엔화 예금이나 현찰 대비 약점이라고 할 수 있습니다.

환차익에 대한 단타 접근이 아니라 긴 호흡에서의 엔화 강세 혹은 안전 자산 선호(엔캐리 청산)로 인한 엔화 강세가 나타난다는 점에 중장기 베팅하는 것이라면 환차익에 대한 과세 부담을 덜어내는 것이 순수한 엔화 포트폴리오 투자에는 보다 유리할 수 있다는 개인적인 조언을 드려봅니다.

엔화 표시 채권 (권말6 참고)

엔화 표시 단기 채권의 경우 단기 채권의 이자가 거의 발생하지 않기 때문에 달러 단기채와는 달리 투자 매력이 높지 않을 것으로 보입니다. 그럼 바로 엔화 표시 장기 채권으로 넘어가게 되는데요, 지난 2023년부터 국내 ETF 투자자들 사이에 엔화 표시 미국 장기 채권 ETF 투자가 인기를 끌었기에 조금 다루어 보겠습니다.

엔화로 미국 장기 채권을 투자하는 케이스는 원화로 엔화를 투자하는 효과와 함께, 미국 장기 채권을 투자하는 효과를 누릴 수 있습니다. 2023년 하반기부터 엔화가 원화 대비 너무 저평가되었기 때문에 엔원 환율이 오를 것이라는 전망, 미국 10년 국채 금리가 너무 높기 때문에 금리가 하락하면서 미국 장기 채권 투자 수익을 내줄 수 있을 것이라는 전망이 힘을 얻었죠. 일본은 금리 인상을 단행할 것으로 보이고, 미국은 금리를 인하할 것이라는 기대감이 커졌습니다. 그러자 '엔화 강세 및 미국 금리 하락' 양쪽의 수익을 모두 기대한 투자자들이 늘어나면서 각광을 받았죠.

다만 이 ETF에는 숨겨진 비용이 있습니다. 엔화로 달러 표시 미국 국채에 투자하면 원화와 엔화의 움직임(엔원 환율)뿐 아니라 달러와 엔의 움직임(달러엔 환율)도 함께 투자에 고려를 해야 합니다. 이에 해당 ETF에서는 달러와 엔의 움직임을 환헤지(換hedge)를 통해서 고정시켜 버렸죠. 네, 달러와 엔에 대해 환헤지를 한 만큼 이제 ETF의 수익에서는 엔원 환율만 고려하면 되는 겁니다. 그런데 환헤지를 할 때의 비용도 감안해야 하죠. 이 비용이 만만치 않습니다. 연간으로 보면 미국과 일본의 금리차만큼 발생하는데요, 미일 금리차가 꽤 높기 때문에 환헤지 비용 역시 연 3~4퍼센트에 달합니다. 긴 호흡으로 엔화에 투자하려는데 매년 계속해서 높은 비용의 환헤지를 이어가야 한다면 엔화 투자에 최적이라고 볼 수는 없겠죠.

그리고 엔원 환율의 상승뿐 아니라 미국 장기 국채 금리의 하락까지 함께 나와줄 때 수익을 극대화할 수 있다는 말씀을 드렸는데요, 실제 추이를 보면서 생각해 보시죠.

다음 페이지의 그래프에서 파란색 선은 미국 10년 금리, 검정색 선은 일본 10년 금리, 황색 선은 엔원 환율입니다. 이 ETF가 수익을 제대로 내기 위해서는 엔원 환율이 오르고(황색 선 상승) 미국 10년 금리가 내려야(파란색 선 하락) 하겠죠. 이런 조합이 제대로 들

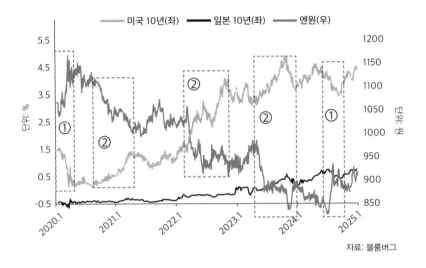

그래프 69 · 미국 10년 및 일본 10년 금리와 엔원 환율 추이

자료: 블룸버그

어맞은 것이 바로 상기 그래프의 ①번 국면들입니다. 2020년 3월과 2024년 8월에 제대로 나와주었죠.

참고로 2020년 3월은 코로나19 사태가 있었고, 2024년 8월에는 앞서 설명해 드렸던 엔 캐리 트레이드 청산이 있었습니다. 금융시장 전반에 위기감이 고조되면서 외국에 투자했던 엔화 자금을 본국으로 되돌리면서 엔화 강세가, 안전 자산인 미국 국채로 돈이 몰리면서 10년 국채 금리의 큰 폭 하락이 현실화되었던 것이죠. 네, 궁극의 위기 국면에서 안전자산으로의 성격이 강한 엔화와 미국 장기 국채가 동시에 힘을 받았던 겁니다.

반면 ②번 국면들을 보시면 엔화는 약세인데(황색 선 하락) 미국 국채 금리는 상승(파란색 선 상승)하는 그림을 보실 수 있죠. 엔화가 원화 대비 약해지고, 미국 국채 금리 상승으로 장기 국채 투자에서도 재미를 보지 못하는 겁니다.

참고로 미국 경기가 강하면 미국 국채 금리는 높은 수준을 유지하곤 합니다. 일본 금리는 검정색 선에서 보시는 것처럼 미국만큼 큰 변화를 보여주지 못하죠. 일반적으로는 미국 금리가 상승할 때 달러 강세 압력이 높아지면서 엔화가 더욱 부진한 상황이 종종 나타나는데요, 지난 4년여 동안은 엔화가 달러뿐 아니라 원화 대비로도 약해졌던 바 있죠. 해당 ETF는 이런 상황에서 엔 약세와 국채 금리 상승(국채 가격 하락)으로 양방향 손실을 겪게 될 수 있습니다.

물론 이런 어려움들을 무시하고 조금씩 사들여서 위기가 찾아오는 그날에 엔화 환차익과 미국 국채 가격 차익의 양방향 수익을 낼 가능성도 있습니다. 다만 엔화 투자에 대해 말씀드릴 때에는 안전자산으로써뿐 아니라 긴 호흡에서의 엔화 강세 전환에 투자하자는 조언을 드렸는데요, 그 조언과는 결이 다른 투자 대안으로 보여집니다. 그리고 장기 투자를 감안한다면 말씀드렸던 환헤지 비용에 대해서도 충분한 고려가 필요하다는 점, 다시 한번 짚어드리면서 다음으로 넘어가겠습니다.

달러 표시 미국 주식
vs. 엔화 표시 일본 주식

다음으로 달러로 미국 주식을 사는 케이스입니다. 이미 서학개미의 상당수가 달러 표시 미국 주식에 투자하고 있죠. 제가 이 부분에서 거듭 말씀드리는 것은 미국 주식이 좋다, 안 좋다가 아닙니다. 다만 다른 변수의 영향 없이 달러 투자의 효과를 오롯이 누리기에 적절한지에 대한 의견을 드리는 겁니다.

미국 주식의 경우 달러를 사들일 뿐 아니라 그 달러로 미국 주식을 사는 것이기 때문에 전체 수익 구조에 달러의 환율 변동뿐 아니라 주가 변동까지 포함이 됩니다. 예를 들어 위기 상황이 찾아오면 안전자산인 달러 가치가 뛰면서 달러에서는 환차익을 낼 수가 있지만 위험자산인 미국 주가가 크게 하락하면서 환차익 이상의 주식 손실로 인해 달러 투자의 의미를 일정 수준 희석시킬 수 있죠. 그렇기 때문에 달러 투자 효과를 극대화하면서 미국 주식에 투자하려면 주가 변동성이 낮은 기업의 주식을 찾을 필요가 있습니다. 빅테크 같은 성장주나 중소형주의 경우 의외의 상황 변화에 따라 높은 변동성을 보이는 경우가 많습니다. 그보다는 풍부한 현금을 바탕으로 안정적인 배당을 해주는 기업들이나 그런 배당을 매년 꾸준히 늘려갈 수 있는 미국의 배당성장주에 투자하는 펀드나 ETF에 관심을 가져보시기를 추천합니다.

달러로 미국 주식에 투자하는 경우, 말씀드렸던 것처럼 안전자산으로써의 방어 효과에는 악영향을 미칠 수 있지만(달러는 강하지만 미국 주식은 하락), 반대로 미국의 강한 성장성을 반영하며 달러가 중장기적 강세를 보인다면 그때는 미국 우량 주식의 주가 역시 강세를 보일 수 있죠(달러 강세 및 미국 주식 강세). 긴 호흡에서 미국의 성장에 베팅하는 관점으로 달러에 접근한다면 유효한 투자 방법 중 하나라고 생각합니다.

다만 엔화는 달러와는 약간 결이 다르죠. 일본의 중장기적인 압도적 성장을 보면서 투자하는 것이 아니라 과도한 엔 약세의 되돌림에서 기회를 찾아야 합니다. 그리고 엔화가 강세를 보일 경우 수출 기업이 중심이 되는 일본 주요 주가 지수가 다소 부진한 모습을 보이는 경향이 있죠. 다음 페이지의 그래프를 잠시 보시죠.

황색 선은 일본의 니케이225 지수이고요, 파란색 선은 엔원 환율입니다. 전체적으로 두 개의 그래프가 서로 반대 방향으로 움직인다는 느낌이 들지 않나요? 파란색 선이 상승(원화 대비 엔화 강세)할 때에는 황색 선이 하락하는 경향이 뚜렷하고 반대로 파란색 선이 하락할 때(원화 대비 엔 약세)에는 황색 선이 상승하는 경향이 강합니다. 일본 주식 투자 수익을 노리면서 투자할 때는 충분한 고려 대상이 될 수 있지만 긴 호흡으로 포트폴리오 내 엔화의 강세를 기대하면서 투자하기에는 뚜렷한 단점이 있는 것으로 판단됩니다.

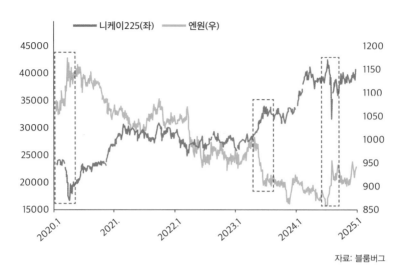

그래프 70 · 니케이225 지수 및 엔원 환율 추이

달러 보험

보험은 일반적으로 저축이나 보장의 느낌을 갖는 만큼 달러 투자와는 어울리지 않는다는 생각이 드는 것이 사실이죠. 그렇지만 달러 장기 투자 관점에서 달러 보험은 충분히 고려할 수 있는 옵션 중 하나가 될 수 있습니다.

우선 달러 보험의 경우 장기 계약을 하는데요, 그 기간 동안 고정금리가 제공되는 상품이 있습니다. 가입하려는 시점의 달러 금리가 높다면 해당 보험을 통해 그 높은 금리를 묶어두는 것은 좋은 전략이 될 수 있죠. 다만 장기로 묶은 만큼 이자가 커지기에 세금 부담이 생길 수 있습니다. 그래도 보험의 경우 10년 이상 묶어두었을 때는 일반 달러 예금이나 RP 등과는 달리 이자 소득에 대해서도 비과세가 가능하죠. 환차익과 이자 모두에서 비과세가 가능하다는 점은 보험의 가장 큰 장점입니다.

다만 보험의 계약 기간을 이어가지 못하고 중간에 해약을 해야 할 때는 원금보다도 적은 해약환급금을 받을 가능성이 있습니다. 네, 장기로 묶어두어야 한다는 단점이 뚜렷한 만큼 투자 옵션으로 선택하신다면 부담스러운 큰 금액보다는 소액으로 조금씩 쌓아가는 방법이 유효할 것으로 생각합니다.

이상으로 달러와 엔화 현찰, 달러와 엔화 예금, 통화 ETF 및 장단기 채권 ETF, 주식 ETF, 달러 보험까지 투자할 수 있는 대안들을 살펴보았습니다. 순수하게 달러와 엔의 중장기 환차익을 기대한다는 관점에서는 달러와 엔화 예금이나 ETF, 그리고 여기에 안정적으로 단기 이자 수익을 더해 주는 달러 단기 채권 ETF, 장기간 유지가 가능하다면 달러 보험 정도가 유효한 선택지가 되리라 생각합니다. 이들 상품들 간에도 뚜렷한 유불리보다는 과세, 수수료, 투자의 편의성 등을 함께 감안한 개인 맞춤형 선호도가 형성될 수 있겠죠. 절대적으로 완전한 투자 대안은 존재하지 않습니다. 충분히 장단점을 비교해 보고 각자에 맞는 상품을 찾아 포트폴리오에 담아 가시기를 조언드립니다.

DOLLAR

YEN

GOLD

11개의 질문으로 읽는
금 이야기

금에 대한 이야기는 달러와 엔에 접근할 때의 플롯과는 조금 다릅니다.

달러는 과거에 약했지만 지금은 강해졌고, 앞으로도 긴 호흡으로 보면 강해질 것이라는 논리로 풀어보았죠. 시간의 흐름을 바탕으로 과거와 현재의 변화에 포커스를 맞췄던 겁니다. 반면 엔화를 다룰 때에는 조금 다른 방식이었습니다. 2024년 8월 5일의 엔캐리 청산에 포커스를 맞추고, 그런 일이 일어난 이유와 약간은 이해할 수 없는(?) 대응을 해온 일본은행의 과거에 대해 살펴보았죠. 현재의 이벤트를 중심으로 그 이벤트가 벌어진 이유, 우리에게 던지는 함의가 그 이전부터 형성되어 왔음을 보여드렸습니다.

마지막으로 금에 대한 이야기인데요, 이번에는 우리가 일상적으로 가진 금 투자에 대한 생각들을 하나하나 그래프를 통해 답해 드리는 방식으로 가볍게 진행하려 합니다. 달러나 엔보다는 훨씬 수월하게 금이라는 친구에 대해 이해하실 수 있으리라 기대합니다. 네, 그럼 시작하겠습니다.

01

코로나19 사태 직전에
금에 투자했다면?

요즘 투자자 분들과 대화를 나누다 보면 한국 주식을 비롯한 대부분의 자산 투자에는 큰 관심을 기울이지 않는다는 것을 현격하게 느낍니다. 대신 외국 자산, 그중에서도 미국 주식에 대한 관심은 그야말로 엄청나죠. 그리고 미국 주식 중에서도 M7(Magnificent 7)으로 대변되는 빅테크 성장주로의 쏠림이 상당합니다. 그래서인지 미국 주식 중 지수 투자를 원하시는 분들은 S&P500이나 다우존스산업 지수보다는 나스닥 지수를 뚜렷하게 선호하는 것을 느낄 수 있습니다.

다른 어떤 자산보다 좋은 미국 주식이 있는데 굳이 금 투자를 고민할 필요가 있을까요? 이런 의문에 답해 보고자 다음 그래프를 준비했습니다. 코로나19 사태 직전인 2020년 1월 1일 투자를 시작해서 나스닥, 코스피, 달러 표시 금, 원화 표시 금에 투자할 때의 결과를 본 것이죠. 여기서 달러 표시 금(국제 금 가격)은 달러로 본 금 가격입니다. 1온스(28그램)당 2500달러처럼 달러로 금을 사는 것을 말하죠. 원화 표시 금은, 원화로 먼저 금을 사들이기 위한 달러를 구입하고, 그 달러로 금 매입에 나서게 됩니다. 원화로 금을 산 투자자의 경우 내 투자 수익에는 금 가격의 변동뿐 아니라 달러 가치의 변동 역시 고려 사항이 될 겁니다. 이렇게 네 가지에 투자했을 때의 성과를 나타낸 것이 다음 그래프입니다. 2020년 1월 1일을 100으로 설정한 후, 그 추이를 그려보았습니다.

코로나19 직전인 2020년 1월 1일에 네 자산에 투자했을 때

그래프 71 · 가격과 주요 주가 지수 비교(2020년 1월 1일 = 100)

자료: 블룸버그

340

2024년 12월 초까지의 성과를 보면 우선 코스피 지수(검은색 선)의 부진을 볼 수 있죠. 물론 2020년 초보다는 올랐지만 금이나 나스닥에 투자했을 때와 비교하면 상당히 초라해 보입니다. 그래서 미국을 비롯한 외국 투자를 대안으로 생각하는 분들이 크게 늘어나는 거겠죠. 1위는 당연히 나스닥일 줄 알았는데요, 나스닥(주황색 선)과 원화 표시 금(노란색 선)을 비교해 보면 거의 비슷한 수준입니다. 그리고 그 밑으로 내려오면 달러로 투자한 금, 즉 국제 금 가격(파란색 선)이 위치했습니다. 의외로 원화로 투자하는 금 가격이 높게 올라 있다는 데 놀라게 됩니다. 그럼 '나스닥과 원화로 투자하는 금은 둘 다 높은 성과를 낸 자산이다'라는 결론 정도로 그래프를 넘기려는데요, 여기서 변동성이라는 것을 한번 생각해 볼 필요가 있습니다.

우선 나스닥 지수(주황색 선)의 변동 폭을 보시죠. 코로나19 사태 당시(①번 국면)였던 2020년 초에는 코스피와 함께 큰 폭으로 하락했다가 이후 코로나19 사태에 대한 정면 돌파를 선언하면서 미국 연준이 무제한 돈풀기에 나선 ②번 국면에서는 가장 강한 상승폭을 보였습니다. 이때는 코스피와 나스닥이 모두 엄청난 상승세였죠. 반면 금 형제들은 고전을 면치 못하는 모습입니다. 그런데요, 미국의 인플레이션과 연준의 과감한 금리 인상, 미국의 경기 침체 우려가 영향을 미친 ③번 국면에서 나스닥과 코스피는 동반 부진에 빠지게 됩니다. 반면 이 상황에서 국제 금 가격은 쉽게 빠지지 않는 모습을 보여주죠. 특히 원화로 금에 투자하는 원화 표시 금 가격은 완만한 우상향을 이어갑니다. 그리고 물가 상승이라는 병이 다소 완화되고, 금리 인상도 마무리에 접어들며 금리 인하로 전환하기 시작한 2024년부터 나스닥과 금 형제는 강한 상승세를 보이게 됩니다. 물론 이 ④번 시기에는 나스닥의 상승세가 가장 가팔랐죠.

지난 4년여간 얼마나 올랐나도 중요하겠지만 그 과정을 보면서 얼마나 안정적으로 올랐나에 초점을 맞춘다면 평가가 다소 달라질 수 있습니다. 원화 표시 금, 즉 노란색 선은 큰 기복을 보이지 않고 꾸준한 우상향을 이어갔죠. 반면 나스닥은 많이 오르긴 했지만 큰 폭으로 상승과 하락을 반복하는 모습을 보였습니다. 안정적인 투자를 선호한다면 나스닥보다도 원화 표시 금 투자가 보다 우위에 있는 것 아닐까요?

하나 더, 달러 표시 금(파란색 선)도 상당히 안정적인 흐름을 보여준다는 점에 주목해 볼 필요가 있습니다. 코로나19 사태로 인한 급락 시기에도 금 형제는 크게 하락하지 않는 모습이었고요, 그 외의 다른 상황에서 주가가 큰 폭으로 하락할 때도 상대적인 안정세를 이어갔습니다. 주식보다 더 좋다 나쁘다를 떠나서 여기서 한 가지 확실하게 말씀드릴 수 있는 것은 바로 이거죠.

"금 투자는 주식과는 다르다."

포트폴리오 분산 투자는 서로 다른 움직임을 보이는 자산들에 나누어 투자하면서 특정 자산이 크게 흔들리는 위험에서 벗어나는 데 포커스를 맞추죠. 주식으로만 투자하는 것보다는 금에 투자하는 것도 도움이 되지 않을까요? 물론 채권이나 예금도 주식과는 다른 모습을 보입니다만 안정적인 이자 수익을 올리는 자산과 비교했을 때 나스닥과 맞먹는 금의 퍼포먼스를 따라가기는 쉽지 않겠죠.

단순히 지난 4년의 성과를 보면서 "금이 안정적으로 많이 올랐고, 앞으로도 많이 오를 겁니다" 같은 말씀을 드리고 싶은 것이 아닙니다. 포트폴리오 투자를 위해 다양한 자산들을 고를 때 금 역시 충분히 매력적인 고려 대상이 될 수 있음을 보여드리고자 합니다. 그럼 이런 매력적인 금에 대해 좀 더 알아봐야 하지 않을까요? 네, 이번 파트에서 중점적으로 다룰 주제가 바로 그것입니다.

02
환헤지 금 투자 vs. 환헤지 하지 않은 금 투자 무엇이 답일까?

본격적으로 시작하기 전에 앞의 그래프에 대한 궁금증을 하나 더 짚고 가시죠. 앞서 금 형제들을 보여드렸습니다. 달러 표시 금과 원화로 투자하는 금, 이 형제 사이에도 우위가 존재할 겁니다. 이제 다음 그래프에서 나스닥과 코스피를 제거하고 금 형제의 흐름만으로 비교를 해보죠. 꽤 흥미로운 함의를 보여줍니다.

2020년 1월 1일을 100으로 기준해 그 추이를 비교한 그래프입니다. 원화로 달러를 사서 그 달러로 금에 투자한 원화 표시 금 추이가 황색 선입니다. 파란색 선은 달러 표시 금(국제 금 가격)입니다. 우선 2020년 1월 1일부터 2022년 1월까지는 둘의 차이를 거의 확인하기 어렵죠. 그런데요, 2022년 초부터 변화가 나타납니다. 점

그래프 72 · 달러 표시 금 투자와 원화 표시 금 투자의 성과 비교(2020년 1월 1일=100)

자료: 블룸버그

선으로 그려진 박스를 보시면 2022년 초에 금 형제가 둘 다 크게 상승하죠. 바로 러시아-우크라이나 전쟁이 그 원인입니다. 그리고 이후 40년 만에 찾아온 인플레이션에 대응하기 위해 미국 연준은 1980년대 이후 가장 빠른 속도의 금리 인상을 단행하는데, 그 과정에서 국제 금 가격이 크게 흔들립니다. 이 시기에 나스닥과 코스피도 크게 하락했음을 앞의 네 가지 비교 그래프에서 보셨죠. 그렇지만 황색 선은 거의 미동을 하지 않습니다. 여기서 황색 선과 파란색 선의 갭이 벌어졌는데요, 그 갭이 유지되다가 2024년 하반기로 들어서면서 더욱 더 크게 확대됨을 알 수 있습니다.

이유가 무엇일까요? 앞의 달러 편에서 달러원 환율이 2022년 초부터 크게 뛰어올랐다는 내용을 꼼꼼히 보셨다면 느낌이 팍 오실 겁니다. 원화로 달러를 사들인 후, 그 달러로 금을 삽니다. 이렇게 되면 달러원 환율이 오를 때 달러에 대한 환차익이 발생하고, 그 이후 달러로 산 금 가격이 뛰면서 금의 시세 차익 역시 함께 반영하게 되죠. 양방향으로 오르는 겁니다. 미국 연준이 빠른 금리 인상을 단행하면서 달러원 환율이 뛰기 시작했죠. 이때 금 가격도 고전합니다. 그러나 달러 환율 움직임과 금 가격 변화를 둘 다 반영하는 원화 표시 금 투자는 금 가격의 하락만큼 달러원 환율이 올라주면서 그 손실을 최소화할 수 있었죠. 반면 달러 움직임은 제거해 두고 금 가격 움직임만 따라가는 파란색 선의 투자는 미국 금리 인상 상황에서 일정 수준 타격을 받게 된 겁니다(물론 그 타격 레벨 역시 주식에 비해서는 다소 약한 편이었습니다).

우리는 외국 자산에 투자할 때 원화로 달러를 사들인 후, 그 달러로 외국 자산에 투자하게 됩니다. 이때 외국 자산의 가격 변화 뿐 아니라 달러원 환율의 상승 하락도 그 투자에 반영되는 문제가 생기죠. 이런 상황에서 '나는 외국 자산의 가격 변화만 따라가고 싶어'라고 한다면 달러 환헤지를 하면 됩니다(권말6 참고). 달러원 환율을 내가 투자했던 시점 정도로 고정시키는 것이 환헤지죠. 이렇게 되면 달러가 오르건 내리건 그 변동은 내 투자 자산 수익에 반영되지 않습니다. 반면 달러의 움직임도 함께 따라가고 싶다면 환헤지를 하지 않을 수도 있습니다. 둘 다 유불리가 있겠지만 적어도 지난 4년간 나타났던 달러 강세 국면을 감안하면 달러 환헤지를 하지 않은 금 투자가 보다 안정적이고 유리했다는 점을 알 수 있죠.

첫 번째 파트에서 달러 투자에 대한 저만의 뷰를 전해드렸습니다. 주기적인 관점, 즉 순환적인 흐름을 보면 단기로는 달러원 환율의 하락(원화 강세 및 달러 약세)이 나타날 수 있지만 긴 호흡으로는 달러의 추세적 강세 가능성을 말씀드렸죠. 네, 조언드린 대로 달러가 움직인다고 가정한다면 **단기 접근에서는 환헤지 투자와 환헤지를 하지 않은 투자의 향후 유불리를 판단하기 어렵지만, 중장기 관점에서 본다면 환헤지를 하지 않고 금에 적립식 투자로 접근하는 것이 유리할 겁니다.** 하나 더, 달러가 안전자산의 특징을 가지고 있다는 점을 감안하면 달러로 금을 사는 것이 중장기 관점에서 달러의 장점과 금의 장점을 함께 가져가는 것 아닐까 생각해 봅니다.

03

금은 글로벌
안전자산이 맞을까?

변동성이 낮다는 의미는 금이 안전자산으로써의 특징을 가졌다는 뜻으로도 해석이 되지 않을까요. 네, 일반적으로 금은 대표적인 안전자산으로 인식되곤 합니다. 그럼 원화로 달러를 사고, 그 달러로 금을 사는 투자의 경우 달러라는 안전자산과 금이라는 안전자산을 더블로 가져가는 것 아닐까요? 그럼 두 배로 안전해진다는 흐뭇한 상상을 하게 될 겁니다.

그런데요, 이런 식의 접근은 위험합니다. 왜냐하면 금은 안전자산이라고 할 수 없기 때문이죠. 물론 안전자산의 정의를 무엇으로 할지에 따라 다를 수는 있겠지만 적어도 주식 같은 위험자산의 가격이 큰 폭으로 하락할 때 예금처럼 그 가치를 그대로 보전하거

그래프 73 · 금 가격과 S&P500 지수 비교(2008년 1월 1일 = 100)

출처: 블룸버그

나, 앞에서 보셨던 달러처럼 되려 튀어오르는 자산이 안전자산이라고 할 수 있을 겁니다. 그런 면에서 금은 다소 다릅니다. 그래프를 보면서 생각해 보시죠. 점선 박스 부분이 2008년 글로벌 금융위기 당시를 나타냅니다.

2008년 초부터 전 세계는 글로벌 금융위기의 영향권에 들어서기 시작했죠. 주식시장은 간신히 버티는 듯하다가 큰 폭으로 하락하고, 또 버티다가 다시 무너지고, 이렇게 계단식의 하락을 이어갔습니다. 특히 2008년 9월 15일 리먼브라더스의 파산을 전후한 시기 글로벌 금융위기로 인한 충격이 심화되었는데요, 위 그래프에 그려진 점선 박스에 당시의 흐름이 묘사되어 있습니다. 당시 S&P500 지수 같은 주식시장이 큰 폭의 하락세를 보였고, 코스피 지수를 비롯한 전 세계 주식시장 역시 고전을 면치 못했죠. 점선 박스 안의 황색 선, 즉 국제 금 가격을 보면 120 정도를 고점으로 했다가 90 선까지 후퇴하는 모습을 확인하실 수 있습니다. 고점 대비 금 가격이 약 25퍼센트 정도 하락하죠. 물론 주가의 하락폭만큼은 크지 않았지만 주식과 함께 하락한다면 안전자산 관점으로 금에 투자하는 것의 의미가 크지 않을 겁니다.

참고로 당시 달러는 엄청난 강세를 보였습니다. 2007년 10월 달러원 환율은 900원 수준이었는데요, 불과 1년 후인 2008년 10월 1500원 선까지 환율이 튀어 오르는 달러 초강세를 보여주었습니다. 달러는 나름 안전자산의 기능을 했다고 볼 수 있죠. 이런 사례는 2020년에도 나타납니다. 보시죠.

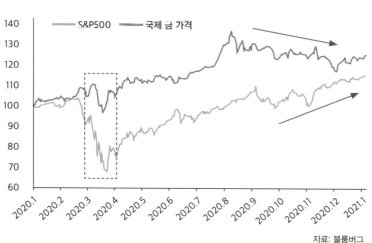

그래프 74 ㆍ 금 가격과 S&P500 지수 비교(2020년 1월 1일 = 100)

자료: 블룸버그

이 그래프는 2020년 1월 1일을 100으로 두고 국제 금 가격(황색 선)과 S&P500 지수(파란색 선)의 움직임을 그린 겁니다. 2020년 3월 초 코로나19가 전 세계 금융시장을 강타했죠. 이후 S&P500 지수는 그야말로 가파른 하락세를 보이면서 고점 대비 약 40퍼센트 무너졌습니다. 국제 금 가격은 110 선에서 95 정도까지 고점 대비 약 10퍼센트 하락하면서 주식보다는 높은 방어력을 보여주었죠. 그렇지만 주가가 하락할 때 금 가격이 함께 무너지는 모습을 보면 금이 안전자산의 역할을 했다고 보기는 어렵습니다. 당시 달러원 환율이 1150원 수준에서 순식간에 1300원 가까이 뛰어올랐던 바 있죠. 2008년 금융위기와 2020년 코로나19 사태를 종합해서 보면 금 가격은 극단의 위기 국면에서 주식만큼 크게 무너지지는 않지만 달러나 예금 등과 같은 안전자산의 역할을 한다고 보기는 어렵다고 생각됩니다.

그런데요, 여기서 이런 반론이 나올 수 있죠. '너무 극단적인 위기만을 단편적으로 보았기 때문에 그런 평가를 내리는 것이 아닌가?'라는 반론입니다. 네, 적어도 지난 20년의 기간을 통해 보았을 때 금융위기와 코로나19 사태는 1~2위에 해당되는 극단적인 위기죠. 그렇다면 이보다는 조금은 마일드(?)했던 시기의 금 가격 움직임을 몇 가지 더 볼 필요가 있을 겁니다. 2014~2016년으로 돌아가 보죠. 금 투자자들이 가장 힘들어했던 시기인 만큼 중요한 함의를 던져줄 겁니다.

그래프 75 · 국제 금 가격과 코스피 지수 비교(2014년 1월 1일=100)

자료: 블룸버그

　2014년 1월 1일을 100으로 두고 코스피 지수(파란색 선)와 국제 금 가격(황색 선)의 흐름을 비교한 그래프입니다. 2014년 초부터 미국 경제는 빠른 회복세를 보이기 시작했죠. 전 세계 경제에 가장 큰 파급 효과를 주는 미국 경제의 회복에 다른 국가들의 성장세도 회복될 것이라는 기대가 커졌습니다. 이에 코스피 지수 역시 2015년 들어 반등의 실마리를 찾아가는 모습이었죠.

　그러나 2015년 2분기부터는 분위기가 크게 달라집니다. 미국 경기의 회복은 좋은 소식일 수 있겠지만 미국 소비의 회복을 반영하면서 꿈틀대는 물가 상승, 즉 인플레이션 우려가 강해졌던 겁니다. 물가를 잡으려면 당연히 미국 연준이 돈줄을 죄는 긴축을 할 필요가 있죠. 그래서 연준은 2015년 상반기부터 금융위기 이후 처음으로 기준금리를 인상하겠다는 엄포를 놓았죠. 워낙 오랜만에 단행되는 금리 인상에 대한 공포감에 전 세계 주식시장이 바짝 긴장하기 시작했습니다. 여기에 중국 주식시장의 버블 붕괴까지 겹치면서 한국, 중국 등 신흥국을 비롯한 글로벌 주식시장은 2015년 하반기 큰 곤혹을 치루게 됩니다.

그래프의 점선 박스를 보시죠. 2015년 하반기부터 2016년 초까지 황색 선인 코스피 지수가 하락하는 모습을 확인하실 수 있습니다. 이런 불안 국면에서 우리의 안전자산(?)인 금 가격의 움직임은 더욱 불안해 보입니다. 2015년 12월에 바닥까지 밀려 내려가는 것을 확인할 수 있는데요, 주식과 금 가격이 같이 하락하고 같이 상승하는 동행 국면으로 해석할 수 있습니다. 지금 금 가격이 올랐다 떨어졌다가 중요한 것이 아니죠. 금이 안전자산의 특성을 가졌는지가 핵심인데요, 주가가 하락하는 국면에서 같이 무너져 내린다면 안전자산으로 보기에는 다소 무리가 있을 것이라 생각합니다. 그래프 하나 더 보고 가시죠.

다음 페이지의 그래프 76에서는 2022년 1월 1일을 100으로 두고 코스피(파란색 선)와 국제 금 가격(황색 선)의 성과를 비교해 보았습니다. 2022년 2월 러시아-우크라이나 전쟁이 발발했죠. 국제 금 가격이 2022년 2월에는 크게 상승한 반면 코스피 지수가 큰 폭으로 하락하는 게 보이실 겁니다. 안전자산으로써 금의 위력이 발휘되는 순간인가요? 문제는 그 후의 흐름입니다. 러시아-우크라이

그래프 76 · 국제 금 가격과 코스피 지수 비교(2022년 1월 1일=100)

자료: 블룸버그

나 전쟁으로 국제유가까지 급등하면서 인플레이션 압력이 커지자 연준이 빠른 금리 인상을 단행했죠. 강력한 긴축으로 시중 유동성이 빠르게 줄어들기 시작했고, 그 영향으로 주식시장은 큰 폭으로 하락합니다. 그리고 코스피 하락세와 어느 정도 보조를 맞추면서 2022년 내내 국제 금 가격 역시 하락하는 것을 보실 수 있죠. **주식과 다른 움직임을 보이는 것이 안전자산입니다. 주가가 큰 폭으로 하락할 때 함께 무너진다면 안전자산의 기능이 올바르게 작동했다고 할 수 없을 겁니다.**

04

미국의 금리 인상,
금에는 독일까?

앞의 사례들을 통해 '안전자산=금'이라는 공식이 실제 작동하지 않는 구간을 확인해 보았습니다. 위험한 상황에 주식 같은 위험자산과는 궤를 달리하면서 내 포트폴리오의 충격을 방어해 주는 것이 안전자산의 역할입니다. 하지만 금 가격이 금융위기, 코로나19 사태 등의 이례적 위기뿐 아니라 주식시장이 고전하는 상황에서도 동반 부진을 나타내는 경우들을 체크해 보았죠. 금을 획일적으로 안전자산이라고 부르기 어렵다는 점을 실제 사례로 보았는데요, 이번에는 금이 어떤 상황에서 고전하는 경향이 있는지를 살펴보겠습니다.

힌트는 앞의 케이스들이죠. 2015년과 2022년에 금 가격이 주식시장과 함께 고전했는데, 당시에는 미국 기준금리 인상이라는 이벤트가 함께했습니다. 미국 금리 인상은 금 투자에 독이 될까요? 답부터 말씀드리면 그럴 가능성이 매우 높습니다. 2015년의 상황을 아래 그래프로 다시 만나보시죠.

파란색 선은 미국의 기준금리이고, 황색 선은 국제 금 가격입니다. 금은 2015년 초부터 꾸준히 하락하면서 2015년 12월 온스당 1050달러 수준으로 무너졌죠. 참고로 그 이전인 2011년 하반기에 금 가격은 온스당 1900달러 선까지 상승했던 바 있습니다. 고점 대비 거의 40퍼센트 가까이 하락했죠. 앞의 그래프에서 보신 것처럼 주식시장과 동반 하락하는 상황은 2015년 상반기부터 만들어지기 시작했습니다. 당시 미국 연준은 서서히 고개를 들기 시작하

그래프 77 · 미국 기준금리 및 국제 금 가격 비교(2015~2016년)

자료: 블룸버그

356

는 인플레이션에 대한 경계심을 강하게 표명했죠. 원래 2015년 3월부터 기준금리 인상이 시작된다는 전망이 강했지만 실제 금리 인상을 하기도 전에 그 두려움에 시장은 강한 조정에 시달렸습니다.

2008년 글로벌 금융위기 당시 제로금리를 적용한 이후 거의 7년여 만의 첫 금리 인상이었기에, 그 인상에 대해 시장이 느끼는 불안감은 매우 강했습니다. 그런 불안을 감안하여 연준의 실제 금리 인상은 2015년 12월에 단행되었고 이후 후속 금리 인상은 2016년 12월에야 가능했습니다. 그래프 77을 보시면 파란색 선이 2015년 12월, 2016년 12월에 걸쳐서 계단처럼 올라오는 것을 보실 수 있죠. 그리고 실제 금리 인상이 단행되기 이전부터 국제 금 가격은 큰 폭으로 하락하는 경향을 나타냈습니다. 그건 2015년뿐 아니라 2016년 금리 인상 당시에도 비슷했죠.

글로벌 금융위기 이후 엄청난 유동성이 풀려나왔습니다. 돈의 힘으로 버티던 시장이었는데요, 이제 그 돈 잔치가 끝날 수 있다는 두려움이 근저에 작용합니다. 실제 금리 인상도 실질적인 긴축을 가져왔지만, 금리가 인상될 것이라는 두려움에 투자가 위축되면서 시중의 자금이 숨어버리는 것도 긴축 효과를 가져왔을 겁니다. 시중에 풀려나온 돈이 줄어들면서 금 가격 역시 타격을 받았던 것이죠. 이번에는 2022년으로 가보시죠.

다음 페이지 그래프 78의 파란색 선은 미국 기준금리, 황색 선은 금 가격입니다. 2022년 3월부터 미국 연준은 기준금리 인상

그래프 78 · 미국 기준금리 및 국제 금 가격 비교(2022~2023년)

자료: 블룸버그

을 단행했는데요. 그래프를 보시면 그 인상의 스케일과 빈도가 2015~2016년의 그것과는 비교도 안 된다는 것을 알 수 있습니다. 미국 기준금리 인상은 2023년 중반까지 이어졌고 상단 5.5퍼센트 까지 인상되었죠. 그리고 2022년의 금리 인상 시기에는 0.25퍼센트의 마일드한 금리 인상이 아니라 0.5퍼센트, 0.75퍼센트의 빅스텝, 자이언트스텝 금리 인상까지 단행됩니다. 이런 빠른 속도의 금리 인상은 매우 빠른 긴축을 의미하죠. 빠른 금리 상승은 위 그래프에서 보신 것처럼 금 가격의 급격한 하락을 촉발합니다. 온스당 2000달러 선을 넘었던 금 가격이 1650달러까지 하락하는 것을 재차 확인하실 수 있습니다. 네, 금은 미국 금리 인상에 부정적 영향을 받는 듯합니다. 2018년 미국의 금리 인상 사례도 함께 보시죠.

그래프 79 · 미국 기준금리 및 국제 금 가격 비교(2018~2019년)

자료: 블룸버그

　　2018년에는 세 차례 기준금리 인상이 단행되면서 2018년 12월, 상단 2.5퍼센트까지 금리가 높아졌습니다. 그런 기준금리 인상이 한창이던 2018년 2분기, 이제 어느 정도 끝났을 것이라는 시장의 기대와는 달리 계속해서 금리 인상으로 긴축을 강조하는 연준을 보면서 투자 시장은 겁에 질려버렸죠. 시중 유동성이 빠르게 줄어들었고, 긴축의 고삐가 강하게 당겨지면서 금 가격은 큰 폭으로 하락했습니다. 이 정도 케이스들을 보면 미국의 금리 인상이 금 가격을 흔드는 주요 요인임을 느끼실 수 있을 겁니다. 그리고 위 그래프 후반부의 점선 박스를 보시면요, 미국 기준금리가 인하되는 것을 보실 수 있죠. 그리고 그 인하되는 시점에 즈음하여 금 가격이 큰 폭으로 상승하는 모습을 확인하실 수 있습니다.

그래프 80 · 미국 기준금리 및 국제 금 가격 비교(2000~2010년)

자료: 블룸버그

다음 주제에 대한 힌트가 나옵니다. '그렇다면 미국의 금리 인하는 곧 금 가격의 상승을 말하는가?'가 바로 그것입니다. 이 주제로 넘어가기 전에 금리 인상의 예외 상황 하나 살펴보고 가겠습니다.

미국 금리 인상 시기만 되면 어김없이 고전하는 금 가격을 보았습니다. 마치 무슨 법칙처럼 흔들리는데요, 그런 케이스들에도 예외는 존재합니다. 미국의 꾸준한 금리 인상에도 금 가격이 엄청난 강세를 이어갔던 시기, 2005~2007년을 되돌아봅시다. 마찬가지로 금 가격(황색 선)과 미국 기준금리(파란색 선)가 그려져 있습니다. 2000년 이후의 흐름을 보여주죠. 가로축의 시계열이 워낙 길 뿐만 아니라(10년) 금 가격도 200달러에서 1200달러까지 뛰었기에 순간순간의 가격 변화를 세밀하게 보기는 어렵습니다. 다만 큰 추세는 확인할 수 있죠. 2000년대 내내 금 가격은 우상향하는 모습을 보였습니다.

그런 우상향은 우선 2000년대 초반에 시작된 미국의 기준금리 인하의 영향을 받았기 때문입니다. 2000년 5월 6.5퍼센트까지 인상되었던 기준금리는 큰 폭으로 인하되면서 2003년 중반 1퍼센트까지 낮춰졌죠. 금리 인하 때문에 달러가 풀려나온 것이 금 가격을 자극하는 데는 매우 긍정적인 영향을 주었습니다.

그런데요, 2004년 6월부터는 연준의 기준금리 인상이 시작되죠. 문제는 그런 금리 인상이 한두 차례에 그치지 않았다는 겁니다. 금리 인상 초기에 1퍼센트였던 기준금리는 17차례 연속으로 인상되면서 2006년 6월 5.25퍼센트까지 높아지죠. 이렇게 미국 기준금리가 높아졌다면 당연히 긴축적 환경이 조성될 것이고요, 이런 긴축적 환경의 스트레스로 인해 주식시장도 흔들리며 우리가 분석하는 금 가격 역시 크게 무너져야 할 겁니다. 그런데요, 화살표로 표시한 것처럼 당시 금 가격은 금리 인상과 함께 우상향 기조를 뚜렷하게 유지했습니다.

2004년부터 2008년 글로벌 금융위기 이전까지의 시기를 우리는 신흥국의 시대라고 합니다. 당시 중국을 중심으로 한 신흥국 경제권의 성장세가 정말 대단했죠. 중국은 두 자릿수 성장을 이어가면서 전 세계 투자 자금을 끌어 모았습니다. 반면 미국은 2000년대 초반 닷컴버블이 붕괴되면서 성장 부진의 늪에 빠졌죠.

부시 행정부는 감세를 통해 미국 경제를 끌어올리려고 했지만 되려 재정 적자만 크게 늘리고 미국 경제의 성장에는 그다지 큰 효과를 주지 못했습니다. 당시 미국 연준은 2003년 제2차 이라크 전쟁 이후 국제유가가 큰 폭으로 상승하는 등 물가 상승세가 뚜렷해지자 금리 인상을 단행했죠. 하지만 미국 경제가 그리 강하지 않은 상태에서 단행된 금리 인상인 데다가, 당시에는 연준의 자금 공급보다 각종 모기지 회사들 같은 금융 기관, 파생상품 등을 통한 유동성 공급이 주를 이루었죠.

중앙은행이 금리 인상을 단행해도, 시중은행이 대출로 돈을 풉니다. 그리고 각종 금융 기관들은 다양한 방법으로 유동성을 만들어 냈죠. 당시 연준은 금리 인상으로 긴축을 하려는 시도를 보였지만, 워낙에 뜨거운 주택시장을 담보로 은행권은 풍부한 대출을 해주고 있었고, 각종 금융 기관들은 이렇게 은행들이 대출해 주고받은 모기지 채권을 근거로 각종 파생상품을 만들어 냈죠. 결국 연준이 긴축을 해도 시중은행은 대출을 통해, 투자자들은 파생상품을 통해 시중 유동성을 계속해서 풍부하게 유지했던 겁니다. 금리 인상으로 빨아들이는 유동성보다 주택시장 및 자산 가격의 과열을 기반으로 뿜어져 나오는 유동성이 더 많을 수 있죠. 그렇다면 금리 인상을 해도 유동성은 되려 늘어날 수 있으니 이는 금 가격에 상승 요인이 될 수 있습니다.

2005~2008년의 케이스를 돌아보면 미국 금리 인상에도 불구

하고 금 가격이 크게 뛰어오르는 것을 확인할 수 있으니 '미국의 금리 인상=금 가격 하락'이라는 얘기를 무슨 법칙처럼 이야기할 수는 없겠죠. **중요한 것은 시중 유동성입니다. 시중 유동성이 늘어나면, 종이 화폐가 늘어나는 셈입니다. 종이 화폐의 공급이 많아지면 종이 화폐의 가치는 하락할 텐데요, 그 반대편에 있는 실물 화폐인 금은 상대적으로 상승하게 되는 겁니다.** 금리 인상이나 인하보다도 실제 유동성 공급 측면에서 금 가격을 봐야 하는 것이죠.

금리 인상이 금 투자에는 일반적으로 부정적 영향을 미칠 수 있다는 점을 적어보았습니다. 그럼 반대 케이스도 궁금하시겠죠? 네, 다음 장에서 금리 인하가 금에 미치는 영향에 대해 살펴보겠습니다.

05

미국의 금리 인하, 금에는 약일까?

2000년대 이후 있었던 금리 인하 국면을 꼽아보겠습니다. 앞서 보여드린 닷컴버블 붕괴 직후의 2000년대 초반 금리 인하, 글로벌 금융위기 이후 경기 부양을 위해 단행한 2008~2009년의 극단적 금리 인하, 2018년 무역전쟁 이후 경기 침체 우려가 커지니 이를 막기 위해 단행한 2019년의 금리 인하, 코로나19 당시의 인하, 2024년 하반기 이루어졌던 케이스들을 사례로 들 수 있을 겁니다. 먼저 2019년 이야기부터 시작해 보죠.

　다음 페이지의 그래프는 앞서 보신 2018년~2019년 미국 금리 인상 국면을 보여줍니다. 2018년 말까지 진행되던 금리 인상이 2019년 하반기에는 되려 금리 인하로 전환되었죠. 2018년 내

그래프 81 · 미국 기준금리 및 국제 금 가격 비교(2018~2019년)

자료: 블룸버그

내 미국 연준은 기준금리 인상을 단행했고, 트럼프 행정부는 미중 무역전쟁의 일환으로 대중 관세라는 칼을 마구 휘둘렀습니다. 금리 인상과 함께 교역 충격을 가져다준 만큼 글로벌 금융시장은 상당한 충격을 받았죠. 당연히 미국을 비롯한 글로벌 주요 경제권의 상황도 그다지 밝지 못했습니다.

이에 미국 연준은 무역전쟁과 높아진 금리 때문에 나타날 수 있는 예기치 못한 경기 침체의 가능성을 우려하기 시작했죠. 아직 뚜렷한 침체가 찾아오지는 않았지만 조금씩 경기 둔화의 징후가 보이니 연준은 행동에 나서기 시작했습니다. 2019년 7월부터 2019년 말까지 세 차례에 걸쳐 기준금리 인하를 단행한 겁니다. 금리 인하로의 방향 전환 이전에 이미 미국 연준은 어느 정도 기준금리 인하 가능성을 시장에 보여주었고, 그 가능성을 반영하면서 2019년 5~6월부터 시중 유동성의 확대가 나타나기 시작했습니다.

그리고 이런 유동성의 증가는 전체 자산군 중 가장 민감하게 반응하는 금 가격의 상승에 불을 지폈죠. 앞 페이지의 그래프 속 점선 박스를 보시면 온스당 1300달러 정도에서 횡보하던 금 가격이 단숨에 올라가면서 온스당 1550달러 선을 넘보게 되었죠.

무역전쟁의 어려운 파고를 넘기 위해 기준금리 인하를 단행했고, 금리 인하로 풀려나온 달러 유동성 덕에 금 가격이 올랐다는 논리로 풀어보았습니다. 이런 비슷한 상황은 2024년에도 확인됩니다.

2020년 1월부터 2024년 말까지의 미국 기준금리(파란색 선)와 금 가격(황색 선)을 나타낸 그래프 82입니다. 미국 연준은 2021년 하반기부터 찾아온 40년 만의 인플레이션 제압을 위해 2023년 7월까지 기준금리를 5.25~5.5퍼센트까지 인상했죠. 이후 이런 고금리 상태를 1년 이상 유지했습니다. 고금리의 장기화는 금융시장 및 실물 경제에는 부담으로 작용하죠. 이에 2024년 9월, 미국의 경기 둔화 우려가 빠르게 전개되는 것을 막기 위해 연준은 기준금리 인하에 돌입합니다. 당연히 연준은 9월 기준금리 인하를 앞두고 사전에 기준금리 인하의 가능성이 높음을 시장과 소통했죠. 그러자 연준의 금리 인하 가능성을 반영하면서 금 가격은 2024년

그래프 82 · 미국 기준금리 및 국제 금 가격 비교(2020~2024년)

자료: 블룸버그

하반기부터 큰 폭으로 상승하기 시작했습니다. 그래프 우측 끝의 점선 박스를 보시죠. 미국 연준의 기준금리 인하가 시행된 2024년 9월 이전에도 이미 금 가격은 향후 전개될 빠른 금리 인하를 반영하면서 사상 최고치를 넘어서 상승했습니다.

금리 인하가 금 가격에는 긍정적 영향을 준다는 점을 확인할 수 있는 좋은 사례인데요, 여기서 조금 이상한 게 있습니다. 다시 왼쪽 점선 박스를 보시죠. 2020년 초에 있었던 금리 인하 국면입니다. 당시에도 기준금리 인하가 단행되었죠. 당시 코로나19 사태를 맞아 연준은 과감하게 제로금리를 도입했고 무제한 양적완화를 통해 적극적 돈 풀기에 돌입했던 바 있습니다. 그런데요, 금리를 급하게 인하하는 상황에서 되려 금 가격이 하락하는 것을 확인할 수 있습니다. 당시 상황을 확대된 그래프 83으로 보시죠.

2020년 2월 중순부터 코로나19에 대한 국제사회의 경고가 커지자 2020년 3월 초부터 전 세계가 비상 상황에 돌입했습니다. 미국 연준은 코로나19 사태를 극복하기 위해 우선 제로까지 기준금리를 인하하면서 대응에 나섰죠.

그런데요, 과감한 금리 인하에도 점선 박스에서 보시는 것처럼 금 가격(황색 선)이 예리하게 하락하는 것이 보이실 겁니다. 금리 인하가 되려 금 가격의 하락을 만들어 내는 것일까요? 당시 미국 연준은 코로나19 사태의 파고가 워낙 큰 나머지 제로금리 정도로는 해결이 되지 않을 것임을 알게 되었죠. 이에 연준 파월 의장은 시장이 필요로 하는 만큼 얼마든지 유동성을 풀겠다는 선언을 합

그래프 83 · 미국 기준금리 및 금 가격 비교(코로나19 사태 기간)

자료: 블룸버그

니다. 무제한 양적완화를 시행한 겁니다.

코로나19 같은 극단적 위기 상황에서 경제 주체는 크게 위축이 되곤 하죠. 그럼 당연히 은행들도 그렇고 민간 대출을 해줄 수 있는 금융 기관들이 모두 얼어붙게 될 겁니다. 미국 연준이 금리를 제로로 내리면서 유동성 공급에 나서도 이들 금융 기관들이나 시중은행들이 겁에 질려서 시중의 자금을 회수해 버리면 어떻게 될까요? 네, 금리 인하로 돈이 풀려나가는 것보다 시중은행들이 겁에 질려 대출을 회수하는 과정에서 줄어드는 돈이 훨씬 더 많을 겁니다.

금 가격은 금리의 함수가 아닙니다. 그래서 금리가 낮아지거나 올라가는 게 중요한 것이 아니라 유동성이 풀리는지 여부가 중요합니다. 금리를 인하하더라도 워낙 시장 상황이 어려워서 시중 유동성이 계속 쪼그라든다면 '금리 인하에도 불구하고 금 가격이 하락'하겠죠. 반대로 앞서 2006년 케이스에서 보신 것처럼 금리가 인상되어 유동성이 줄어드는 것보다 시중은행들이나 각종 금융 기관이 마구잡이로 대출 및 금융 파생 거래를 늘리면서 유동성을 더욱 많이 풀게 되면 '금리 인상에도 불구하고 금 가격이 상승'하는 그림이 그려지는 겁니다.

코로나19 사태 당시의 기준금리와 금 가격을 보셨는데요, 그럼 하나 더 떠오르는 시기가 있지 않나요? 네, 2008년 글로벌 금융위기 상황입니다. 당시 상황을 보시죠.

그래프 84 · 미국 주요 금리 및 국제 금 가격 비교(2008~2012년)

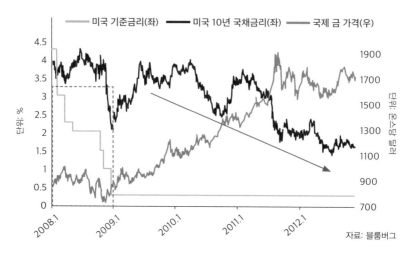

자료: 블룸버그

파란색 선은 기준금리, 황색 선은 금 가격입니다. 검은색 선은 10년 국채금리인데요, 이건 잠시 후에 설명해 드리겠습니다.

우선 2008년 초부터 연준은 기준금리 인하에 돌입합니다(실제로는 2007년 9월부터 금리 인하가 시작되었죠). 그러나 좌측 점선 박스 안에서 보이듯 금리 인하에도 금 가격은 쉽게 상승하지 못하고 되려 하락했죠. 온스당 900달러 수준을 기록하던 금 가격이 2008년 말, 금융위기의 한복판에서는 700달러까지 무너졌던 겁니다. 금리 인하를 했는데도 금 가격이 하락하는 이유가 무엇일까요? 일단 그 생각부터 해보죠. '금리 인하 때문에 금 가격이 하락했다'는 얘기는 틀린 말입니다. 그보다는 '금리 인하에도 불구하고 금 가격이 하락했다'는 표현을 써야겠죠.

370

글로벌 금융위기는 미국 주택시장이 붕괴되면서 그런 주택시장에 대출을 해준 시중은행들의 대출 채권이 대규모 부실에 처하면서 시작되었죠. 문제는 이들 대출 채권을 담보로 각종 제2차 금융 기관들이 금융 파생상품을 만들어 유동성을 더욱더 확장시켰다는 겁니다. 그런데 그런 파생 거래의 원천 담보가 되는 주택담보대출 채권이 무너지니 당연히 그런 파생 거래들도 흔들렸겠죠. 워낙 그 충격이 큰 만큼 리먼브라더스 같은 큰 투자은행도 파산을 면치 못했습니다. 150년 역사에 빛나는 미국 내 4위 투자은행이 무너질 정도인데, 다른 은행들이 무사하기는 쉽지 않겠죠. 금융 기관들끼리, 기업들끼리 서로가 서로를 믿지 못합니다. 대출은 서로를 믿을 때 활성화되곤 하죠.

서로에 대한 믿음이 없으니 대출이 늘어날 수가 없고, 되려 기존에 해주었던 대출을 빠르게 회수하려는 움직임이 강해집니다. 연준이 금리를 인하하면서 유동성을 주입해 주었음에도, 서로를 믿지 못하면서 더욱 심각해지는 신용 경색으로 사라져가는 유동성이 훨씬 컸기 때문에 금 가격은 힘을 쓰지 못했죠. 반면 달러 유동성이 줄어드는 만큼 달러가 귀해졌을 겁니다. 그럼 달러값이 뛰지 않았을까요? 달러원 환율은 2008년 11월 달러당 1500원 선을 넘어선 바 있죠. 안전자산의 효과를 톡톡히 보여준 겁니다.

연준은 2008년 12월 제로까지 기준금리를 인하했음에도 해결의 실마리를 찾지 못했습니다. 더 이상 금리를 낮출 수 있는 룸이 없었죠. 그래서 전격적으로 장기 국채를 사들이는 양적완화를 선언하게 됩니다.

일반적으로 중앙은행은 돈을 찍을 때 초단기 국채를 담보로 씁니다. 그런데요, 양적완화 단계에서는 초단기 국채가 아닌 장기 국채를 담보로도 돈을 찍게 되죠. 이 과정을 보면 연준은 돈을 찍고, 그렇게 찍은 돈으로 시중의 장기 국채를 사들입니다. 그럼 장기 국채를 담보로 돈을 찍는 셈이 되는 것이고요, 장기 국채시장으로 유동성이 대규모로 빠르게 주입되니 10년 국채 금리가 빠르게 하락하게 되겠죠.

양적완화라는 새로운 대규모 유동성 공급 방식이 도입되자 신용 경색으로 인해 사라져가던 유동성이 재차 확장 기조로 돌아서게 되었겠죠. 2009년 하반기를 거치면서 양적완화가 본격적으로 진행되었던 시기에 금 가격은 큰 폭으로 상승합니다. 다시 그래프 84를 보시면 양적완화가 본격화되었던 2009년 3월부터 미국 10년 국채금리는 빠르게 하락했고, 반대편에서 금 가격은 빠르게 상승하는 그림을 보실 수 있습니다. 이런 금 가격 상승세는 추가로 이어져 2011년 하반기에는 온스당 1900달러까지 뛰어올랐죠.

여기까지 정리합니다. 금 가격을 추동하는 핵심은 금리가 아닙니다. 바로 유동성이죠. 일반적인 상황에서는 금리 인하가 유동성의 확대, 금리 인상이 유동성의 축소를 의미하기 때문에 금 가격이 금리 인상에는 부정적, 금리 인하에는 긍정적인 반응을 보였던 겁니다. 그렇지만 조금 복잡한 위기 국면 등으로 진입하면 얘기가 달라지죠. 금리를 중심으로 금 가격을 판단하면 여러 가지 이해하기 어려운 예외를 종종 만나게 될 겁니다. 다만 유동성을 중심으로 본다면 그런 예외들을 어느 정도 줄이면서 금의 특성을 보다 효과적으로 이해할 수 있습니다.

06

전쟁이 터지면
금값이 오른다는데?

종이 화폐, 즉 달러 유동성이 확대되는 상황에서는 금 가격이 상승세를 보이곤 하죠. 그렇지만 유동성만으로 금 가격의 움직임 전체를 읽어낼 수 있는 것은 아닙니다. 투자자 관점에서 금 가격이 움직이는 큰 동향을 해석하는 기준이 될 수 있는 정도겠죠. 이외에도 금 가격은 여러 가지 요인들의 영향을 받지만 투자자 입장에서 눈여겨보셔야 할 것은 바로 지정학적 리스크입니다. 그래프를 보면서 이어가죠.

2019년 9월부터 2020년 중반까지의 금 가격 흐름을 나타낸 그래프입니다. 2020년 1월 초 동그라미 시기에 금 가격이 크게 뛰어오르는 것을 확인하실 수 있죠. 1년여의 기간을 보는 그래프인지

그래프 85 · 국제 금 가격 추이(2019~2020년)

'이란 군부 실세' 솔레이마니 미 공습에 사망…
이란 '가혹한 보복' 《연합뉴스》, 20. 01. 03)
미/이란 '보복 악순환' 군사 충돌 우려…
중동 일촉즉발 전운 《경향신문》, 20. 01. 03)

단위: 온스당 달러

자료: 블룸버그

라, 그리고 세로축을 보면 1400달러에서 1800달러까지 금 가격의
변동폭이 워낙 큰 국면을 보는 그래프인지라 작게 보이실 수 있습
니다. 하지만 2020년 1월 초에 있었던 이란 군부 실세 가셈 솔레
이마니(Qasem Soleimani)의 사망 사태 당시 금 가격이 3퍼센트 이
상 상승하는 등 지정학적 위험이 커지는 상황에서 유독 금이 강세
를 나타냈습니다. 이런 흐름은 이후에도 이어지는데요, 2022년 이
후의 흐름을 그린 그래프를 보시죠.

다음 페이지의 그래프 86은 2021년 9월부터 2023년 말까지의
금 가격 추이를 나타내는데요, 2022년 2월에 '뾰족' 첨탑이 솟은
것을 보실 수 있을 겁니다. 네, 러시아-우크라이나 전쟁의 발발입
니다. 예상하지 못한 러시아-우크라이나 전쟁 발발 직후 금 가격

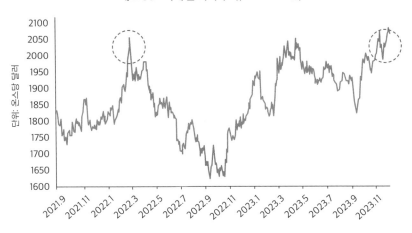

그래프 86 · 국제 금 가격 추이(2021~2023년)

단위: 온스당 달러

자료: 블룸버그

은 한동안 넘어서지 못했던 온스당 2000달러 선을 훌쩍 뛰어넘는 초강세를 연출했습니다. 물론 이후 미국, 영국, 프랑스 등 선진국과 러시아의 대결로 확전되지 않고 러시아와 우크라이나 간의 전쟁으로 고착화되면서, 그리고 미국 연준의 강렬한 금리 인상의 영향을 받으면서 금 가격이 큰 폭으로 하락했습니다. 하지만 지정학적 리스크가 촉발한 금 가격의 급등세를 확인하는 데는 매우 좋은 예시가 될 겁니다.

이런 흐름을 2023년 10월 이후에도 볼 수 있는데요, 2023년 10월 7일 하마스(팔레스타인 무장 정파)가 이스라엘을 기습 공격한 이후 금 가격은 재차 강세를 보였죠. 그리고 이스라엘이 이에 대한 보복으로 가자 지구 침공을 단행하는 등 확전 양상이 이어지면서 금 가격은 추가적인 상승 압력을 받게 됩니다. 그래프 우측 상단의 점선 내 금 가격이 당시 상황을 보여주죠.

이런 지정학적 리스크는 2024년에는 이란-이스라엘 갈등으로 보다 강화되었습니다. 하마스와 이스라엘의 군사적 갈등이 국가 범주인 이란과 이스라엘의 갈등 구조로 확대되는 경향이 나타났을 때 금 가격은 어떻게 반응했을까요? 금은 지정학적 리스크에 민감하게 반응합니다. 2024년에 금 가격이 다시 한번 큰 폭으로 뛰어오르면서 온스당 2800달러에 육박하는 등 초강세 기조를 이어갔습니다.

지정학적 리스크가 불거질 때는 금 가격이 강한 흐름을 보인다는 사실은 투자할 때 매우 중요한 정보겠죠. 다만 보다 중요한 것은 향후 투자에 어떤 영향을 미칠지에 대한 고민일 겁니다. 2000년대 초반 부시 행정부에서는 미국이 세계의 경찰임을 지속적으로 강조했고, 이에 제2차 이라크 전쟁뿐 아니라 아프간 전쟁까지도 수행했던 바 있죠. 군사력의 차이가 워낙 큰 만큼 빠르게 전쟁에서 승리한 이후 미국은 현지에 주둔하면서 이라크, 리비아, 아프가니스탄 현지의 안정을 유도했습니다. 그러나 지속되는 이슬람 테러의 충격에 직면하면서 그리고 천문학적으로 들어가는 국방비를 고려하면서 세계 경찰 국가의 실익에 대해 고민할 수밖에 없었겠죠. 실제 제1기 트럼프 행정부 기간에 미국은 세계의 경찰 역할을 하는 데 대한 회의감을 지속적으로 피력했습니다. 그리고 이후 들어선 바이든 행정부에서는 2021년 아프가니스탄에서 미군을 철수하면서 중동 주둔 미국의 역할을 크게 줄이려는 의도를 보여주었죠.

문제는 미군이 떠난 이후의 중동 정세입니다. 과거 남자고등학교를 가정해 보죠. 어떤 반에 압도적으로 힘이 강한, 싸움을 잘하는 아이가 있습니다. 워낙 압도적인 관계로 그 아이가 거의 군림하다시피 하자 다른 학생들은 거의 힘을 쓰지 못하죠. 그런데 만약 그 아이가 갑자기 전학을 가게 되면 어떤 일이 벌어질까요? 그 반에 평화가 찾아올지, 아니면 춘추전국 시대가 열릴지 어느 정도 가늠이 되실 겁니다. 아마도 후자가 되지 않을까요? 미국이 세계의 경찰 역할에서 물러나면서 되려 중동 지역을 비롯한 세계 여러 분쟁 지역의 갈등이 더욱 강해질 가능성이 보다 높아진 것 아닐까요? 저는 군사 전문가가 아니기 때문에 언제 무슨 전쟁이 어떻게 발생할 것 같다는 예측을 할 능력은 없습니다. 다만 과거보다 지정학적 분쟁이 보다 자주 나타날 개연성이 높아졌다는 생각은 해봅니다. 만약 지정학적 리스크가 돌출될 가능성이 높아진다면, 투자자들은 어떻게 대응해야 할까요?

포트폴리오 투자는 결국 미래에 어떤 일이 일어날지 모르니 여러 가지 시나리오에 대비한 자산을 나누어 깔아두는 것을 말하죠. 지정학적 리스크가 돌발적으로 나타났을 때 금융시장에는 예상 외의 충격을 줄 수 있습니다. 이런 충격을 완화하기 위해서는 지정학적 리스크에 강한 금 같은 자산을 일부라도 담아야 하겠죠. 비슷한 맥락에서 중앙은행의 금 매입에 대한 얘기를 이어가 보겠습니다.

07

전 세계 중앙은행들은
왜 금을 사고 있나요?

각국 중앙은행은 대외 자금 지급이나 예상치 못한 대외 부채 리스크에 대비하기 위해 외환보유고를 쌓아두곤 하죠. 앞서 말씀린 것처럼 한국은 세계 9위 수준의 외환보유고를 가졌습니다.

그런데요, 여기서 이런 의문이 생길 겁니다. 외환보유고 내에 어떤 통화를 담는지에 대한 궁금증이 바로 그것이죠. 당연히 달러를 가장 많이 포함시키려 할 겁니다. 미국 경제는 세계에서 가장 강한 모습을 보이고, 달러는 전 세계에서 통용되는 이른바 패권 통화이기 때문이죠. 그런데요, 최근에 약간의 변화가 나타나는 듯합니다. 각국 중앙은행들이 금을 사들이는 규모가 더욱 커졌다는 소식이 그런 변화의 핵심이겠죠.

아래 그래프는 세계금협회(World Gold Council)에서 가져온 자료로 만든 것입니다. 파란색 선은 국제 금 가격을 의미하고, 황색 막대는 매년 각국 중앙은행이 어느 정도로 금을 사들였는지를 나타냅니다. 2010년대에는 십여 년 간 비슷한 흐름을 이어갔는데요, 2022년 들어 중앙은행의 금 매수가 크게 늘었음이 확인됩니다. 그리고 그런 추세는 2023년에도 이어지죠. 물론 이런 흐름이 향후에도 계속 이어지리라고 확신할 수는 없지만 이런 변화가 나타난 이유를 생각해 보는 것은 중요합니다. 2022년 이후 무슨 변화가 생긴 것일까요?

러시아-우크라이나 전쟁 직후 서방 선진국들은 러시아를 전범국으로 지정하고 각종 경제 및 군사 규제를 가하기 시작했습니다.

그래프 87 · 각국 중앙은행들의 금 매수 수요와 국제 금 가격 추이

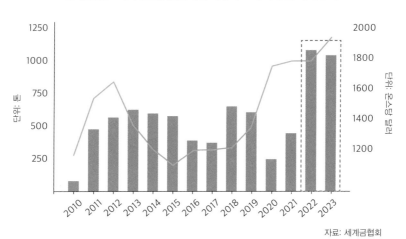

자료: 세계금협회

러시아의 원유 수출을 제한했을 뿐 아니라 달러 결제망에서도 러시아 은행들을 축출시켜 버렸죠. 달러는 전 세계에서 통용되는 국제통화입니다. 그리고 원유는 기본적으로 달러로 결제해야 하죠. 문제는 달러 결제망에서 러시아 은행들이 배제되었다는 겁니다. 원유를 팔고 달러를 받아야 하는데, 달러 결제가 불가능해진 것이죠. 그럼 원유를 파는 거래, 이를 통해 달러를 벌어들이는 거래에 상당한 어려움을 느끼게 될 겁니다. 달러 벌이가 만만치 않게 된 것이죠.

그래도 이렇게 달러 유입이 어려운 시기를 대비해서 달러를 미리 쌓아둔 것이 바로 외환보유고입니다. 정확하지는 않지만 러시아의 외환보유액은 6000억 달러를 넘는 수준이었는데요, 이 중 상당 비중이 달러였습니다. 그리고 이런 달러로 된 자산은 러시아 내부의 금고 속에 현찰로 잠들어 있다기보다는 달러 표시 미국 국채 혹은 달리 표시 미국 금융 자산의 형태로 미국 쪽에도 상당 금액이 투자되어 있었겠죠.

그런데요, 이런 상황에서 러시아-우크라이나 전쟁이 발발한 겁니다. 그리고 서방 선진국 사이에서는 전범국 러시아의 외화 자산, 대부분이 달러 표시인 자산들을 압류하여 우크라이나의 재건을 위해 지원해야 한다는 의견이 나오게 됩니다. 잠시 기사를 읽어보시죠.

美, "G7 정상회의서 러 동결 자산으로 우크라 재건 지원"

《연합뉴스》, 24. 06. 12

'자산 동결' 러시아 푸틴 "모아봤자 뺏기는 달러보다 비트코인이 낫다"

《뉴스1》, 24. 12. 05

러시아 자산 동결의 의미는 외국에 있는 달러 표시 러시아 자산을 압류하자는 것이고, 기사에는 러시아의 압류된 자산을 우크라이나 지원을 위한 자금으로 활용하자는 내용이 담겨 있습니다. 이에 발끈한 푸틴이 모아봤자 뺏기는 달러보다 차라리 비트코인이 낫다는 얘기까지 던졌죠. 사실 러시아-우크라이나 전쟁 초기였던 2022년에는 러시아의 외국 자산을 동결하고 우크라이나 지원을 위해 쓰는 데 신중해야 한다는 주장들이 서방 선진국들과 미국의 옐런 재무장관 입을 통해서도 나왔었습니다. 잠시 당시 분위기를 기사를 통해 보시죠.

재닛 옐런 미 재무장관도 러시아 자산 몰수를 통한 우크라이나에 대한 배상은 현 미국 법률 아래에서는 허용되지 않는 일이란 입장을 밝힌 바 있다. 영국도 러시아 중앙은행 자산이 단순히 동결되는 것을 넘어 배상용으로 전용될 경우 해외에 있는 모든 서방 국가 자산들도 쉽게 압수될 수 있다는 이유에서 신중한 입장을 보이는 것으로 알려졌다. 《연합뉴스》, 22. 09. 19

조금 이상합니다. 위 기사는 2022년 9월에 보도된 것인데요, 전범국인 만큼 조속히 강한 압박과 함께 전면적인 자산 동결이 단행되어야 함에도 무언가 미적지근한 스탠스를 취하죠. 가장 중요한 이유는 만약 이렇게 쉽게 러시아의 달러 표시 자산 등이 압류가 된다면, 다른 국가들도 자신들의 외환보유고가 압류될 수 있다는 두려움을 느끼게 된다는 점입니다. 러시아-우크라이나 전쟁 발발 이후 러시아는 다른 국가들과의 교역이 대부분 차단되면서 중국과의 교역 비중을 크게 늘렸습니다. 그리고 미국을 비롯한 서방 국가들은 러시아와 교역을 이어가는 국가에게 마찬가지로 각종 제재를 가할 수 있음을 경고했죠. 이런 경고를 듣는 중국은 어떤 느낌을 받을까요? 참고로 러시아의 외환보유고는 6000억 달러를 넘는 수준이지만 중국의 외환보유고는 3.2조 달러에 달합니다. 이중 상당 금액이 달러로 투자되어 있고, 특히 외국에 투자되어 있겠죠. 그럼 리시아의 자산이 동결되는 것처럼 중국의 자산도 동결되면 어떤 일이 벌어지게 될까요? 러시아와는 비교도 할 수 없을 정도로 큰 달러 자산이 압류 상황에 봉착하게 될 겁니다.

그럼 중국 입장에서는 달러 자산에서 최대한 멀리 떨어져야 하지 않을까요? 달러를 대신할 수 있는 무언가 다른 자산을 고민하게 될 겁니다. 앞선 기사 인용에서 푸틴이 비트코인을 언급했던 이유 역시 여기서 찾을 수 있겠죠. 다만 비트코인이 외환보유고에 전통적으로 투자하던 자산이 아니었던 만큼 다른 대안을 찾으려 할 겁니다. 과거부터 오랜 기간 선호되었던 외환보유고 자산이 바로 금이죠. 그럼 중국이나 러시아 같은 국가들은 외환보유고 내 달러의 대안으로 금을 고려하게 되지 않을까요? 그래서 이런 기사가 나오는 겁니다. 조금 길더라도 꼼꼼히 읽어보시죠.

중국인민은행이 6개월 만에 다시 금을 매입한 것으로 나타났다. 세계 중앙은행들이 금 매입을 늘리면서 국제 금값을 밀어올렸으며 여기에는 중국의 영향도 크다. (중략) 11월 중국인민은행은 6개월 만에 금 매입을 재개한 것으로 드러났다. 이달 중국 금 보유고는 7296만 트로이온스(약 2269t)로 전월 대비 16만 트로이온스(약 5t) 증가했다. 장하오 더방증권 거시경제연구팀장은 "인민은행이 금 매입을 중단했다가 다시 재개한 건 인민은행의 금 매입 의지가 여전함을 드러낸다"며 "인민은행은 시장 가격 변화에 맞춰 매입 속도를 조절할 것이며 이는 중장기적인 금값 상승 동력이 될 것"이라고 분석했다. (중략) 차이신은 중국 금 업계 관계자의 말을 빌려 "지난 10여 년간 글로벌 실물 금 수요의 가장 큰 변화는 각국 중앙은행의 금 보유고 증가로, 전체 실물 금의 10% 미만에서 현재 약 30%로 증가했다"고 전했다. 왕칭 동팡진청 수석 이코노미스트는 "중국 외환보유액의 금 비중은 여전히 낮은 편으로 외환보유액 구조 최적화 측면에서 인민은행의 금 보유량 증가는 정해진 방향"이라며 "위안화 국제화에도 유리한 조건을 조성할 것"이라고 말했다. 세계금협회에 따르면 지난 10월 전 세계 중앙은행들이 사들인 금 규모는 60t으로 올 들어 월간 기준으로 최대 규모를 기록했다. 인도가 27t, 튀르키예가 17t을 사들이는 등 신흥시장 중앙은행이 금 매입을 주도했다.

《머니투데이》, 24. 12. 09

2024년 12월 9일 기사입니다. 금 가격이 너무 많이 올라서인지 한동안 금 매입에 소극적이던 중국이 6개월 만에 금 매수를 재개했다는 내용이죠. 중국은 현재 외환보유고 내 금이 부족하다고 인식하며 꾸준히 늘려갈 것으로 보인다는 전망을 담고 있습니다. 하나 더 중요한 포인트는 지난 10여 년 정도를 보면 금 수요 증가의 큰 부분을 각국 중앙은행이 주도했다는 점인데요, 앞서 2022년 이후 중앙은행의 금 매수세가 늘어났다는 점과 맞물려 해석하면 시사하는 바가 상당히 큰 기사입니다. 비슷한 맥락에서 다른 기사를 조금 더 읽어보시죠.

세계 중앙은행들의 금 매입 열기가 뜨겁다. 16일 외신 등에 따르면 세계 중앙은행들은 지난해 연간 규모로는 1950년 이후 가장 많은 1136t을 사들이더니 올해 들어서도 구매 열기는 식을 기미를 보이지 않고 있다. 지난 1~2월 중앙은행들은 2010년 동기 대비 가장 많은 125t을 구매했으며 2월에는 11개월 연속 순매입이 이어지면서 52t을 사들였다. 금은 주로 신흥국들이 적극적으로 사들이고 있다. 중국은 중앙은행인 인민은행이 지난 3월 18t을 추가한 것을 포함해 2068t을 보유하고 있다고 홈페이지를 통해 공개했다. 중국은 2002년부터 2019년까지 1448t을 구매한 후 보유량 공개를 중단하다가 지난해 11월 다시 재개했으며 미공개 기간에도 상당량을 사들인 것으로 추정되고 있다. 전쟁 중인 러시아도 중앙은행이 지난 2월 1년여 만에 보유량을 공개해 지난해 1월 보다 31t이 증가한 2330t을 보유하고 있다고 발표했다. 러시아의 외환보유액 대비 금은 24%로 분석됐다.

《파이낸셜뉴스》, 23. 04. 16

2023년 4월 기사인데요, 이미 중앙은행의 금 매수세는 크게 늘어난 상황입니다. 특히 중국과 러시아가 그 중심이라는 얘기가 담겨 있습니다. 그리고 러시아가 직접적으로 금을 사들이려 한다는 내용은 다음의 기사에서 보다 구체적으로 확인되죠.

러시아 중앙은행이 서방 국가들의 경제 제재에 대비해 2년 만에 금 매입을 시작한 것으로 전해졌다. 파이낸셜 타임스(FT)는 28일(현지시간) 러시아 중앙은행이 성명을 통해 "국내 귀금속 시장에서 금 매입을 재개할 것"이라고 밝혔다고 보도했다. 보도에 따르면 이번 조치는 러시아 중앙은행과 주요 은행들이 서방 국가들의 제재를 받은 이후 나왔다.

《뉴시스》, 22. 02. 28

러시아-우크라이나 전쟁 이후의 상황은 어떻게 펼쳐지게 될까요? 중국과 미국, 그리고 서방 선진국의 갈등은 다양한 형태로 돌출될 수 있을 겁니다. 대만을 중심으로 한 지정학적 리스크 역시 생각해야 하죠. **러시아의 자산 동결 이슈, 그리고 러시아-중국으로 이어지는 블록과 미국을 비롯한 서방 세계로 이어지는 블록 간의 다양한 갈등은 향후에도 중장기적인 중앙은행들의 금 수요 증가를 낳을 가능성이 높다는 점을 시사합니다.** 네, 이런 뉴스 역시 긴 호흡으로 접근했을 때 금의 수요가 늘어날 수 있음을 보여줍니다. 금 투자자들에게 시사하는 바가 큰 이슈라고 봅니다.

08

코로나19 사태 이후 금 가격이 크게 오른 이유가 뭐죠?

금에 관심을 갖는 투자자들을 열광하게 만든 시기는 2011년, 2020년, 2024년이었죠. 금융위기 이후 어떻게든 부채와 불황의 늪에서 미국 경제를 빠져나오게 하기 위해 가장 강렬하게 달러를 풀던 시기가 2010~2011년이었습니다. 당시 달러는 급격한 약세를 나타냈고 금 가격은 온스당 1900달러를 넘는 수준까지 뛰어올랐죠.

그러나 2011년을 고점으로 금 가격은 기나긴 침체의 늪에 빠지게 됩니다. 그리고 그 고점을 넘어선 것은 2020년 코로나19 사태 직후였죠. 팬데믹으로 인한 불황의 늪에서 벗어나기 위해 미국 연준은 금융위기 직후를 뛰어넘을 정도로 강한 돈 풀기에 돌입합니다. 그 효과로 달러 가치는 하락하고, 금 가격은 크게 뛰었죠. 2020년 금 가격은 온스당 2100달러 가까이 뛰어오르며 금 투자의 새로운 지평을 열어젖히는 듯했습니다. 그러나 2020년 말 코로나19 백신이 발명되고 더 이상의 돈 풀기는 쉽지 않을 것이라는 전망을 반영하며 한동안 고전하는 모습을 보였죠. 그리고 2022년 들어 지정학적 리스크 상황에서 간헐적인 상승을 이어가다가 2024년에는 다시 한번 큰 폭으로 뛰어올랐습니다. 그래프를 보면서 설명을 이어가겠습니다.

좌측 하단 점선 박스를 보면 코로나19 직후(2020년) 돈 풀기가 강하게 나타나면서 금 가격이 온스당 2000달러를 넘어선 것을 확인하실 수 있습니다. 이후 금 가격은 꽤 오랜 기간 고전하면

그래프 88 · 미국 기준금리 및 국제 금 가격 비교(2020~2024년)

서 첫 번째 동그라미가 있는 2022년 시점, 즉 러시아-우크라이나 전쟁 발발까지 횡보세를 나타냈죠. 러시아-우크라이나 전쟁이라는 지정학적 리스크는 금 가격을 강하게 자극했습니다. 그렇지만 이후 시작된 미국의 금리 인상(파란색 선)은 다시 한번 고개를 드는 금 가격을 강하게 찍어 누르기 시작했습니다. 꽤 긴 시간 금 가격이 고전하는 모습이죠. 그리고 2023년 10월 이스라엘-하마스 전쟁 이후 반등의 실마리를 찾은 금 가격은 2024년 초부터 강한 상승세를 보였습니다. 그 중심에는 이란과 이스라엘로의 전쟁 확전에 대한 불확실성이 자리하고 있었고요, 다른 하나는 고금리 때문에 침체의 징후를 나타내기 시작한 미국 경제에 대한 우려가 커졌기 때문이었죠.

실제 미국의 기준금리 인하는 2024년 9월부터 시작되었지만 이미 2024년 중반부터 하반기 기준금리 인하는 기정사실로 받아들여졌고, 머지않아 금리 인하가 시작된다는 기대감은 금 가격을 추동했죠. 그리고 실제 기준금리 인하가 단행되면서 금 가격은 온스당 2800달러 수준까지 뛰어오르며 연일 사상 최고치를 갈아 끼우는 강세를 이어갔습니다. 정확하게 그 시기를 구분할 수는 없지만 앞에서 보신 것처럼 러시아-우크라이나 전쟁 발발 이후 전 세계 중앙은행들이 외환보유고 내에 금을 투자하는 경향을 더욱 강하게 드러냈죠. 금에 대한 수요가 꾸준히 늘어났다는 점 역시 감안해야 할 겁니다.

이처럼 코로나19 사태 이후의 금 가격 상승 흐름은 금 가격을 추동하는 여러 요인들이 복합적으로 작용하면서 나타난 현상입니다. 미국 기준금리 인상으로 인한 강한 긴축 기조의 유지에도 금 가격은 앞에서 말씀드린 강세 요인들에 힘입어 꾸준한 강세를 이어갔죠.

그리고 기저에서 금 가격 상승에 큰 영향을 미치는 요인을 하나 더 짚어보죠. 바로 미국의 재정 적자입니다. 2022년 3월부터 미국 연준은 빠르고 과격한 금리 인상으로 인플레이션을 제압하려고 했죠. 인플레이션 제압을 위해 도입된 고금리로 실물경기가 침체될 가능성이 높았음에도 연준은 아랑곳하지 않고 금리를 높게 유지했습니다. 2022년 10월을 저점으로 미국 주식시장은 회복세를 보였고, 실제 미국 경기는 2022년 일시적인 부진을 겪었을 뿐 걱정했던 것과 같은 경기 침체에 빠지지는 않았습니다. 이유는 연준은 금리 인상을 하면서 돈을 흡수하고 있는데, 다른 한편에서는 돈을 푸는 주체가 있었기 때문이죠. 그 주체는 바로 미국 행정부였습니다. 미국 바이든 행정부는 다시금 재정 지출을 크게 늘리면서 연준의 금리 인상으로 인해 나타나는 돈 부족의 충격을 재정의 돈 풀기로 완충하는 모습을 보여주었죠. 다음 그래프를 보시죠.

2020년 코로나19 사태 당시 미국 행정부는 경기 부양을 위해서 천문학적인 돈을 쏟아냈습니다. 연준은 제로금리와 양적완화로 돈을 풀었고, 미국 행정부는 재정 지출로 돈을 풀었죠. 중앙은

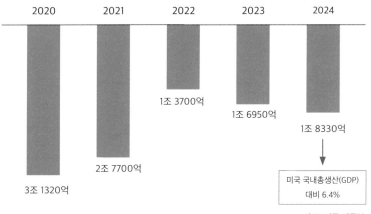

그래프 89 · 미국 회계연도별 연방 재정 적자(단위: 달러)

| 2020 | 2021 | 2022 | 2023 | 2024 |

1조 3700억

1조 6950억

1조 8330억

미국 국내총생산(GDP)
대비 6.4%

2조 7700억

3조 1320억

자료: 미국 재무부

행과 정부가 모두 돈 풀기에 열을 올렸고요, 그런 기조는 2021년
까지 이어졌습니다. 2021년 하반기로 접어들면서 코로나19의 충
격은 어느 정도 막바지 국면에 이르렀습니다. 되려 너무 많이 풀
어놓은 돈 때문에 물가가 오르기 시작했죠. 이후 2022년 상반기
에는 중앙은행이 금리를 인상했고, 미국 행정부는 재정 지출을 크
게 줄였습니다. 실제로 위 그래프에서 보시는 것처럼 2020년과
2021년의 재정 지출이 각 3.1조 달러, 2.7조 달러에 달하는 반면
2022년에는 절반 수준으로 줄어들었죠. 그런데요, 2022년 말부
터 분위기가 바뀌기 시작합니다. 연준의 고금리가 경기 침체를 촉
발할 수 있다는 경계감에 미국 행정부는 강력한 재정 지출에 나섰
고요, 미국의 재정 적자는 다시금 크게 늘기 시작했죠. 2023년과
2024년에는 코로나19 당시의 수준보다는 적지만 2022년의 재정

적자보다 그 폭이 크게 늘어났음을 확인할 수 있습니다. 2023년
과 2024년의 재정 적자가 코로나19 당시와 비교해서는 적기 때문
에 그리 대단해 보이지 않을 수 있는데요, 2000년 이후의 재정 적
자 흐름을 보면 느낌이 상당히 달라집니다. 아래 그래프 90에서
2000년 이후의 흐름을 보시죠.

　2000년 이후의 흐름과 함께 ①번 국면, 2020년과 2021년의 재
정 적자 규모를 비교해 보시죠. 3.1조 달러, 2.7조 달러라는 숫자가
얼마나 큰 재정 적자인지를 확연히 느끼실 수 있을 겁니다. 이후
2022년(②번 국면)에는 재정 적자가 크게 줄었지만 2000년대의 긴
흐름 속에 보면 그 어느 해보다도 높은 편이죠. 참고로 ②번 국면
을 점선으로 연결해서 과거와 비교해 보면 2009년~2010년과 비

그래프 90 · 미국 회계연도 재정 적자

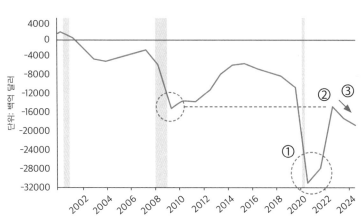

자료: FRED

슷한 수준임을 확인할 수 있습니다.

당시는 2008년 금융위기 이후 미국 경제를 수렁에서 끌어내고자 천문학적인 재정 지출을 단행했던 시기였죠. 코로나19 당시보다는 줄었지만 2022년의 재정 적자도 상당히 큰 규모였습니다. 그런데 ③번 국면을 보시면, 되려 재정 적자가 2023~2024년에 걸쳐서 늘어나고 있죠. 미국 내 재정 지출을 통해 돈 풀기가 강하게 나타남을 확인할 수 있는 그래프입니다.

미국의 재정 적자가 매년 크게 늘어나면 미국의 국가 부채는 더욱 빠른 속도로 쌓이게 되겠죠. 금리 인하 혹은 양적완화같이 재정 지출로 달러 유동성을 늘리는 방법 역시 금 가격을 강하게 자극할 수 있습니다. 재정을 통해 돈을 풀어낸다는 점에서도 2024년을 전후해서 나타난 강한 금 가격 상승을 설명할 수 있습니다.

09

금 가격은 어떤 경우에 흔들리게 되나요?

2023년 하반기부터 본격화된 금 가격 상승 기조가 2024년에 보다 강화된 이유를 살펴봤습니다. 계속해서 금 가격이 사상 최고치를 넘어서는데다 그 속도까지 빨라지니 금 투자에 대한 사람들의 관심이 높아지고 있죠. 금 투자에 익숙하지 않은 분들은 금을 거의 완벽한 자산이라고 생각하는 경우가 있습니다. 금은 모두가 좋아하는 자산인 만큼 계속해서 오를 것이라는 아주 간단한 로직이죠. 물론 저 역시 중장기적 관점에서 금 가격이 더욱더 상승할 것이라고 생각하지만 앞의 파트에서 말씀 드렸던 것처럼 단기적 가격 상승을 기대하며 접근하는 것은 좋은 투자 방법이 아닙니다. 예상하지 못한 다양한 요인들이 금 가격에 반대 효과를 줄 수 있기 때문

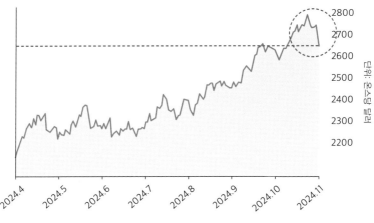

그래프 91 · 금 가격 현황(2024년 트럼프 당선 직후)

단위: 온스당 달러

자료: 인베스팅 닷컴

이죠. 그 대표적인 케이스가 바로 트럼프 효과입니다. 그래프를 하나 보시죠.

트럼프가 대통령으로 당선되었던 2024년 11월 6일의 금 가격 그래프입니다. 그래프의 가로축을 보면 2024년 초부터 트럼프 당선 직후의 흐름을 나타낸다는 점을 알 수 있죠. 앞서 말씀드린 지정학적 리스크, 연준 금리 인하에 대한 기대, 재무부의 지속적인 재정 적자 확대 등이 금 가격의 상승을 지지해 왔고, 금 가격은 온스당 2800달러 수준으로 사상 최고치까지 거침없는 상승세를 이어갔습니다. 그러나 트럼프 당선 직후 금 가격이 강하게 흔들리는 것을 보실 수 있죠. 이후에도 금 가격이 오르내림을 반복하는 흐름을 보였습니다. 트럼프 당선이 금 가격에는 어떤 영향을 미쳤던 것일까요?

트럼프 당선 직후 글로벌 금융시장에는 트럼프 트레이드가 대세로 자리잡았습니다. 트럼프는 나홀로 성장을 강조하기에 미국으로 전 세계 성장이 몰려들 것이라는 시장 참여자들의 기대를 키우게 됩니다. 그럼 미국의 부가 커지는 만큼 미국인들의 소비는 늘어날 것이고, 물가를 자극할 수 있겠죠. 인플레이션에 대한 경계감이 커지면 빠르게 진행될 것으로 기대되던 연준의 금리 인하에도 제동이 걸리게 됩니다. 그럼 금리 인하를 통한 돈 풀기에 대한 기대가 크게 희석될 수 있습니다. 또한 지정학적 리스크 관련으로도 이런 기사를 확인할 수 있죠.

"24시간 내 우크라 전쟁 끝낸다" 장담한 트럼프… 묘책이 뭔가 보니 '끔찍한 거래'

《파이낸셜뉴스》, 24. 04. 8

물론 실제로 24시간 내에 끝낼 수 있을지는 불확실하지만 적어도 2022년 2월부터 3년 가까이 이어져 온 러시아-우크라이나 전쟁 종전의 실마리를 찾을 수 있을 것이라는 기대를 키우게 되죠. 그리고 트럼프는 중국이 대만을 침공하려는 행위 등의 불안감을 자극하면 중국에 대규모 관세를 부과해 버리겠다는 발언을 합니다. 네, 관세를 이용해 전쟁 억지를 기도하는 것이죠. 지정학적 리스크가 어느 정도 완화될 것이라는 기대를 키우지 않을까요? 트럼프의 관세는 여기까지도 효력을 미치는 듯합니다. 기사 타이틀 하나 보시죠.

'관세맨' 트럼프 "브릭스, 달러 대체 통화 만들면 100% 관세"

《파이낸셜뉴스》, 24. 12. 01

달러에서 멀어지려는 수요, 즉 달러를 대체할 무언가를 찾으려는 브릭스(BRICS) 국가들에게도 경고를 가합니다. 브릭스는 브라질, 러시아, 인도, 중국, 남아공의 첫 글자를 따서 만든 단어죠. 이들 국가 연합체가 달러에서 벗어나려 한다는 뉴스에 트럼프가 그렇게 하면 고율 관세로 대응하겠다고 으름장을 놓은 겁니다. 그럼 달러에서 벗어나려는 다른 국가들의 움직임에도 제동이 걸릴 수 있죠. 달러에 대한 의구심, 그 반대편에 금 가격의 강세가 존재한다면 그런 달러에 대한 수요를 유지시키려는 트럼프의 정책은 금 가격에는 부정적으로 작용할 수 있죠. 물론 실제 취임 이후 트럼프의 정책이 예고했던 대로 진행되지 않을 수 있다는 변수는 존재하지만 트럼프 효과는 단기적으로 금 가격을 흔들어 놓을 이슈가 될 수 있습니다.

앞에서 보신 것처럼 금은 미국 달러 유동성이 확대되는 상황에서 강한 상승세를 보이곤 합니다. 달러 유동성 확대는 달러 공급이 늘어난다는 의미인 만큼 달러 약세로 이어지죠. 달러의 약세가 금 가격의 상승을 가리키곤 하는 겁니다. 그런데요, 트럼프가 의도하는 것처럼 강한 미국이 현실화되면 굳이 인플레이션을 자극할 정도로 금리를 낮출 필요가 없을 겁니다. 강한 미국 경제에 투자하기 위해 전 세계 자금이 미국으로 몰리면서 달러가 더욱 강한 모습을 보일 수도 있죠. 과거에도 미국 경제가 강한 상태가 장기적으로 이어지는 상황에서 금 가격은 고전하곤 했습니다. 향후 금 투자를 할 때에도 금이 미국 경제의 강한 성장으로 인한 달러 강세라는 아킬레스건을 가지고 있다는 점을 기억해 두셔야 합니다.

10

금 투자,
여전히 좋을까요?

금에 대한 아홉 가지 질문에 하나하나 답하다 보니 꽤 긴 얘기를 이어온 듯합니다. 이제 어느 정도 마무리를 해봐야겠죠. 여러 가지 질문과 답이라는 글의 구성을 통해 말씀드리려는 것은 결국 이겁니다. "그래서 금에 투자하는 것이 여전히 좋을까요?"라는 질문에 답을 하기 위해서죠. 우선 답부터 말씀드리면 "YES"입니다.

금에 투자하는 것이 좋다는 말을 금 가격이 앞으로도 계속 전고점을 갱신하면서 급등세를 이어간다로 해석하시면 곤란합니다. 단기적인 금 가격의 상승 또는 하락 여부는 누구도 알 수 없죠. 앞서 트럼프 트레이드를 설명해 드린 이유, 금의 힘겨웠던 과거 시기를 자세히 설명해 드린 이유, 궁극의 위기 국면에서 금도 주식처럼 무너졌던 상황을 보여드린 이유도 금 투자가 안정적으로 큰 수익을 얻을 수 있는 보장된 투자가 아니라는 점을 확인시켜 드리기 위해서였습니다. 그럼 무엇 때문에 금에 투자하라는 조언을 드리는 걸까요?

우선 금 가격을 끌어올리는 요인들을 생각해 보는 겁니다. 첫 번째는 지정학적 리스크입니다. 언제 전쟁이 날 것인지는 아무도 알 수 없습니다. 그러나 미국이 세계의 경찰 역할에서 슬그머니 물러난 이후부터 러시아-우크라이나 전쟁, 이스라엘과 하마스 분쟁 등 여러 가지 지정학적 분쟁들이 현실화되었죠. 트럼프 제2기 행정부에서도 미국이 국방비 절감을 선언하면서 다른 나라들을 위한 방위비를 대규모로 부담하지 않을 수 있습니다. 미국은 북대서양조약기구(NATO)에서도 탈퇴할 수 있다고 주장하고 있으니까요. 제1기 때와 마찬가지로 세계의 경찰 역할을 그다지 선호하지 않는 모습입니다. 언제 지정학적 리스크가 확대될지는 아무도 모르지만, 과거 대비 그런 위험이 나타날 가능성이 조금이라도 더 높아진 것은 사실인 듯합니다. 포트폴리오 분산 투자는 앞으로의 미래를 알 수 없기에 하는 것이죠. 다만 그런 미래 중에 발생 확률이 낮은 시나리오가 있다면, 굳이 그런 시나리오에 대비할 필요가 없을 겁니다. 그런데 지정학적 리스크가 과거 대비 그 확률이 높아지는 시나리오가 있다면, 이제는 약간의 비중이라도 대응할 수 있는 자산을 내 투자 포트폴리오에 담아두어야 하지 않을까요? 지정학적 리스크에 대응하는 자산, 금을 담아야 하는 첫 번째 이유입니다.

다음으로 연결해서 달러 패권에 대한 의구심을 생각해 볼 수 있습니다. 물론 향후 국제 사회의 블록화가 어떻게 전개될지 예측하기는 어렵습니다. 그러나 지난 2018년의 무역전쟁, 2020년대 들어 본격화된 미국과 중국 간의 기술 분쟁, 러시아와 NATO 국가들의 갈등을 고려한다면 미국 외 국가들의 달러에서 벗어나려는 움직임은 향후에도 지속적으로 나타날 가능성이 높겠죠. 이런 변화는 단순히 각국 중앙은행들이 외환보유고 내 달러 이외 다른 자산을 늘리려는 모습에서 뿐만 아니라 각종 교역 등에서도 달러에서 벗어나려는 움직임으로 조금씩 두드러지게 나타날 겁니다. 그리고 금은 장기적인 관점에서 그런 변화의 수혜를 받을 수 있죠. 금에 관심을 가져야 하는 두 번째 이유가 되는 거죠.

그리고 금은 미국 경제가 워낙 강할 때, 그래서 금리를 인상하고 달러가 초강세를 보일 때 고전하는 모습을 보인다는 말씀을 드렸죠. 반대로 미국 경제가 약화될 때, 그런 미국 경제의 약화를 방어하기 위해 달러 공급을 늘릴 때, 그로 인해 달러가 약세를 보일 때 눈을 번쩍 뜨게 됩니다. 미국 경제가 금융위기의 충격에서 벗어나 성장 가도로 접어들고 이에 연준이 기준금리 인상을 시작하려 했던 2015년 금 가격이 온스당 1050달러까지 하락하면서 2010년대 들어 최저 수준으로 하락했던 사례가 대표적이죠. 반면 미국 경기 침체 우려에 달러를 살포하면서 금 가격의 급등을 볼 수 있었던 2010년과 2020년의 상황도 함께 생각해 볼 수 있습니다. 코로나19 사태 이후 서학개미의 등장과 함께 외국 투자, 즉 미국 주식 등의 미국 자산에 투자하는 사람들이 크게 늘었습니다. 좋은 성과를 나타내는 투자 포트폴리오에는 어김없이 미국 투자 자산들이 포함되죠. 미국 경제가 미국 예외주의를 바탕으로 워낙 압도적인 성장세를 이어가기에 가능한 이야기일 겁니다.

그러나 미국의 일방적인 강세가 장기화되면 대부분 투자자들의 포트폴리오가 미국 주식으로 쏠리게 되지 않을까요? 투자 포트폴리오가 미국의 차별적 성장 쪽에 강하게 쏠린 상황에서 예기치 않게 미국 경제에 충격이 발생하면 손실의 가능성이 높아질 겁니다. 반대의 시나리오, 즉 예기치 않은 미국 경제의 둔화 시나리오를 감안해서 금을 일정 수준 포트폴리오에 담아두는 전략 역시 지금처럼 미국 투자 쏠림이 강한 시기에 내 포트폴리오를 방어하기 유효할 것이라 생각합니다.

한 가지 더 첨언드리면, 우리의 투자는 단순히 1~2년 정도에 그치지 않고 꽤 긴 기간 이어가게 될 겁니다. **향후 1~2년은 모르겠지만 지금으로부터 5년, 10년, 20년 안에 미국 경제의 성장 엔진이 일시적으로나마 지금의 예외주의에서 벗어나 식는 상황이 찾아올 수 있지 않을까요?** 그런 시기가 찾아왔을 때 금 같은 자산이 포트폴리오에 일부라도 담겨 있다면 그런 변화에 보다 효과적인 대응이 가능할 겁니다. 중장기 관점에서 미국 경제의 추세적인 강세의 가능성은 높지만 순환적으로 나타날 수 있는 경기 둔화의 리스크, 이를 헤지하는 차원에서 금을 고려해 볼 필요가 있습니다.

마지막으로 달러, 엔처럼 긴 호흡에서의 조언을 드려볼까 합니다. 앞서 미국의 재정 적자가 다시금 빠르게 늘어난다는 말씀을 드렸죠. 그리고 그런 부채의 증가 속도는 향후에도 쉽게 꺾이지 않을 듯합니다. 매년 부채가 큰 폭으로 증가하게 된다면 미국의 누적 부채는 천문학적 수준으로 증가하지 않았을까요? 네, 다음 그래프는 그런 부채 증가의 흐름을 보여줍니다.

1960년대부터 미국의 국가 부채(Federal Debt) 총액이 어떻게 누적하며 증가했는지를 보여주는 그래프입니다. 1970년대에는 완

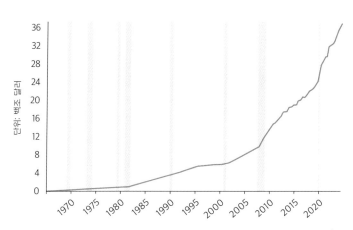

그래프 92 · 미국 공공 부채 추이(1960~2020년)

자료: FRED

만하게 증가하던 부채가 1980년대 그 기울기를 높이고, 2000년대 들어 그리고 금융위기 이후에 더욱 더 높은 기울기를 나타내고 있죠. 2020년대 코로나19를 거치면서는 그 기울기가 가파르게 느껴질 정도입니다. 현재의 부채 레벨이 높은 것도 이슈이지만, 그 증가 속도가 점점 빨라지는 것도 부담이겠죠. 여기에 40년 만에 찾아온 인플레이션에 대응하기 위해 미국 연준이 과거보다 높은 금리를 유지하고 있습니다. 그럼 늘어난 국가 부채에, 이자 부담도 과거보다 높아졌겠죠. 그 이자를 갚기 위해 부채를 더욱 늘려야 하는 상황이 벌어질 가능성도 높아지는 겁니다.

부채가 많다고 해서 반드시 그 경제가 위기에 처하는 것은 아닙니다. 홍길동이라는 사람의 부채가 1000억 원이 있어도 보유한 부동산이 1조 원이고, 그 가치가 매년 높아진다면 부채가 빠른 속도로 더 늘어난다고 해도 파산의 위험은 크지 않을 겁니다. 마찬가지로 부채가 많더라도 홍길동이 워낙 능력자라서 매년 소득을 늘려갈 수 있다면, 부채의 증가 속도 이상으로 홍길동의 소득 증가 속도가 빠르다면 부채로 인한 위험은 크지 않겠죠.

과거보다 미국을 비롯한 전 세계의 부채가 크게 늘어나 있는 상황입니다. 그만큼의 소득 증가, 즉 국가의 관점에서는 GDP 성장률의 증가가 따르거나 자산 가격의 꾸준한 강세가 이어진다면 위기를 논할 단계라고 볼 수 없겠죠.

그러나 만약 코로나19 같은 외부로부터의 예기치 못한 충격이 나타나서 미국의 강한 성장세에 제동이 걸린다면 어떤 일이 벌어질까요? 홍길동은 계속해서 높은 소득을 기록하고 있기에 그 많은 부채가 위기를 만들어 내지 않는 겁니다. 하지만 만약 홍길동이 예기치 못한 사고로 일을 하지 못해 소득이 늘지 않는다면 머지않은 미래에 부채 부담을 보다 크게 느끼게 되겠죠.

부채가 많아진 글로벌 경제입니다. 이런 상황에서는 약간의 경기 침체(성장률 둔화)에도 매서운 부채의 역습을 겪을 수 있겠죠. 그럼 약간의 경제 충격에도 각국 정부나 중앙은행이 문제가 커지는 것을 막기 위해 적극적으로 돈을 푸는, 이른바 경기 부양에 나서게 될 겁니다. 네, 글로벌 금융위기와 코로나19 사태 이후 미국 연준과 정부를 비롯한 전 세계 중앙은행들은 적극적인 경기 부양 대응에 나섰던 바 있죠. 누적된 부채의 문제가 해결되지 않는 한 약간의 성장률 둔화에도 민감하게 반응해 이를 제어하기 위한 차원의 돈 풀기가 이어질 가능성이 높다는 점을 말씀드리는 겁니다.

세계 경제에 언제, 어떤 식의 경기 둔화 우려가 나타나게 될지를 예단할 수는 없죠. 그 시기는 알 수 없지만 확실한 것은 강한 돈 풀기 대응이 뒤따른다는 겁니다. 누적된 부채가 워낙 많기 때문이죠. 그럼 돈, 즉 유동성의 증가로 인해 화폐의 가치가 하락하게 되고요, 금에는 긍정적 흐름이 나타날 수 있습니다. 앞에서는 1960년대 중반 이후 최근까지의 미국 국가 부채가 증가한 모습을 보여드렸는데요, 마지막으로 금 가격 장기 그래프를 보시죠.

그래프 93 · 국제 금 가격 장기 추이

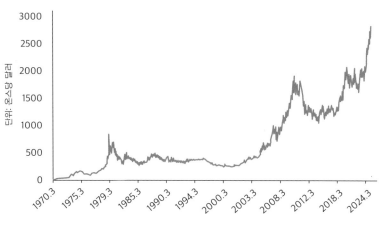

자료: 블룸버그

기울기는 국면별로 차이를 보이지만 꾸준한 우상향 기조를 확인할 수 있죠. 그리고 부채의 크기와 증가 기울기가 빨라지는 만큼, 충격 해소를 위한 강한 돈 풀기가 따르는 만큼, 금 가격의 상승 기울기도 높아지는 것을 보실 수 있죠. 네, 부채를 통해 성장해 온 세계 경제, 그리고 앞으로도 그런 부채 의존 성장세를 이어갈 것으로 보이는 세계 경제를 감안해야 합니다. 그렇다면 언제든 나타날 수 있는 충격에 대한 대응 차원에서라도 긴 호흡으로 금을 조금씩 내 자산 포트폴리오에 담아 가시기를 조언드려 봅니다.

11

금에 투자하는 구체적인 방법은?

금 투자에 대한 여러 가지 이야기를 해봤습니다. 앞서 달러와 엔 투자 방법에 대해 간단한 조언을 드렸던 것처럼 금 투자 방법에 대해서도 간단히 비교해서 전해드리겠습니다.

금 실물을 사는 방법

우선 금에 투자하는 방법 1번은 금 실물을 사는 겁니다. 앞의 파트에서 달러나 엔화 현찰을 사는 것과 동일하다고 보면 되겠죠. 혹시 달러나 엔화 통장에 예금을 하는 것보다 현찰을 매입했을 때 어떤 단점이 있었는지 기억하시나요? 예금 통장에 외화를 쌓는 것보다 외화 현찰을 사들일 때 수수료가 보다 비싸다는 점이 문제였죠. 금 역시 비슷합니다. 이어서 말씀드릴 금 통장을 통해 금을 모으는 것보다 금 실물을 살 때 수수료가 많이 부과되죠. 금을 순수하게 투자 목적으로 산다고 가정하면 사들일 때 수수료가 발생하고, 나중에 팔아서 현금화할 때도 수수료가 부과됩니다. 그리고 한 가지 더, 금을 실물로 사들일 때에는 부가세 10퍼센트가 부과되죠. 세금 면에서도 부담이 큽니다.

그래도 세금 부분에서 금 가격의 상승으로 인해 발생하는 차익에 대해서는 과세가 되지 않는다는 점이 큰 장점이라고 할 수 있습니다. 금 가격이 상당히 높게 오른다면 실물을 매입할 때 발생하는 10퍼센트의 부가세와 다소 높은 수수료의 단점을 상당 수준 희석시킬 수 있을 겁니다. 초기 수수료와 부가세, 그리고 금 실물은 정해진 단위만큼 매입해야 하는 만큼 초기 투자 비용이 크게 들어간다는 단점이 있다는 것을 함께 고려해서 투자에 나서야 할 듯합니다.

다만 투자의 관점과는 다소 다른 얘기인데요, 금 실물을 사는 것은 달러나 엔 현찰을 사는 것과는 사뭇 다른 느낌을 줍니다. 투자의 관점이 아니라 보유의 관점에서 생각한다면 견물생심(見物生心)이라고 해야 할까요. 금 실물을 보면 바로 갖고 싶다는 마음이 들곤 하죠. 실제 10그램, 100그램, 1000그램 단위의 작은 골드

바는 일부 투자의 관점도 있겠지만 자산 보유의 관점이 보다 많이 작용한다고 생각합니다.

금 통장

은행을 통해 소액으로 금에 투자하는 방법을 찾는다면 금 통장을 개설하는 것이 최적입니다. 소량의 금을 매입해서 통장에 그램 수 단위로 쌓아나갈 수 있고, 적립식으로 조금씩 구입할 수 있죠. 포트폴리오에 소액으로 금을 담고 싶을 때 적립식 금 투자는 좋은 선택지가 됩니다. 금 통장에 적립하기 위해 금을 매입할 때, 그리고 매도할 때도 달러 환전처럼 수수료가 발생하지만 금 실물에 비해서는 낮은 편입니다. 그리고 금 실물을 살 때처럼 10퍼센트의 부가세를 내지 않아도 되죠. 다만 금 실물과는 달리 금 가격이 상승해서 향후에 통장에 있는 금을 매각할 때 가격 상승분에 대해 세금이 부과되는 단점이 있습니다. 그리고 달러나 엔화 예금과 달리 금은 금리가 붙는 통화가 아니죠. 말이 통장이지 금 통장에는 이자가 전혀 발생하지 않습니다.

금 통장은 원화로 금을 사들인다고 생각하시면 됩니다. 네, 원화 표시 금 가격에 투자하는 것이죠. 이후에 말씀드릴 금 ETF 중에는 환헤지를 통해 달러 표시 금 가격에 투자하는 케이스가 있습니다. 이 둘의 비교는 앞의 파트에서 충분한 설명을 드렸죠. 참고 하시기 바랍니다.

금 ETF

금 가격의 움직임을 추종하는 ETF 상품들도 있습니다. 앞서 말씀 드린 금 실물이나 금 통장처럼 높은 수수료가 발생하지 않습니다. ETF를 매매할 때 발생하는 거래 수수료 정도가 발생할 뿐이죠. 투자의 관점에서 인터넷에서 조회 가능한 금 가격을 오롯이 따라가는 장점이 있는 ETF입니다. 금 ETF의 경우 금 가격 상승으로 인해 수익이 발생하면 해당 수익에 대해 배당소득세가 과세된다는 점을 기억하실 필요가 있습니다.

그리고 금 ETF에는 환헤지를 한 상품과 그렇지 않은 상품이 있죠. 원화로 달러를 사들이고, 그 달러로 금을 산다는 말씀을 드렸었는데요, 원화와 달러의 환율을 고정시켜 버리는 것이 환헤지형입니다. 그럼 원화 대비 달러의 움직임이 고정되면서 투자자들은 달러와 금의 움직임만을 따라가게 되는 겁니다. 반면 헤지를 하지 않은 ETF는 달러와 원의 환율 변화를 고정시키지 않은 만큼 달러와 금의 움직임뿐 아니라 달러와 원화의 움직임을 함께 수익에 반영하게 되죠.

무엇이 더 좋은지는 중장기적인 관점에서 앞의 파트에서 충분히 설명해 보았습니다. 다만 환헤지형의 경우는 달러원 환율을 고정시키는 과정에서 미국과 한국의 금리차 정도(매년 약 2%)의 수수료가 발생하죠. 중장기 투자로 본다면 환헤지 수수료 역시 투자 시에 충분히 고려해야 할 요소 중 하나입니다. 중장기 달러에 대한 전망과 내 포트폴리오의 변동성을 낮추기 위해 소액 적립식으로 투자하는 케이스라면 환헤지형 대비 헤지하지 않은 금 ETF에 무게를 조금 더 싣는 것이 좋을 것으로 생각됩니다.

금 관련 기업 주식에 투자하는
펀드 & ETF

다음으로 금 자체에 투자하는 것이 아니라 금을 채굴하는 기업의 주식에 투자하는 펀드나 ETF 역시 고려 대상이 될 수 있죠. 다만 금 자체 투자와는 수익률 면에서 일정 수준 차이를 보이곤 합니다. 금 투자는 금 자체에 대한 수요와 공급이 만들어 내는 가격의 움직임을 따라가는 반면, 금 관련 기업의 주식 가격은 주식시장 전체의 심리적 요인뿐 아니라 해당 기업의 재무 상황, 비용 등에 의해서도 영향을 받곤 하죠. 네, 고려해야 할 대상이 많아지는 겁니다.

이렇게 말씀드려 보죠. 여러분이 수학을 가르쳐서 돈을 벌고 싶다고 가정합니다. 고려할 수 있는 옵션으로 과외를 시작하거나 학원을 차리는 방법이 있는데요, 과외의 경우 학생 수가 늘어나는 대로 수익이 꼬박 꼬박 늘어나죠. 학생 1인당 50만 원의 과외라고 가정한다면 10명의 학생을 모았을 때 500만 원의 월 수입이 발생하는 겁니다. 그렇지만 학원은 다르죠. 우선 학원 강의실을 임대하고, 학원 시설을 갖춘 다음에 광고를 내고 학생들을 모집해야 할 겁니다. 10명의 학생이 모였다면 500만 원의 돈을 벌 수는 있겠지만 앞서 말씀드린 것처럼 꽤 많은 고정비가 발생하기에 되려 순수익은 마이너스가 될 수 있죠.

금 관련 기업의 주식 가격은 금 가격이 얼마나 올랐는가보다는 해당 기업이 얼마나 많은 수익을 내는가에 의해 결정될 겁니다. 금 채굴을 위한 설비 투자 비용 등 다양한 고정비, 인건비 등의 변동비까지 감안한다면 상당히 복잡한 계산이 될 수 있죠. 참고로 금 채굴 기업들의 주가를 추종하는 ETF 중 하나인 밴에크 골드 마이너스 ETF(파란색 선)와 달러 표시 금 가격(황색 선), 원화 표시 금 가격(검은색 선)을 비교한 그래프를 보시죠. 2020년 1월 10일을 100으로 두고 그 이후의 움직임을 그린 겁니다.

앞선 파트에서 금 가격을 나스닥이나 코스피와 비교했었는데요, 단순히 얼마나 올랐는가보다 어느 정도의 변동성을 보이는지에 주목했었죠. 금 채굴 기업 ETF는 금 가격의 움직임 대비 상당

자료: 블룸버그

히 높은 위아래 떨림을 보여주고 있네요. 단순히 금 가격 자체의 변화에 주목해서 중장기 관점의 투자를 하려는 투자자라면 금 관련 기업의 주식보다는 금 자체의 가격을 추종하는 투자 상품을 선택하는 것이 적절하다고 생각합니다.

KRX 금 현물

마지막으로 KRX의 금 현물에 투자하는 방법이 있습니다. 개인적으로는 가장 좋은 금 투자 방법이라고 생각합니다. 우선 원화 표시 금 가격을 추종할 뿐 아니라 금 가격 상승 차익에 대해서도 과세가 되지 않습니다. 그리고 소액으로도 적립식으로 꾸준히 쌓아 갈 수 있죠. 필요한 경우 부가세를 내고 금 실물로 받을 수도 있습니다. 앞의 투자 방법들과 비교했을 때 충분한 장점을 가진 선택지인 만큼 금 투자 시 고려해 볼 필요가 있겠습니다.

이제 이 책의 머리말에서 다루었던 질문으로 되돌아가려고 합니다. 세미나 때 많이 받았던 질문이었죠. 달러를 언제 사서 언제 팔아야 하는지, 엔화는 언제쯤 오를 것인지, 금 가격이 이렇게 높은데 더 오를 것인지에 대한 질문이었죠. 이 책에서는 해당 통화를 언제 사고 언제 팔아야 하는지를 얘기하지 않았습니다. 그리고 금 가격이 얼마까지 오를 것인지에 대한 내용도 다루지 않았죠. 이런 질문들은 단기적인 환차익, 혹은 시세 차익에 포커스를 맞추고 있습니다. 이 책의 본문에서 말씀드렸던 '추세'와 '주기'로 살펴보면 '주기'에 해당되죠. 개인이 이런 주기를 따라가면서 외환 투자 혹은 대체 투자에 성공하기 매우 어렵다는 이야기는 이미 본문에서 수차례 드렸습니다. 저는 보다 큰 관점에서 '추세'에 주목하

시기를 조언드려 봅니다.

달러원 환율을 볼 때 왜 2000년대 이후 한국 원화가 다른 통화 대비 안정적이었는지를 중국 특수에서 찾았죠. 저는 그런 중국 특수가 이제 마무리 단계라고 생각합니다. 대중 수출을 통해 기록했던 대규모 무역 흑자의 축소가 만들어 낼 달러원 환율의 큰 흐름에 주목해야 합니다. 엔원 환율에서는 아베노믹스 이후 이어져 왔던 과도한 엔화 약세에 주목했죠. '과유불급'이라는 말처럼 과도한 엔 약세가 일본 경제의 경쟁력에도 악영향을 미치고 있기에 일본 역시 변화를 시도해야 합니다. 다만 엔 강세가 만들어 냈던 과거의 트라우마가 이런 변화의 발목을 잡는 형국이죠. 엔원 환율의 큰 프레임을 중심으로 추세를 읽어내셨으면 합니다. 마지막으로 금의 흐름은 '종이 화폐의 타락'이라는 콘셉트로 접근할 필요가 있습니다. 전 세계적으로 부채가 상당히 많이 쌓여 있습니다. 큰 고통을 감수하면서 부채의 구조조정을 할 것인지, 아니면 더욱더 많은 유동성을 풀면서 부채 부담을 줄여나갈 것인지에 주목해야 합니다. 이런 일련의 담론들은 단기적으로 드러나는 것이 아니라 긴 추세 속에서 서서히 형성되겠죠. 저는 독자분들이 이번 책『환율의 대전환』을 통해 외환 투자 혹은 금 투자에 있어서 큰 추세가 무엇인지를 확인하셨으면 하는 바람입니다.

418

그렇다고 단기적인 흐름을 놓칠 순 없죠. 이런 단기적인 '주기' 의 변화는 계속해서 새로운 뉴스를 소화해야 하기에 책을 통해 다루기는 매우 어렵습니다. 참고로 이 책에는 상당히 많은 경제 신문 기사들이 담겨 있죠. 이 기사들을 꼼꼼히 읽으며 훈련하신다면 수시로 나오는 환율 관련 보도의 행간을 읽어내는 데 무리가 없으실 것이라 생각합니다. 또한 제가 운영하는 네이버 카페(cafe.naver. com/ohrang)와 페이스북(www.facebook.com/ohrang79)에서는 매주 4~5차례 매크로 마켓 에세이를 통해 글로벌 마켓의 흐름을 다룹니다. 지난 2011년부터 연재해 오고 있으니 현재 '주기'의 변화와 과거의 흐름들을 따라갈 때 활용하시길 당부드립니다.

지금 필요한 금융경제 지식만 *꽉꽉* 눌러 담았다

오건영의
시크릿
경제클래스

6가지 질문과 답으로
환율을 보는 눈이 트인다

오건영의 환율 내비게이션

1

환율이 오르고 내린다의
의미가 무엇인가요?

　환율 얘기를 하다 보면 복잡하다는 느낌을 많이 받습니다. 가장 큰 이유는 환율이 양국 간 통화의 절대 가치가 아니라 상대 가치를 반영하기 때문입니다.

　전 세계에서 가장 많이 통용되는 통화인 달러를 기준으로 살펴보면, 달러원 환율이 상승했다는 것은 1달러를 살 때 지급해야 하는 원화의 금액이 커졌음을 의미합니다. 환율이 달러당 1000원이었는데 1500원이 되었다면, 과거에는 1달러를 살 때 1000원이면 충분했지만 이제는 1500원이나 필요하다는 의미가 되겠죠. 달러를 살 때 더 많은 원화가 필요한 만큼 달러 가치는 오르고 원화 가치는 하락했다고 해석하시면 됩니다.

3

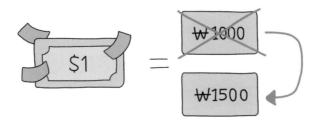

달러원 환율 상승 = 달러 강세 & 원화 약세

반대로 환율이 하락한다는 의미는 1달러를 살 때 지불해야 하는 원화가 그만큼 줄어들었다는 의미입니다. 1달러당 1000원이었던 환율이 500원으로 하락하게 되면, 과거에는 1000원의 원화를 지불해야 달러를 살 수 있었는데 이제는 500원의 원화만 지불해도 달러를 살 수 있게 되었다는 겁니다. 그럼 달러가 약해지고 원화가 강해졌다고 볼 수 있겠죠. 달러원 환율이 하락했다는 얘기는 결국 '달러 약세 및 원화 강세'라고 보시면 되겠습니다. 그림으로 간단히 정리해 보죠.

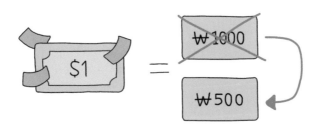

달러원 환율 하락 = 달러 약세 & 원화 강세

환율의 상승과 하락의 의미를 간단히 설명해 드렸는데요, 이와 관련된 실제 뉴스를 읽어보시면 이해가 훨씬 빠르실 겁니다.

10일 원/달러 환율은 글로벌 달러 강세 분위기가 강화되면서 상승 마감했다. 이날 서울 외환시장에서 미국 달러화 대비 원화의 주간 거래 종가(오후 3시 30분)는 전날보다 4.5원 오른 1465원을 기록했다.

환율은 0.5원 오른 1461원에서 시작해 1456.8원까지 떨어졌다가 상승세로 돌아서면서 장중 저가보다 10원 가까이 오른 채 마감했다.

《연합뉴스》, 25. 01. 10

우선 인용된 기사의 첫 문단을 읽어보죠. '달러 강세 분위기가 강화되면서 환율이 상승 마감했다'라는 문장이 나옵니다. 네, 환율의 상승은 '달러 강세 및 원화 약세'라는 뜻이라고 앞서 설명드렸죠. 이 맥락으로 문장을 읽으면 쉽게 이해가 되실 겁니다.

두 번째 문단은 조금 더 난이도가 있습니다. 환율은 외환시장에서 거래가 되죠. 장 초반에는 환율이 1461원으로 조금 올라서 시작하다가, 중간에 1456원으로 하락하고, 이후에 큰 폭으로 오르면서 1465원에 마감한 겁니다. 장중 환율 움직임이 드라마틱했네요. 이 얘기는 장 초반에는 달러가 소폭 강해졌다가, 중간에는 달러가 오히려 하락하고(환율 하락), 막판에 달러가 매우 강해지면서 장 초반 시작할 때보다 환율이 올라서 끝난 것이죠 이 기사를 편히 읽으실 수 있다면 환율 관련 뉴스 독해에서 더 이상 헷갈리지 않을 겁니다.

2

환율이 오르내리는
이유는 무엇일까요?

환율의 상승·하락이 의미하는 것이 무엇인지에 대해 앞서 설명했습니다. 환율의 상승은 '달러 강세 및 원화 약세', 하락은 '달러 약세 및 원화 강세'로 정리할 수 있습니다. 문제는 환율이 오르내리는 것의 의미는 알아도 오르내리는 이유를 모르면 관련 기사혹은 책을 읽을 때 계속해서 혼란스러울 수밖에 없다는 겁니다. 이번에는 환율이 상승·하락하는 이유에 대해 간단히 짚어보겠습니다.

■ 양국 간 금리의 움직임

환율을 결정하는 요인은 정말 많습니다만, 가장 굵은 줄기로 금리를 말씀드릴 수 있습니다. 미국의 금리가 높다는 것은 달러를 보유했을 때 더 많은 이자를 받을 수 있다는 의미입니다. 미국의 중앙은행인 연준이 기준금리를 인상하면 더 높은 금리를 적용받을 수 있는 만큼 달러의 매력이 높아지죠. 그럼 달러로 자금이 쏠리면서 달러가 강세를 보이게 됩니다. 즉 달러 강세는 달러원 환율의 상승을 의미합니다.

미국의 기준금리 인상 혹은 시장금리 상승은 달러원 환율의 상승 가능성을 높입니다. 반대로 미국의 금리가 낮아지거나 연준이 기준금리를 인하하면 어떻게 될까요? 달러 보유의 매력이 낮아지는 만큼 달러에 대한 수요가 줄어들면서 달러원 환율이 하락 압력을 받게 될 겁니다. 네, 미국 금리의 상승은 달러원 환율의 상승을, 미국 금리의 하락은 달러원 환율의 하락을 만들어 낼 가능성이 높죠.

이번에는 한국 금리를 생각해 보죠. 만약 한국 금리가 크게 치솟으면 어떻게 될까요? 원화를 보유했을 때 더 많은 이자를 받을 수 있으니 원화의 매력이 높아지고, 원화가 강해지는 만큼 달러원 환율은 하락하게 될 겁니다. 한국 금리가 낮아지면 어떻게 될까요? 원화의 매력이 낮아지니 원화 약세가 나타나고, 이는 환율의 상승으로 이어지게 될 겁니다. 기본적으로 특정 국가의 금리는 그

나라 통화를 보유했을 때의 이자를 결정하죠. 그런 금리의 움직임은 당연히 통화 가치에 가장 큰 영향을 미칩니다.

원화 약세 = 달러 강세

■ 양국 간 성장의 차이

개인적으로 저는 양국 간의 금리차 이상으로 양국 간의 성장의 차이가 환율을 결정하는 중요한 요인이라고 생각합니다. 미국의 성장이 압도적으로 강하다고 가정해 보죠. 그럼 미국 경기가 좋아지는 만큼 물건을 사려는 미국 내 수요가 늘어날 겁니다. 수요가 강한 만큼 물가도 상승 압력을 받겠죠. 여기서 물가 상승을 좌시하면 거대한 인플레이션 문제가 생기거나 자산시장의 버블 우려가 커질 수 있습니다. 금리 인상을 통해 과열된 경기를 식혀줄 필요가 있겠죠. 그래서 이때 미국 연준은 기준금리 인상 카드를 매만지게 됩니다. 혹은 금리 인하를 하고 있다가도 깜짝 놀라서 멈추게 되죠. 미국 금리가 높아지거나, 생각보다 높은 수준을 장기간 유지할 것이라는 기대가 생겨나면 어떨까요? 당연히 미국 통화인 달러에 대한 수요를 높이면서 달러 강세, 즉 달러원 환율의 상승을 유도하게 될 겁니다.

글로벌 투자자의 시각에서 미국의 강한 성장을 바라봐도 달러 강세라는 결론을 얻을 수 있죠. 일반적으로 투자자들은 특정 국가의 성장에 베팅하는 경향이 강합니다. 성장이 강한 국가에 투자를 해야 그런 성장의 과실을 어느 정도라도 받을 수 있기 때문입니다. 성장이 약한 곳에 투자했을 때는 아무래도 풍성한 수익을 기대하기 쉽지 않습니다. 미국의 성장이 매우 강하다는 기대가 생기면 글로벌 투자 자금이 미국으로 몰려갈 겁니다. 미국에 투자를 하기 위해 우선적으로 필요한 것은 달러죠. 달러를 사야 주식을 사건, 부동산을 사건, 토지를 사서 공장을 짓건 할 수 있을 테니까요. 네, 미국의 성장이 강하다면 그만큼 미국에 투자를 하려는 수요를 끌어올리면서 달러의 강세를 촉발하게 되는 겁니다. 미국의 강한 성장은 전 세계 자금을 미국으로 빨아들이는 블랙홀이 되며, 이 과정에서 달러원 환율은 강한 상승 압력을 받습니다.

환율은 상대 가치입니다. 그렇다면 미국뿐 아니라 한국의 성장 역시 함께 봐야 하지 않을까요? 2000년대에는 한국의 성장이 미국의 성장보다 강했습니다. 당시 중국의 고성장 기조와 맞물리면서 한국의 대중 수출은 기록적으로 늘어났죠. 한국의 성장이 미국보다 강하면 당연히 미국보다는 한국으로의 투자 쏠림이 강해지지 않을까요? 달러를 팔고 원화를 사서 한국에 투자금이 밀려 들어오는 겁니다. 그럼 달러 대비 원화는 강세를 나타내죠. 결국은 특정 국가의 금리가 높거나 성장이 강하면 해당 국가로 돈이 몰리는 경향이 나타나고, 해당 국가의 통화가 강해질 가능성이 높아지는 겁니다. 환율을 볼 때 금리와 함께 매우 중요하게 생각해야 하는 또 다른 요소로 해당 국가의 성장을 말씀드렸습니다.

마지막으로 두 나라가 모두 성장한다면 어떨까요? 이때는 각 나라의 성장 크기와 매력을 비교해야 하겠죠. 더 많은 성장, 보다 지속가능한 성장을 만들어 내는 국가로 투자 자금이 밀려 들어가게 될 겁니다. 물론 이걸 정교하게 비교하기는 워낙 어렵기 때문에 환율을 예측한다는 것은 정말 어려운 일입니다.

저는 가끔 그런 생각을 합니다. 어느 기업에서 A와 B 직원에 대한 평가를 하는 거죠. 그런데요, 전 세계 80억 인구가 그 평가를 받아줄 수 있어야 합니다. 즉 시장에서 그 평가 점수를 인정한다는 의미죠. 환율은요, 돈으로 측정할 수 있는 점수라고 생각합니다. 그리고 A와 B 직원은 환율에 해당되는 두 국가를 의미하는 것이고요. A와 B를 정말 많은 측면에서 비교 평가를 한 다음에 모두가 인정하는 시장 가격으로 결정되는 것이 환율입니다. 달러원 환율이라면 미국과 한국을 정확히 비교해야 합니다. 개인적으로 한국도 분석하기 벅찬데 미국까지 분석하고 이걸 정교하게 비교까지 한다는 것은 참 어려운 미션이 아닐까요? 이때는 환율을 결정할 때 영향을 미치는 모든 요소를 보는 것이 아니라 말씀드렸던 것처럼 성장과 금리처럼 정말 중요한 줄기를 잡은 다음에 최대한 정교한 비교를 할 수 있도록 접근하는 것이 중요합니다.

네, 지금까지 성장과 금리가 환율의 상승 하락에 미치는 영향을 살펴보았습니다. 이번에는 무역수지로 넘어갑니다.

■ 무역 및 자본 수지의 방향

한 국가가 다른 국가들과 수출·수입 등의 교역을 한 결과가 무역수지라고 할 수 있습니다. 수출보다 수입이 많으면 무역 적자가 발생하고, 수출이 수입보다 많으면 무역 흑자가 생깁니다. 한국과 미국이 교역을 하는데, 한국이 미국에 대해 대규모 무역 흑자를 기록하면 한국은 상당한 달러를 미국으로부터 벌어들이게 됩니다. 달러가 국내로 많이 유입된 만큼 달러값이 하락하면서 달러원 환율이 하락 압력을 받게 되겠죠. 반대로 한국이 미국에 대해 무역 적자를 기록한다면 국내 달러가 미국으로 빨려나가게 되는 겁니다. 국내에 달러가 모자라게 된 만큼 달러는 강해지고, 이는 달러원 환율의 상승을 유도하게 될 겁니다.

미국은 현재 한국뿐 아니라 전 세계 상당히 많은 국가들에게 대규모 무역 적자를 기록하고 있죠. 미국의 달러가 외국으로 빠져나가는 만큼 달러 약세 압력이 높아지게 될 겁니다. 그런데요, 무역수지만큼 중요한 것이 또 있습니다. 자본수지라는 것입니다. 이렇게 미국이 무역 적자를 겪고 있음에도 불구하고 워낙 성장이 강하기 때문에 미국으로 자본이 몰리는 겁니다. 그럼 미국 투자를 위해 달러에 대한 수요가 강해지면서 달러 강세를 자극하게 되죠. 무역에서는 미국이 대규모 적자를 기록하면서 달러가 외국으로 빠져나가도 대규모 투자 자금이 미국으로 유입되면 되려 달러가 강해질 수도 있죠.

네, 그래서 무역 흑자가 발생하면 무조건 그 나라 통화가 강해지고, 무역 적자가 발생하면 무조건 그 나라 통화가 약해진다는 법칙은 없습니다. 앞서 말씀드린 금리, 환율에다 무역수지, 투자 자금의 이동 같은 자본수지까지 함께 봐야 하죠.

예를 들어볼까요? 한국은 대규모 무역 흑자가 발생하는 나라입니다. 네, 수출 대국이죠. 그럼 무역 흑자가 발생하는 만큼 달러 공급이 늘어나니 달러가 약해지면서 달러원 환율이 하락해야 정상일 겁니다. 그런데요, 최근 서학개미처럼 외국 투자를 하는 개인들도 크게 증가했고 기업들 역시 국내가 아닌 외국에 공장 설비를 짓는 경우들이 많아졌죠. 그럼 국내에서 벌어들인 달러를 외국에 투자하게 되면서 무역 흑자로 벌어들이는 달러 이상으로 투자로 인해 외국으로 나가는 달러가 많아질 수 있습니다. 더 많은 달러 자금이 투자 명목으로 외국으로 빠져나간다면 달러가 되려 강해지면서 달러원 환율이 상승할 수 있죠.

여러 가지 요인들이 얽혀서 만들어 내는 양국 간 통화의 상대 가치, 그게 바로 환율입니다. 그래서 환율은 귀신도 모른다는 얘기가 있죠.

■ 외환시장의 쏠림 방지를 위한 각종 정책들

환율은 양국 간의 분배를 결정합니다. 한 국가의 통화 가치가 하락하면 다른 나라 제품 대비 해당 국가의 수출품 가격이 저렴해지죠. 그럼 수출 경쟁력이 생기면서 다른 국가보다 강한 수출 성장을 이어갈 수 있을 겁니다.

실제 일본이 과감한 엔 약세를 통해 수출 경기 부양에 나선 적이 있고, 중국 역시 위안화 가치 절하를 통해서 수출 성장을 이어가려는 의도를 내비쳤던 바 있죠. 이렇게 특정 국가가 자국 통화 가치를 의도적으로 낮춰서 이기적인 수출 성장을 이어가려 할 때 국제 사회의 강한 견제가 들어오곤 합니다.

달러가 유독 강해지면서 전 세계 성장을 저해하는 구도가 형성되는 등 외환시장의 쏠림이 강하게 나타나면 이를 인위적으로 제어하는 차원에서 국가 단위 혹은 국가 연합이 달러 약세를 위한 정책 대응을 하기도 하죠. 외환시장에서 특정 국가 통화의 쏠림 방지를 위해 각국이 혹은 국제 사회가 사용하는 정책이 환율에 영향을 미칠 수 있는 겁니다.

그리고 특정 국가의 통화가 과도한 약세를 보일 때 이를 막기 위해 해당 국가가 보유한 외환보유고를 사용하면서 환율을 방어하는 경우도 있습니다. 다만 이런 외환시장에 대한 정책 도입은 과도한 쏠림이 생겨났을 때 제한적으로 나타나곤 하죠. 관련 내용은 이 뒤에서 보다 자세히 다루었습니다.

3

돈을 푼다는 얘기를
종종 듣는데
어떤 방식으로 푼다는 건가요?

2008년 글로벌 금융위기 당시 전 세계 경제는 큰 충격에 휩싸였습니다. 금융 기관들이 차례로 파산하면서 서로가 서로를 믿지 못하는 문제가 생겼죠. 돈이 돌지 않는 것을 신용 경색이라고 합니다. 돈이 돌지 않으면 돈을 잘 벌고 있는 기업임에도 당장 갚아야 하는 부채를 해결하지 못해 망하는 경우가 생길 수 있습니다. 그리고 이런 기업들의 파산이 이들에게 기존에 대출을 해주었던 은행들의 부실로 이어지면서 걷잡을 수 없는 위기로 이어질 수 있죠. 이럴 때는 시중에 유동성을 충분히 공급해 주어서 단기적인 시중 자금 부족으로 인해 나타날 수 있는 충격을 해소시켜 줘야 합니다.

이런 비슷한 경우가 코로나19 사태 때도 있었습니다. 금융위기와 코로나19 사태 당시 연준은 대규모 유동성 공급을 통해서 문제를 해결하려고 발벗고 나섰던 바 있습니다. 유동성 공급을 '돈을 푼다'라고 말하기도 하는데요, 어떤 방식이 있는지 잠시 살펴보겠습니다.

■ 금리 인하

가장 일반적으로 사용하는 방식입니다. 중앙은행이 기준금리를 인하하는 거죠. 금융위기와 코로나19 사태 당시 미국 연준은 기준금리를 제로로 낮추면서 시중, 특히 은행권에 달러 유동성을 공급하고자 했습니다. 하지만 제로금리가 일시적일 것이고, 경기가 좋아지면 금세 금리가 올라갈 거라는 두려움이 이미 시장에 팽배하면 아무리 저금리라도 누구도 돈을 빌리지 않겠죠. 그래서 연준은 제로금리를 상당 기간 유지할 것이라는 시그널을 시장에 강하게 내보냈습니다. 이렇듯 당장의 제로금리도 중요하지만, 제로금리를 유지할 것이라는 믿음을 시장에 던져주는 것이 더욱 중요합니다. 그래야 시장에 돈이 돌고, 제로금리의 효과가 제대로 나타나기 때문입니다.

■ 양적완화

기준금리를 제로까지 낮추어 문제가 해결되면 좋은데 제로금리 정책에도 불구하고 시중의 자금 부족이 쉽게 해결되지 않는 경우들도 있습니다. 금융시장이 큰 충격에 빠졌을 때 이런 현상이 나타나곤 합니다. 기준금리는 중앙은행이 시중은행들에게 초단기(보통 하루짜리)로 돈을 빌려줄 때 적용되는 금리입니다. 다만 우리들 중 누구도 연준이나 한국은행 같은 중앙은행에서 돈을 빌리지는 못하죠. 기준금리가 제로까지 내려가도 우리가 만나는 시중 금리는 제로가 아닐 수 있고, 의외로 높은 수준을 유지할 수 있습니다. 이때는 시중 금리까지 찍어 눌러주는 무언가가 있어야 하는데요, 바로 장기 국채 금리를 눌러주는 양적완화가 대표적인 케이스가 됩니다.

중앙은행이 돈을 찍을 때는 확실한 담보가 필요합니다. 앞서 말씀드린 것처럼 중앙은행은 기준금리를 낮추며 1일짜리 초단기 국채를 담보로 돈을 찍어서 풀어주곤 하죠. 반면 양적완화는 시장 금리에 직접적인 영향을 주고자 10년 정도 되는 장기 국채를 담보로 돈을 찍어줍니다. 중앙은행이 장기 국채를 사들인다는 얘기 자체가 중앙은행이 돈을 찍어서 장기 국채를 대가로 그 돈을 풀어준다는 의미죠. 그래서 '돈을 푼다'고 하면 대부분 양적완화를 떠올리게 됩니다.

중앙은행이 장기 국채를 마구잡이로 사들이면 장기국채의 가격이 올라가면서 장기 국채 금리가 눌리게 됩니다. 결국 시중 금리가 낮아지게 되면 우리가 실물 경제에서 만나는 금리의 부담이 줄어들게 되면서 더욱 강한 부양 효과를 기대해 볼 수 있죠. 중앙은행이 장기국채를 매입하면서 유동성을 공급하는 정책, 이를 양적완화라고 합니다. 글로벌 금융위기, 코로나19 사태 당시 미국 연준이 강하게 단행했던 바 있죠.

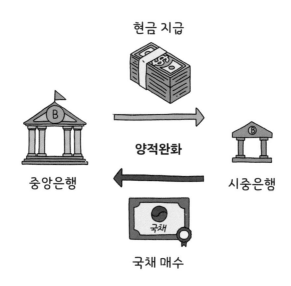

현금 지급

양적완화

중앙은행　　　　시중은행

국채 매수

2012년 하반기 아베 신조 총리 취임 이후 일본은 아베노믹스를 통해 경기 부양에 나섰죠. 당시 일본도 무제한 양적완화로 일본 10년 국채를 사들이며 엔화 공급을 크게 늘렸습니다.

양적완화에 따라 달러나 엔화의 공급이 늘어나게 되면 해당 통화는 약세를 보이게 되겠죠. 그래서 미국의 양적완화는 달러원 환율에 하락 요인이 될 가능성이 높습니다. 실제로 양적완화가 강하게 진행되었던 금융위기 이후 시기나(2009~2011년), 코로나19 이후 시기(2020~2021년) 달러원 환율은 큰 폭으로 하락했습니다.

■ 오퍼레이션 트위스트

이건 조금 복잡한 개념입니다. 양적완화는 장기 국채를 사들이면서 돈을 찍어서 시중에 공급하는 프로그램이라고 했죠. 당시 미국 의회는 연준이 마구잡이로 돈을 찍어내는 데 대한 비판을 강하게 했습니다. 그런 상황에서 2011년 유럽재정위기를 만나게 되죠. 유럽재정위기 때문에 실물 경기가 큰 폭으로 둔화되는 등 어려운 경제 현실이 이어질 것으로 보이자 돈을 더 찍어내는 양적완화를 이어가기가 쉽지 않았습니다.

이에 연준은 단기 채권을 매도하고 장기 채권을 매수하는 프로그램을 실행합니다. 보유한 단기 채권을 팔아서 벌어들인 달러로 장기 채권을 사들이는 겁니다. 그럼 단기 채권 시장에는 돈의 공급이 줄어들게 되니 단기 금리는 상승하는 반면, 장기 채권 시장으로 돈이 유입되면서 장기 금리는 하락하게 되겠죠. 미국은 한국과 달리 주택담보대출 금리가 10년 이상의 장기 금리에 영향을 받습니다. 금융위기 직후였던 2011년, 미국은 주택시장을 살리는 게 급선무였기 때문에 단기 금리의 상승을 용인하더라도 장기 금리를 안정적으로 낮추어 주택시장을 살리는 데 포커스를 맞추는 경기 부양을 할 필요가 있었습니다. 채권을 사고 파는 거래를 오퍼레이션이라고 합니다. 위에서 말한 것처럼 미국은 단기와 장기 금리를 서로 다른 방향으로 엇갈리도록 오퍼레이션(채권 거래)을 진행했는데요, 이를 '오퍼레이션 트위스트(Operation twist)'라고 합니다.

■ 수익률 곡선 통제

수익률 곡선 통제(Yield Curve Control)는 2016년 일본 중앙은행이 도입한 제도입니다.

양적완화는 장기 국채를 사들이는 프로그램이죠. 그럼 '얼마만큼의 장기 국채를 사들이면 될까?'라는 질문에 '매년 8000억 엔만큼 사들이겠다'와 같은 계획이 나옵니다. 그런데 계획대로만 하다 보면 때론 시장에 필요한 것보다 과도하게 장기 국채를 사들이는 문제가 나타날 수 있습니다. 이에 '장기 국채 금리가 어느 특정 레벨을 넘지 못하도록 통제하겠다'와 같은 방식의 접근이 가능할 수 있겠죠. 예를 들어 장기 국채 금리를 1퍼센트 이하로 유지하겠다는 정책을 세워두고 장기 국채 금리가 1퍼센트를 넘으면 1퍼센트 밑으로 내려갈 때까지 장기 국채를 사들이면서 장기 국채 시장에 돈을 공급하는 겁니다. 매년 8000억 엔만큼 장기국채를 사들이면서 나타날 수 있는 과도한 돈 풀기의 문제를 효과적으로 제어하기 위해 10년 국채 금리가 1퍼센트를 넘지 않도록 통제하겠다고 말합니다. 그러면서 국채 금리가 1퍼센트를 넘어서면 그때마다 1퍼센트 밑으로 금리를 잡아내리는 수준으로 장기 국채를 사면서 돈을 풀어주는 프로그램, 이를 '수익률 곡선 통제'라고 말합니다.

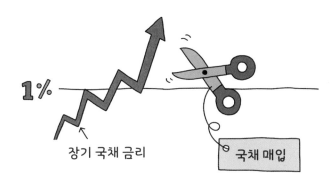

■ 한미 통화 스와프

한미 통화 스와프는 달러와 원화를 교환한다는 의미를 담고 있습니다. 한미 통화 스와프는 글로벌 금융위기가 정점이던 2008년 10월에 처음 도입되었죠. 미국 중앙은행인 연준은 달러를 찍을 때 무언가 신용이 높은 담보가 있어야 합니다. 일반적으로는 미국 초

단기 국채를 담보로 돈을 찍곤 하죠. 장기국채를 담보로 돈을 찍는 것은 양적완화이고요. 다른 나라 통화, 즉 스와프의 대상이 되는 통화를 담보로 달러를 찍는 것을 '통화 스와프'라고 할 수 있습니다.

금융위기 같은 위기 상황에 처하면 시중에서 달러 유동성을 확보하기가 정말 어려워집니다. 모두가 달러를 필요로 하는 상황에 처하게 되니 달러를 시중에 공급하기는커녕 나오는 대로 달러를 사들이려 하는 문제가 생기는 것이죠. 달러 부족 현상이 심해지면 특정 국가의 외환위기 가능성이 높아지면서 대규모 자본 유출이 나타날 수 있습니다. 달러가 유출되기 시작하면 너도나도 달러를 사들여서 튀어 나가니 해당 국가의 외환보유고 역시 빠르게 줄어들게 되죠. 외환보유고가 바닥을 드러낼 것이라는 두려움이 커지면 자본의 유출 속도가 더욱 빨라질 수 있습니다.

이런 최악의 상황에서 한미 통화 스와프가 나타나면 분위기를 크게 반전시킬 수 있습니다. 한국이 일정 수준의 원화를 찍고, 해당 원화를 미국 연준에 지급하고 그 대가로 그 원화에 해당되는 달러화를 받는 겁니다. 미국 연준 입장에서는 일정 수준의 달러를 찍고, 그 달러에 해당되는 만큼의 원화를 받는 거죠.

영구적으로 미국은 한국에 달러를 주고, 한국은 미국에 원화를 공급하는 것이 아닙니다. 1년여간 달러와 원화를 교환했을 뿐이죠. 1년 후에는 한국은 보유했던 달러를 미국에 돌려주고, 미국은 그 대가로 보관하고 있던 원화를 한국은행에 돌려주면 됩니다. 네, 양국 간 중앙은행이 서로 자국의 통화를 특정 기간 동안 교환하는 프로그램이 바로 통화 스와프입니다.

　나중에 돌려준다는 점이 이슈이기는 하지만 당장 달러가 부족할 때 달러를 찍어낼 수 있는 미국 연준이 1년간 쓸 수 있는 달러 마이너스 통장을 열어준다고 생각하면 그 효과가 어느 정도인지 짐작이 가실 겁니다. 정말 달러가 절실한 상황에서 달러를 찍을 수 있는 연준이 제공하는 마이너스 통장이라……. 통화스와프가 시작되는 순간부터 달러 부족으로 해당 국가가 파산할 위험이 상당히 낮아지는 셈이죠. 금융위기 때, 그리고 코로나19 사태 당시 우리나라의 달러 부족으로 인한 위기의 정점에서 나와줬던 달러 유동성 공급 프로그램입니다. 아마 향후에도 무언가 달러 유동성 부족에 대한 이슈가 부각될 때마다 한미 통화스와프에 대한 필요성을 언급하는 여론이 나타날 수 있음을 참고하시기 바랍니다.

4

변동환율보다는 고정환율이 좋은 것 아닐까요?

이번에는 고정환율과 변동환율에 대해 살펴보겠습니다. 수출이나 수입을 하는 기업체의 대표님들을 만나보면 환율의 상승이나 하락보다는 환율이 안정되는 것이 가장 좋다는 말을 듣곤 합니다. 물론 수출 기업 입장에서는 환율이 상승(원화 약세)하여 내 제품의 수출 가격 경쟁력이 높아지는 것이 좋고, 수입 업체 입장에서는 환율이 하락(원화 강세)해서 달러 표시 수입품의 가격이 낮아지는 것이 좋겠죠. 그렇지만 그런 것들을 예측하면서 힘겹게 경영하는 것보다는 환율이 안정되어 있는 상황이 가장 좋다는 얘기인 것이죠. 환율이 일정 수준에서 움직이지 않는 고정환율이라면 기업들 입장에서는 향후 환율이 예측 가능해지는 것이기 때문에 미래

사업 계획을 세우기에 편해질 겁니다. 그럼 기업들의 사업 확장을 자극하는 데에도 도움을 줄 수 있겠죠.

실제 초기 단계 신흥국들은 환율의 안정을 선호하는 경우가 많습니다. 수출을 하려면 무언가 제품을 만들어야 하죠. 그런 제품을 대규모로 저렴한 가격에 만들어 내려면 각종 공장 설비가 필요할 겁니다. 이런 설비를 국내에서는 구할 수 없기 때문에 외국에서 사와야 하겠죠. 다만 그런 설비는 매우 비싸기 때문에 외국에서 달러를 빌린 다음(달러 차관) 설비를 구매해야 할 겁니다. 수출을 할 때 환율이 오르면, 달러가 비싸지고 내 나라 제품 가격이 저렴해지니까 유리해지는 면이 분명히 있지요. 하지만 앞서 설비 투자를 위해 빌려왔던 달러를 갚을 때 더 많은 내 나라 돈이 들어가는 문제가 생깁니다. 그래서요, 발전 초기 단계의 신흥국들은 고정환율을 선호하는 경향이 있습니다. 고정환율을 통해 환율을 안정시키고 설비 투자를 늘리면서 수출 성장을 모색하는 것이죠.

그런데요, 여기서 이런 질문이 가능할 겁니다. 그럼 모두가 고정환율을 쓰면 좋은 것 아니냐는 질문이 바로 그것이죠. 환율은 두 나라 통화의 교환 비율로 시장에서 수요과 공급에 의해 결정되는 가격입니다. 수요와 공급 변화에 따라 돈의 가격, 즉 환율이 변화무쌍하게 바뀔 수밖에 없는 것이죠. 그런데 이런 시장 원리를 거스르면서 환율을 특정 수준으로 고정시키는 것이 고정환율입니다. 예를 들어 쌀이 가장 중요한 주식인데, 이런 쌀 가격이 너무 크게 움직여서 모두가 고통받기에 국가가 나서서 쌀 가격을 한 가마니에 10만 원으로 고정시켜 버린 겁니다. 그런데 어느 해 흉년이 들어서 쌀이 귀해집니다. 예를 들어 쌀 가격이 50만 원까지 올랐다고 가정해보죠. 50만 원에 팔아야 하는 쌀인데, 국가에서는 10만 원에 팔도록 가격을 고정해 놓습니다. 쌀을 사는 사람들에게는 너무나 유리한 상황이지만 쌀을 생산해서 파는 사람들 입장에서는 한 가마니를 팔 때마다 40만 원씩 손해를 보는 격이 되죠. 그럼 쌀 공급업자들이 쌀을 팔려고 할까요?

이런 상황을 제어하기 위해 국가가 나서서 공급을 늘려 줄 수도 있죠. 국가가 보유하고 있는 쌀 보유고를 털어서 쌀의 공급을 크게 늘립니다. 50만 원까지 올라가야 할 쌀 가격을 원래 국가가 정한 10만 원 수준에 머무를 수 있도록 쌀을 시장에 마구 쏟아내는 거죠. 정부의 노력으로 쌀 공급이 늘면서 쌀 가격이 10만 원으로 내려오게 된 것은 좋은데요, 정부가 보유하고 있는 쌀 보유고가 크게 줄어들었을 겁니다. 만약 이런 상황이 계속해서 반복된다면 어떨까요? 정부가 보유한 쌀은 무한대가 아니므로 쌀을 시중에 계속 쏟아내면서 쌀 가격을 고정시키는 것이 매우 어려워지겠죠. 만약 쌀 보유고가 동이 나게 되어 더 이상 정부가 쌀을 공급할 수 없다면 10만 원이라는 쌀 고정 가격을 유지할 수 없을 겁니다. 국가적인 쌀 부족 위기를 겪을 것이고요, 더 이상 지킬 수 없는 10만 원의 고정 가격을 풀어버리면서 쌀 가격의 폭등이나 폭락 같은 변동을 허용할 수밖에 없겠죠. 이게 바로 변동 쌀 가격 제도라고 보시면 됩니다.

여기서 쌀을 달러 같은 외환으로 바꿔서 생각해 보시면 달러 고정환율제에 대한 이해가 편할 수 있습니다. 미국이 금리를 끌어올리는데 한국의 금리가 낮은 수준을 유지합니다. 너도나도 달러가 좋기 때문에 달러를 사서 미국으로 나가려고 하는데요, 한국에서는 달러당 800원이라는 고정환율을 유지하고 있죠. 달러에 대한 수요가 크게 늘어서 실제는 1000원까지 달러값이 올라야 하는데 여전히 800원에 환율을 유지하면서 한국 외환시장에서는 800원에 달러를 살 수 있는 겁니다. 그럼 1000원짜리 달러를 한국에서는 800원에 살 수 있는 만큼 투기 자금이 한국에서 달러를 사려고 몰려들게 되지 않을까요? 달러에 대한 수요가 더 많이 늘어나면서 달러가 더 비싸져야 하는데, 한국 외환 당국에서는 달러당 800원을 지키기 위해 달러 공급을 크게 늘리면서 환율 방어를 하게 됩니다. 문제는 한국이 보유하고 있는 달러가 무한대가 아니라는 것이죠. 불과 수개월 만에 달러 외환보유고가 바닥을 드러냅니다. 그럼 더 이상 달러당 800원의 고정환율을 지킬 수 없죠. 국가는 외환 부족으로 인해 외환위기를 겪게 되고, 고정환율제가 폐지되면서 변동환율제로 이행하게 되는 겁니다. 아주 간단하게 짚어 본 1997년 우리나라 외환위기 이야기입니다. 고정환율제가 좋은 것은 맞지만 어려운 상황에서는 고정환율제를 지키기 위해 국가가 상당히 많은 외환을 써야 하는 문제가 발생합니다. 고정환율제를 채택한 신흥국이라면 꽤 많은 외환보유고를 쌓아두어야 해당 제도를 보다 오랜 기간 유지할 수 있을 겁니다.

네, 결국 고정환율제가 아니면 변동환율제가 되겠네요. 변동환율제하에서는 환율이 위아래로 마구잡이로 바뀝니다. 일단 느낌이 부정적이죠. 환율의 변동성이 높은 것이니까요. 다만 너무 한쪽으로 환율이 쏠리면서 변동성이 높아질 때에는 아무리 변동환율제라고 해도 환율 불안이 커지는 만큼 외환보유고 및 여러 가지 환율 안정 프로그램을 통해 위아래 떨림을 조금이라도 완화시키려고 노력하게 됩니다. 이를 스무딩 오퍼레이션(Smoothing operation)이라고 합니다.

만약 한쪽으로의 쏠림이 너무 강하지 않다면 달러원 환율이 상승하더라도 변동환율제에서는 자연스러운 현상이 되는 겁니다. 일정 수준 이상으로 환율이 상승하지 않도록 외환보유고를 쏟아내면서 환율을 방어하지 않아도 되는 것이죠. 고정환율제의 장점인 환율의 안정성을 포기하는 대신 유연한 환율 적용을 통해 환율 방어의 부담을 낮추고, 시장 원리에 의한 환율 결정을 받아들이는 것이 변동환율제라고 보시면 되겠습니다.

환율 제도	장점	단점
고정환율제	한국은행이 직접 환율을 안정적으로 방어, 기업의 안정적인 경영을 돕는다.	통화 정책이 유연하지 못해 문제가 발생한다.
변동환율제	경제 환경의 변화에 유연하게 대처한다.	갑작스러운 환경 변화에 취약하다.

5

환율은 오르는 게 좋을까,
내리는 게 좋을까?

이번에는 환율의 상승과 하락이 주는 효과에 대해 짚어보겠습니다. 환율의 상승·하락 모두 장단점이 있습니다. 하나하나 짚어보죠.

우선 환율의 하락, 즉 '달러 약세 및 원화 강세' 케이스부터 보겠습니다. 원화가 강세를 보이면 외국에서 수입하는 달러 표시 제품의 가격이 저렴해지죠. 그럼 수입 물가가 하락하면서 국내 물가 상승 압력을 낮추게 됩니다. 국내 물가가 안정되면 일정 수준 낮은 금리를 유지해도 되겠죠. 저금리는 국내 내수 소비 경기에 도움을 줍니다. 그리고 원화가 강세를 보이는 만큼 원화 표시 자산에 대한 외국 투자자들의 기대도 커지고, 이들 자금이 국내로 유입되면서 국내 유동성을 풍부하게 유지하게 하죠. 자산 가격의 상승 가능성도 높아지는 효과가 있습니다. 다만 원화가 너무 강한 흐름을 이어가게 되면 한국의 원화 표시 수출품의 가격 경쟁력은 크게 떨어지게 되겠죠. 한국의 수출 성장에 상당한 부담을 줄 수 있습니다.

그럼 환율의 상승, 즉 '달러 강세 및 원화 약세'의 케이스는 어떨지 생각해 보죠. 원화가 약세를 나타내면 원화 표시 제품의 가격이 저렴해지면서 한국 수출품의 가격 경쟁력이 높아집니다. 그럼 한국의 수출 성장에는 당연히 큰 도움이 되겠죠. 한국은 내수 소비 시장의 규모가 작기 때문에 강한 성장을 이어가기 위해서는 수출 성장에 어느 정도 포커스를 맞출 수밖에 없습니다. 만약 다른 나라 통화가 약세를 나타낸다면 한국 원화 역시 나홀로 강세를 나타내는 것보다는 수출 경쟁력 유지 차원에서 비슷한 수준의 약세로 전환하는 것도 고려 대상이 될 수 있죠.

그런데요, 너무 수출만 바라보면 환율 상승이 가져다주는 부작용을 간과하게 됩니다. 환율 상승은 달러 표시 제품의 수입 가격을 높이는 문제를 낳습니다. 특히 에너지 대부분을 수입에 의존하는 한국입니다. 환율이 너무 높은 수준을 유지하게 되면 달러 표시 에너지 자원의 수입이 이어질 때 수입 물가 상승으로 인한 인플레이션 압력을 강하게 받을 수 있습니다.

그리고 환율이 너무 빠르게 상승할 때는 투자자뿐 아니라 국민들이 한국 경제의 경쟁력과 안정성에 대한 의구심을 느낄 수 있습니다. 특히 다른 국가 통화가 약세를 나타낼 때 한국 원화도 동반 약세를 보이는 케이스가 아니라 다른 통화는 안정적인데, 한국 원화만 유독 약해지는 상황이라면 국가 경제에 대한 불안감은 더욱 고조될 수 있죠.

"이러다 다 망하는 거 아냐?"

지금까지 우리나라 상황에서 원화 가치의 상승(환율의 하락)과 하락(환율의 상승) 케이스를 살펴보았습니다. 이번에는 미국 입장에서의 달러 가치 상승·하락을 잠시 생각해 보죠.

달러가 약세를 보이면 미국은 수출 경쟁력을 키울 수 있습니다. 미국은 무역 적자가 워낙에 심한 국가인데요, 달러가 약세를 나타낼 때는 이런 무역 적자를 일정 수준 해소시킬 수 있죠. 반면 수입 물가가 높아지면서 미국 내 물가 상승 압력이 높아지는 어려움에서는 벗어나기 어렵습니다.

반대로 달러 강세 상황이라면 어떨까요? 달러 강세는 미국의 수출을 어렵게 만들고 무역 적자를 더욱 키우는 문제를 만들어 낼 수 있죠. 그렇지만 수입 물가를 낮추면서 미국 내 인플레이션 문제를 해소시켜 주니 저금리 유지를 가능하게 합니다. 이건 한국과 비슷한 케이스라고 보시면 되는데요, 전 세계가 익숙하게 사용하고 있는 기축 통화인 달러의 경우 조금 다른 관점에서 달러 강세를 해석해 볼 수 있습니다.

앞서 신흥국들은 성장 초기에 달러 차관을 들여오는 경우가 많다는 말씀을 드렸죠. 대부분의 신흥국들이 달러 부채를 갖고 있습니다. 그리고 전 세계 경제가 성장하면 성장할수록 그런 성장을 뒷받침하는 차원의 달러 부채 증가는 필연적이라고 할 수 있죠. 전 세계 달러 부채는 2024년 말 기준으로 사상 최고치를 넘어섰습니다. 즉, 달러를 찍을 수 없는 미국 이외 국가들의 달러 빚이 사상 최고 수준으로 늘어났다는 의미입니다.

만약 달러가 강세를 나타내면 어떤 일이 벌어질까요? 달러 표시 부채, 즉 나중에는 달러를 사서 갚아야 하는 빚이 달러 환율의 상승으로 인해 부담이 더 커지는 겁니다. 1달러당 1000원일 때 100달러 부채를 갚기 위해서는 10만 원이면 충분했는데, 달러당

1500원이 되어버리면 100달러 부채를 갚을 때 15만 원이 필요합니다. 특별한 잘못을 하지 않았는데도 환율 상승으로 인해 졸지에 부채 부담이 50퍼센트 늘어버리는 문제가 생겨나는 것이죠.

달러 강세는 일반적으로 신흥국들의 부채 부담 강화로 해석되곤 합니다. 그래서 달러 강세 시기에 미국을 제외한 다른 국가들의 경제가 그리 큰 힘을 쓰지 못하는 것이죠. 그렇지만 강달러로 미국 이외 국가들의 부진이 장기화되면 미국에도 좋지 않습니다. 미국 역시 다른 국가로 수출을 하면서 성장할 필요가 있는데 다른 국가들의 상황이 어려워지면, 그리고 달러마저 너무 강해서 미국 수출품의 가격이 너무 비싸면 미국의 성장에도 부담이 되지 않을까요? 또한 다른 국가 경제가 모두 힘들어진 상황에서 미국만 강한 성장을 나타내고 있고, 달러가 끝도 없이 강해지면서 미국으로 전 세계

자금이 몰리게 된다면 미국 경제의 과열 혹은 버블 우려 역시 높아질 수 있습니다. 네, 달러 강약세 중 무엇이 좋을지 판단하기는 어렵지만 과도한 달러 강세 혹은 약세는 되려 미국을 비롯한 전 세계 경제에 부담 요인이 될 수 있습니다.

6

환헤지란
무엇일까?

이제 마지막 질문이네요. 문제는 마지막 질문 난이도가 만만치 않다는 겁니다. 바로 환헤지(換Hedge)에 대한 말씀을 드리려고 합니다.

변동환율제하에서는 환율이 위아래로 계속해서 흔들리곤 하죠. 앞서 말씀드렸던 것처럼 수입이나 수출을 하는 기업들은 이렇게 환율이 흔들리는 것보다는 안정되는 것이 좋습니다. 그럼 당연히 환율을 지금 현재 수준으로 안정시키는 안전 장치를 하고 싶은 생각이 들 겁니다. 이때 진행하는 것이 바로 환헤지인데요, 헤지는 울타리의 개념입니다. 울타리를 쳐서 위험을 피한다는 직관적인 의미 정도로 이해하시면 될 듯합니다.

그럼 환혜지를 어떻게 하는가, 사례를 말씀드리겠습니다. 미국 채권에 투자하고 있는 홍길동의 케이스입니다. 홍길동은 미국 주식을 100달러 갖고 있습니다. 이 돈은 1년 후에 쓸 돈인데요, 당장은 미국 주식이 더 오를 것 같아서 1년만 더 보유하려고 하는 겁니다. 다만 한 가지 걱정이 있습니다. 주식은 좋아질 것 같은데, 환율은 귀신도 모르니 걱정이 되는 것이죠. 혹여나 달러원 환율이 900원으로 하락할까 걱정인 겁니다. 그럼 미국 주식에서 10퍼센트 이익이 발생해도 나중에 주식을 팔고 받아온 달러를 팔 때 환율에서 10퍼센트가 깨지는 문제가 생기는 것이죠.

　　그래서 은행에 상담을 요청했더니 은행에서는 환혜지를 하자는 조언을 해줍니다. 1년 후에 현재 보유하고 있는 100달러에 대해서는 지금의 환율, 즉 달러당 1000원을 적용해 주는 환혜지 거래를 하면 된다는 거죠. 전혀 복잡하지 않은 것이, 1년 후에 은행에 100달러만 가져오면, 은행에서는 달러당 1000원으로 계산해서 10만 원을 돌려준다는 계약입니다. 그럼 홍길동의 걱정은 사라지는 것 아닐까요? 그런데요, 이러한 선물환 거래를 할 때는 또 다른 비용이 발생합니다.

　　근심이 사라져 편안해진 홍길동에게 은행은 이런 얘기를 합니다. 은행은 지금의 환율로 1년 후에 달러를 받는 셈이잖아요. 만약 은행이 지금 100달러를 받는다면 1년 후에 받는 것과 지금 받는 것 사이에 차이가 생깁니다. 바로 이자의 차이죠. 현재 미국 금리가 연 10퍼센트이고, 한국 금리가 연 1퍼센트라고 가정해 봅시다. 만약 은행이 1년 후가 아닌 지금 당장 달러당 1000원에 환전을 해서 홍길동에게 10만 원을 건네주고 100달러를 받았다면, 그 100달러에 연 10퍼센트의 금리를 적용해 1년 후에는 이자로 10달러를 받을 수 있을 겁니다. 그런데 1년 후에 100달러를 받게 되면 1년간 달러를 보유했을 때의 이자 이익은 얻을 수 없는 것이죠. 대신 은행은 당장 지급하지 않아도 되는 한화 10만 원에 대한 이자를 1년 후에 얻을 수 있습니다. 하지만 금리가 연 1퍼센트에 불과하니 고작 1000원밖에 남지 않죠.

은행 입장에서는 지금 당장 달러를 받지 못하고 1년 후에 달러를 받는 셈이니 미국과 한국의 이자 차이만큼 손해가 발생하는 겁니다. 이걸 메워줘야 선물환 계약이 성립하지 않을까요?

그럼 얼마를 메워줘야 할까요? 생각해 보니 미국 금리는 10퍼센트, 한국 금리는 1퍼센트입니다. 약 9퍼센트에 달하는 이자 차이만큼을 은행에 보상해 줘야 선물환 계약이 진행될 수 있을 겁니다. 물론 이렇게 간단히 계산되는 것은 아니지만 선물환 거래가 진행될 때 이자 차이만큼의 비용이 발생하는 이유를 직관적으로 설명드렸습니다.

반대로 미국 금리가 1퍼센트이고, 한국 금리가 10퍼센트라면 홍길동은 되려 은행에게 선물환 거래를 하면서 이자 차이만큼의 돈을 받을 수 있습니다. 당장 저금리 통화인 달러를 넘기지 않고 보유하는 셈이고, 은행은 고금리 통화인 원화를 당장 넘겨주지 않고 1년간 보유하면서 높은 이자를 받을 수 있으니 그만큼을 보상해 줘야 할 테니까요. 그래서요, 선물환 거래 같은 환헤지가 진행될 때는 환전 대상 통화 간의 금리 차이만큼의 비용이 발생하게 되는 겁니다.

참고로 이 책을 집필하고 있는 2025년 1월 기준 미국의 기준금리는 4.25~4.5퍼센트이고, 한국의 기준금리는 3.0퍼센트입니다. 미국 금리가 한국 금리보다 높으니 달러를 1년 후에 넘겨줘야 하면 정확하지는 않지만 홍길동은 양국 간의 금리차인 약 1.5퍼센트만큼의 환헤지 비용을 지불해야 할 겁니다.

조금 더 이어가서요, 만약 1년 후에 미국 주식시장 분위기도 좋고, 다른 쪽에서 돈을 끌어올 수 있어서 팔지 않아도 되면 홍길동은 이런 환헤지 계약을 연장할 수도 있습니다. 사실 계약의 연장이라기보다는 기존 계약을 정산하면서 새로운 1년짜리 환헤지 계약을 체결하는 것인데요, 그럼 1년 후의 양국 간 금리차만큼 또 다시 비용이 발생하게 되겠죠. 만약 지금처럼 미국과 한국의 금리차가 크게 벌어진 상황이 장기간 이어진다면 환헤지 비용이 매년 계속해서 연 2퍼센트 가깝게 쌓일 수 있습니다. 그래서 본책에서 환헤지가 된 달러 자산에 투자할 경우 환헤지 비용 역시 감안해야 한다는 점을 짚어드렸던 겁니다. 장기간 환헤지 계약을 이어가게 되면 생각보다 많은 비용이 발생할 수 있죠.

제가 개인적으로 운영하는 SNS 혹은 세미나나 강연 등에서 가장 자주 받는 질문 중 하나가 "어떤 책을 추천하시나요?"입니다. 언뜻 보면 쉬운 질문인데 답을 드리기가 무척 어렵더라고요. 일단 개개인의 관심사가 다 다르고, 개인마다 느끼는 독서의 난이도도 다르기 때문이죠. 하지만 독자분들에게 유용한 책을 소개하고 싶은 마음에 열심히 찾고 골랐는데, 통화 정책과 관련된 서적이 압도적이더라고요. 이런 책만 소개하면 너무 딱딱할 수 있으니 여기서는 경제를 넘어 다양한 분야의 책들을 같이 추천드리려고 합니다. 그래도 경제 관련, 그것도 통화 정책 및 매크로 관련 서적이 압도적으로 많긴 하네요. 시작해 보겠습니다.

1. 안근모 저,『비욘드 더 크라이시스 Beyond the Crisis』, 어바웃어북, 2023

'글로벌 모니터'라는 채널을 운영하는 안근모 대표님의 저작입니다. 우선 굉장히 컬러풀하고요, 글씨도 큼지막합니다. 유튜브에서 강연을 듣는 것처럼 여러 가지 형형색색의 그래프와 함께 구어체로 진행되는 스토리텔링을 따라가다 보면 매우 중요한 거시 경제 지표를 상당 수준 체크해 볼 수 있습니다. 쉽고 읽기 편한 데다 꼭 필요한 내용을 담은 책입니다.

2. 조셉 왕 저, 존 최 역,『연방준비제도 101』, 비즈니스101, 2024

조셉 왕은 통화 정책 쪽에서는 이미 이름이 꽤 알려진 분입니다. 저는 뒤늦게 알았지만 최근 이 분의 유튜브를 매주 듣고 있죠. 단지 저처럼 책을 통해서 혹은 이론적으로만 연준의 정책을 공부한 사람이 아니라 실제 금융 시장에서 트레이딩을 하면서 연준의 역할에 대해 고민을 한 분입니다. 상당한 인사이트를 갖고 계시더라고요. 그러다 보니 그리 두껍지 않은 책이지만 연준을 이해하고, 그 정책의 맥을 짚어내는 내공이 엄청납니다. 연준에 대해 한 레벨 더 깊게 이해하고 싶으신 분들에게 추천합니다.

3. 벤 버냉키 저, 김동규 역,『벤 버냉키의 21세기 통화 정책』, 상상스퀘어, 2023

벽돌책 느낌이 있습니다만 번역도 좋고, 쉽게 써서 술술 읽히는 책입니다. 주의하실 점은, 저는 글로벌 금융위기를 전후한 금융시장의 흐름을 매일 모니터링하기에 이 책의 흐름을 읽어 나갈 때 편안함을 느끼지만 초심자 분들이 읽으실 때에는 다소 질리는 면이 있을 수도 있습니다. 순간순간의 어려운 상황에서 연준은 어떤 대응을 해왔는지, 1970년대 이후의 연준 정책과 대응의 역사를 구체적으로 풀어준 책이라고 보시면 됩니다. 금융 위기를 전후한 연준의 대응이 어땠는지를 알고 싶은 분들께 추천합니다.

4. 폴 볼커 · 교텐 토요오 저, 안근모 역, 『달러의 부활』, 어바웃어북, 2020

역대 연준 의장 중 가장 카리스마가 넘친다는 폴 볼커와 교텐 토요오의 공저입니다. 지난 제2차 세계대전 이후 달러가 패권 통화로 자리 잡아가는 상황에서 벌어졌던 수많은 해프닝들, 달러의 위기 상황들, 인플레이션과의 전쟁 등에서 그들이 실제 어떤 고민을 했고, 어떻게 대응했는지가 나옵니다. 그 순간순간 볼커가 느꼈던 속내도 드러나는데요, 매파 중의 매파인 폴 볼커에 대해 알고 싶다면, 그리고 달러가 패권 통화로 자리 잡아가는 과정을 읽고 싶다면 추천합니다.

5. 살레하 모신 저, 서정아 역, 『달러 전쟁』, 위즈덤하우스, 2024

달러의 움직임을 논할 때 연준의 금리 인상, 인하 등은 빼놓을 수 없는 소재가 되곤 합니다. 어찌 보면 통화 정책 과잉이라는 느낌이

들 정도로 연준의 움직임에 주목하곤 하죠. 그런데요, 이 책에서는 달러를 컨트롤하는 다른 반대 쪽, 미국 재무부에 대한 얘기를 깊이 있게 풀어줍니다. 역대 미국 재무장관들이 어떻게 달러를 강화해 왔는지, 그런 재무장관들의 비하인드 스토리는 무엇인지가 담겨 있죠. 트럼프 행정부 당시까지도 어느 정도 묘사가 되어 있는데요, 이 책을 통해 미국 재무부에 대한 이해를 깊게 할 수 있을 겁니다.

6. 크리스토퍼 레너드 저, 김승진 역, 『돈을 찍어내는 제왕, 연준』, 세종서적, 2023

상당한 깊이를 담은 책으로 약간 다큐멘터리 같은 느낌도 듭니다. 캔자스시티 연방은행의 총재인 토마스 호니그(Thomas Hoenig)의 이야기를 중심으로 한 책입니다. 호니그는 버냉키의 돈 풀기 정책에 강하게 반발을 한 강직한 인물입니다. 그가 어떤 이유에서 반대를 했는지 그리고 그가 제시한 문제점들이 지금 전 세계 금융 시장에서 어떻게 나타나고 있는지를 알아가는 과정이 매우 흥미진진하게 다가옵니다. 개인적으로 3회독을 한 책인데요, 읽을 때마다 다른 곳이 보입니다. 돈 풀기의 부작용에 대해 공부해 보고 싶으신 분들께 추천합니다.

7. 니시노 도모히코 저, 한승동·이상 역, 『침몰하는 일본은행?』, 가야날, 2024

『돈을 찍어내는 제왕, 연준』의 일본판이라고 보시면 됩니다. 일본은행이 겪어왔던 통화 정책의 역사에 대해 저널리즘 관점에서 그린 책입니다. 버블 붕괴 이후인 1990년대 중반부터 이야기가 시작되는데요, 다사다난했던 일본 경제의 고난 국면을 어떻게 해결하고 대처해 왔는지가 자세히 묘사되어 있습니다. 중앙은행의 실수로 대표가 되는 사례들을 일본은행이 보여준 만큼 반면교사로 삼을 점들이 많을 겁니다.

8. 찰스 굿하트 · 마노즈 프라단 저, 백우진 역, 『인구 대역전』, 생각의 힘, 2021

읽으면서 매우 놀랐던 책입니다. 저성장 · 저물가의 늪에서 장기간 헤매면서 저를 비롯한 많은 마켓 참가자들에게 인플레이션은 매우 약한 존재인 것으로 비춰졌죠. 그러나 이 책의 이야기를 따라가다 보면 인플레이션의 장기 추세화에 대해 다시 한 번 고민을 하게 됩니다. 과거와 달라진 지금, 인플레이션은 어떻게 고개를 들게 되는지에 대해 알고 싶은 분들께 추천하는 책입니다.

9. 이관휘 저, 『이관휘의 자본시장 이야기』, 어크로스, 2023

글을 매우 맛깔나게 쓰시는 이관휘 교수님의 책입니다. 어려운 경제에 대한 이슈를 전문적이면서도 깔끔하게, 그리고 쉽게 풀어주시죠. 이 책은 2020년 후반부터 2022년에 걸쳐 나타났던 금융시장의 다양한 이슈들을 알기 쉽게 다루는 책입니다. 공매도, 내부고발, 인수합병, IPO, 사모펀드 등 개인 투자자들에게 어렵게 다가올 수 있는 주제들도 쉽게 이해하실 수 있을 겁니다. 초심자 분들도 편하게 보실 수 있는 책입니다.

10. 김성일 저, 『마법의 연금 굴리기』, 에이지21, 2023

개인적으로 저자와 몇 차례 대화를 나누어 본 적이 있는데 연금과 자산 배분에 진심인 분이라는 걸 느낄 수 있었습니다. 해당 분야에 대한 연구를 정말 깊이 있게 하신다는 느낌을 받았죠. 우리가 왜 연금에 관심을 가져야 하는지, 실제 연금을 어떻게 가입해야 하고, 어떻게 운용해야 하는지에 대한 실질적 노하우를 정말 많이 담고 있습니다. 연금을 알고 싶은 이들을 위한 필독서라고 생각합니다.

11. 러셀 내피어 저, 권성희 역, 『베어마켓』, 한국경제신문, 2023

1900년대 들어 나타났던 네 차례의 미국 증시 조정 장세를 분석하고 공통점을 찾아내는 책입니다. 난이도는 제법 높지만 워낙 흥미롭게 플롯을 짜놓았기에, 개인적으로 매우 흥미롭게 읽은 책입니다. 제 최근 저서인 『위기의 역사』의 프레임에 상당한 영향을 미친 책입니다. 각각의 위기 상황이 어떻게 잉태되고 어떻게 전개되며, 어떻게 해결되어 갔는지 그리고 그 이후에는 새로운 위기가 만들어지는 상황까지 담고 있습니다. 쭉 읽다 보면 1900년대 미국 금융 시장의 큰 흐름을 읽는 데 상당한 도움을 받으실 수 있을 겁니다.

12. 김승호 저, 『사장학개론』, 스노우폭스북스, 2023

개인적으로 매우 존경하는 분입니다. 인품, 경험, 마인드, 사람을 대하는 모습까지 너무나 배울 점이 많은 분이죠. 김승호 회장님이 쓰신 이 책은 실제 자영업을 운영하는 사장님들께 큰 도움이 될 수 있는 노하우를 담고 있죠. 그런데요, 사장님들을 위한 책만은 아닌 것 같습니다. 삶을 살아가는 방법 그리고 아무리 작은 회사일지라도 리더들이 어떤 고민을 하는지 등의 주제들을 접해 볼 수 있는 책입니다. 쉽고 재미있게 읽히면서, 읽고 나서도 많은 생각을 하게 만드는 양서입니다.

13. 다우치 마나부 저, 김슬기 역, 『부자의 마지막 가르침』, 북모먼트, 2024

현대 경제학의 매우 중요한 주제들을 일본식 휴먼 스토리 속에 녹인 매우 흥미로운 책입니다. 화폐와 세금, 기술 생산성, 국가 부채와 무역 흑자의 의미 등 화폐 경제에 대한 이해도를 상당 수준 높여 주죠. 그리고 언뜻 차가워 보이는 경제 이야기를 인간의 의미 부여와 맞닿게 그려내고 있습니다. 부담 없이 화폐 경제에 접근하고 싶은 분들께 추천합니다.

14. 차현진 저, 『돈 밝히는 세계사』, 문학동네, 2024

과거 저서에서 책을 추천할 때면 꼭 빠뜨리지 않는 도서가 바로 차현진 이사님의 저서였습니다. 돈에 관한 세계사를 다루는 책들을 보면 근대 서양에 대한 이야기를 중심으로 전개되는 것이 보통인데요, 이 책에서는 근대 서양뿐 아니라 조선시대, 1980년대 한국의 사례, 최근 핀테크에 이르기까지 과거와 현재, 동서양을 아우르면서 이야기를 전개합니다. 다 읽고 나면 '돈'이 보다 새롭게 보이는 생경함을 느끼게 됩니다.

15. 미즈키 시게루 저, 『일본 현대사』(총 4권), 에이케이커뮤니케이션즈, 2023

『위기의 역사』를 쓸 때 정말 많은 도움을 받은 책입니다. 영웅들의 역사, 경제의 역사, 전쟁사 등 다양하게 역사를 바라보는 관점들이 있지만 이 책은 일본의 1900년대를 실제로 살았던 저자와 같은 서민들의 역사를 그려냅니다. 일본의 역사적 사건 그 자체뿐 아니라 그 속에서 일본의 서민들은 어떤 느낌을 받았고, 어떤 삶을 영위했는지 저자 본인이 주인공이 되어 이야기를 끌고 갑니다. 참고로 만화책입니다. 흥미롭게 일본 현대사와 친해질 수 있으리라 생각합니다.

16. 신일용 저, 『우리가 몰랐던 동남아 이야기』(총 4권), 밥북, 2022

짧은 시간에 폭넓게 동남아 국가들의 역사, 문화, 경제 등을 공부하고 싶을 때 최적의 책이라고 생각합니다. 동남아 국가들의 스토리를 하나하나 풀어낼 뿐 아니라 각국의 역사가 어떻게 얽혀 있는지까지 저자의 폭넓고 깊이 있는 지식으로 엮어냅니다.

17. 이준구 저, 『36.5˚C 인간의 경제학』, 랜덤하우스코리아, 2009

금융시장을 오랜 시간 공부하다 보면 결국 이 모든 것들은 사람이 만들어 낸다는 결론에 도달하죠. 실제로 인간의 본성 그리고 그런 본성과 심리가 금융시장에 상당한 영향을 미치곤 합니다. 행동경제학이라고 하죠. 이준구 교수님의 책은 쉽고 직관적으로 심리적인 영향을 풀어냅니다. 투자 이론도 중요하지만 투자 심리도 중요한 만큼 일독을 권합니다.(2017년에 개정판이 출간되었습니다)

18. 이정열 저, 『돈되는 재건축 재개발』, 잇콘, 2017

재건축· 재개발에 대한 입문서로 최적의 도서가 아닐까 생각합니다. 매우 복잡하고 어려울 것 같은 재건축· 재개발에 대한 이야기이지만 각 단계의 개념이 무엇인지, 우리가 막연하게 알고 있는 재건축 재개발의 로직이 구체적으로 어떻게 계산되는 것인지 쉽고 친절하게 설명되어 있습니다. 구어체로 적혀 있어 초심자들이 읽기에도 부담이 없습니다.

19. 랭던 길키 저, 이선숙 역, 『산둥 수용소』, 새물결플러스, 2014

제가 평소에는 이런 쪽의 책을 잘 읽지 않았는데요, 책을 정말 많이 읽는 지인의 추천으로 읽게 되었습니다. 읽으면서 내내 많은 울림을 받았네요. 제2차 세계대전 당시 중국 조차지에 서양 사람들이 집단 수용되어 있던 산둥 수용소의 삶을 그려낸 책입니다. 인간의 본성에 대해 많은 고민을 하게 만드는 좋은 책입니다.

20. 켄 피셔·라라 호프만스 저, 이건 역, 『주식시장의 17가지 미신』, 페이지2북스, 2021

켄 피셔의 책인데요, 개인적으로 저도 이런 책을 나중에 한번 써보고 싶습니다. 금융시장에서 흔히 언급되는 미신들을 찾아내고 분석까지 하려면 경험도 많고 내공도 풍부해야 합니다. 전설적인 투자자인 켄 피셔는 이런 미신들로 인해 수많은 투자자들이 손해를 본다는 점에 주목하죠. 그런 미신을 따르지 않으면 되려 실패하지 않는 투자를 할 수 있다는 얘기를 전하고 있습니다. 흥미와 함께 실전 투자에 도움을 주는 지식까지 담긴 책입니다.

21. 정현희 저, 『우리, 공부합시다』, 매일경제신문사, 2021

매일경제신문 창업주 고(故) 정진기 대표님의 전기를 담은 책입니다. 처음에는 편안한 마음으로 읽기 시작했다가 마지막까지 많은 부분을 공감하며 읽었던 기억이 생생하네요. 수많은 어려움 속에서 번뜩이는 리더십과 스스로도, 그리고 직원들에게도 계속해서 공부하면서 발전해나가야 한다는 점을 강조하는 정진기 대표님의 메시지가 담겨 있는 책입니다. 진솔하게 스스로의 학습을 자극하는 데 가장 좋은 자극제가 되는 책이 아닐까 생각합니다.

22. 모건 하우절 저, 이수경 역, 『불변의 법칙』, 서삼독, 2024

모건 하우절의 이 책을 제가 마켓을 공부하던 초기에 만났다면 뻔한 내용이라고 생각하며 쉽게 지나쳤을 것 같다는 생각이 듭니다. 그러나 금융 시장에서 단순히 이론으로는 설명이 되지 않는 수많은 사람들의 심리와 이치에서 어긋나는 상황들을 계속해서 경험한 후 이 책을 읽으니 상당히 많은 부분이 공감되더군요. 투자를 위해서도 그리고 삶을 살아가는 데 있어서도 꼭 한 번쯤 그 의미를 되새겨볼 필요가 있는 중요한 가르침들이 담겨있습니다. 일독을 권해드립니다.

23. 서준식·양진영·서지혜 저, 『채권 투자 무작정 따라하기』, 길벗, 2024

채권 투자에 대한 공부를 시작하려는 초심자분들께 권하는 책입니다. 유튜브를 보면 채권 투자에 대한 좋은 동영상들이 많이 나오죠. 그런 영상들을 몇 개 보고 나서 조금 친숙해졌다면 이 책을 천천히 읽으며 채권 투자의 기초를 닦아보면 좋겠습니다. 어려운 채권 용어부터 시작해서 직접 채권 투자를 할 때 어떻게 접근하면 좋은지에 대한 친절한 설명이 담겨있습니다.

24. 한명기 저, 정재홍 그림, 『만화 병자호란』, 창비, 2018

처음에는 아이들을 위해 구입한 책이었는데요, 잠시 쉴 때 소파에 앉아서 펼쳤다가 앉은자리에서 다 읽었던 책입니다. 참고로 만화고요, 2권으로 되어 있습니다. 임진왜란에 대한 일화는 꽤 많이 알고 있지만 병자호란에 대해서는 사실 구체적으로 들은 적이 없었죠. 이 책은 단순히 역사적인 흐름뿐 아니라 당시의 국제 정세, 그리고 우리의 대응 그리고 그에 대한 대가까지 참 많은 것들을 느낄

수 있습니다. 지금처럼 대외 정세가 복잡한 시기에 읽기에도 좋을
듯 합니다.

25. 임명묵 저, 『거대한 코끼리, 중국의 진실』, 에이지21, 2018

개인적으로 임명묵 저자와는 페북 친구입니다만 한 번도 뵌 적
은 없습니다. 다만 페북에 포스팅 하시는 글의 레벨이 상당히 높고
인사이트 역시 넘치셔서 사뭇 놀랐던 적이 많습니다. 저자가 중국
에 대해 적은 이 책은 두껍지는 않지만 현대 중국의 정치 및 사회
체제를 이해하는 데 핵심이 되는 덩샤오핑 이후 중국 현대사의 흐
름 및 다양한 현안들까지 알기 쉽게, 그리고 자세하게 다루고 있습
니다. 부담 없이 글로벌 G2 중 하나인 중국에 대한 기본적인 지식
을 쌓기에 적절한 책이라 생각합니다.

이렇게 25권의 책을 여러분에게 추천드렸습니다.

모두 강한 엣지가 있는 책들입니다.

아무쪼록 여러분의 학습에 도움이 되기를 바라면서

책 추천 파트를 이만 줄이겠습니다.

환율의 대전환

초판 1쇄 발행 2025년 2월 28일
초판 6쇄 발행 2025년 3월 18일

지은이 오건영
펴낸이 김선준, 김동환

편집이사 서선행
책임편집 최한솔
편집3팀 오시정, 최구영
마케팅팀 권두리, 이진규, 신동빈
홍보팀 조아란, 장태수, 이은정, 권희, 박미정, 조문정, 이건희, 박지훈, 송수연
디자인 정란
경영관리 송현주, 권송이, 윤이경, 정수연
교정교열 이주희
권말 일러스트 메종드광렬

펴낸곳 (주)콘텐츠그룹 포레스트
출판등록 2021년 4월 16일 제2021-000079호
주소 서울시 영등포구 여의대로 108 파크원타워1, 28층
전화 070)4203-7755 팩스 070)4170-4865
홈페이지 www.forestbooks.co.kr 이메일 hansolchoi@forestbooks.co.kr
종이 월드페이퍼 인쇄 및 제본 한영문화사

ISBN 979-11-94530-10-7 (03320)